Friedrich Kluge

Deutsche Studentensprache

Verlag
der
Wissenschaften

Friedrich Kluge

Deutsche Studentensprache

ISBN/EAN: 9783957008305

Auflage: 1

Erscheinungsjahr: 2016

Erscheinungsort: Norderstedt, Deutschland

Hergestellt in Europa, USA, Kanada, Australien, Japan
Verlag der Wissenschaften in Hansebooks GmbH, Norderstedt

Deutsche Studentensprache.

Deutsche

Studentensprache

von

Friedrich Kluge
Professor an der Universität Freiburg i. B.

———————

Straßburg

Verlag von Karl J. Trübner

1895.

Gottfried Baist

gewidmet.

Vorwort.

Wenn ich im Verlauf meiner Arbeiten zur Entstehung unserer Schrift=
sprache und während der lexikalischen Sammlungen, die der 5. Auflage
meines Etymologischen Wörterbuchs der deutschen Sprache zu Grunde liegen,
auf den Anteil der einzelnen Stände am Wachsen und Werden unserer Ge=
meinsprache geführt worden bin, so lud mich die Studentensprache noch aus
andern Gründen zu einer zusammenhängenden Betrachtung ein. Die Ge=
schichte der Universitätsstadt, in der ich diese Studien begonnen, legte mir
oft genug den Gedanken an die Studentensprache nahe und schließlich er=
weckte Moritz Heynes Deutung der Worte „burschikos" und „Hallore" in
mir die Hoffnung, daß ein Versuch über Wesen und Geschichte der Studenten=
sprache zu wissenschaftlichen Ergebnissen führen würde. So entstand mein
Vortrag „über deutsche Studentensprache", den die Beilage Nr. 297 der
Münchener Allgemeinen Zeitung 1892 und der Jahresbericht des Deutschen
Sprachvereins in Weimar im Dezember 1892 weiteren und engeren Kreisen
zugänglich machte.

Das vorliegende Büchlein bringt jenen Vortrag in erweiterter Gestalt.
Es wird dem Kenner nicht entgehn, daß jener erste Entwurf auf größeren
Sammlungen beruht als er zur Schau trägt. Mußte ich damals vieles
zurücklegen, so that ich's in der Hoffnung das Material im Lauf der Zeit
vermehren zu können und zu einer zusammenfassenden und abschließenden Arbeit
ausreifen zu lassen. Früher als ursprünglich gewollt habe ich meinen Plan
ausgeführt, zunächst dazu bestimmt durch die Thatsache, daß das meiste von
meinen früheren Ermittlungen sich in einer kürzlich erschienenen Schrift über
„Hallische Studentensprache" von Dr. John Meier wiederfindet. Als ich An=
fangs August dieses Büchlein durch des Verfassers Güte erhielt, überraschte
mich ein auffälliges Zusammentreffen mit meinem Vortrag um so mehr, als
der Verfasser sich gar nicht darüber äußert, ob und wie weit deutsche Stu=
dentensprache und Hallische Studentensprache von einander abweichen. So
möge es mir gestattet sein an ein paar Beispielen nachzuweisen, daß die

Hallische Stubensprache mit der allgemeinen deutschen Stubensprache sich sehr oft deckt. Ich stelle zu dem Zweck Stellen aus John Meiers Büchlein mit solchen aus meinem Vortrag neben einander.

Hallische Stubenspr.	Deutsche Stubenspr.
Man bildete im 16. Jahrh. von grob Grobität, im 17. Jahrh. folgen Albertät, Filzität, am Ausgang des 18. Jahrh. stehen Schiefität und dem 19. Jahrh. gehören an Kühlität und Knüllität. Bekannter ist … Schwulität usw. S. 22.	Am Schluß des 15. Jahrhs. tritt in akademischen Kreisen der Grobianus auf und in seinem Gefolge das Wort Grobität, das z. B. in Scheibs Übersetzung von Dedekinds Grobianus 1551 begegnet. Auf Grobität folgt im 17. Jahrb. Filzität und Albertät (vgl. das DWb.) Daran schließt sich bei einem studentikosen Schriftsteller vom Ende des 18. Jahrhs. Schiefität und in der Burschensprache unsers Jahrhs. findet sich noch Kühlität und Knüllität, Flottität und Forschität. Ein Mitglied dieser Wortfamilie .. ist … Schwulität usw.
Schon im 18. Jahrh. taucht bei Laukhard Pfiffikus auf für einen schlauen Menschen … Ähnlich gebildet ist das wohl erst in unserem Jahrh. geschaffene Schwachmatikus .. und Luftikus (auch Luftibus). S. 24.	Dem gleichen Sprachprinzip entstammen moderne Bildungen wie Pfiffikus, das schon am Schluß des 18. Jahrhs. in Laukharbs Romanen bezeugt ist, und neuerdings Luftikus (mundartlich auch Luftibus) wie auch Schwachmatikus.
Aus dieser Zeit stammen Kneipier, Weinkneipier, Tanzkneipier, Pumpier, Wichsier, damals bildet man pompös, luberös, pechös, pechense, pechiös, philiströs. S. 37.	In unserm Jahrh. treffen wir irz. Endung in Kneipier 'Kneipwirt', Wichsier 'Stiefelputzer', Fechtier 'Fechtlehrer', Pumpier 'Wucherer', auch Juxier und Schanzier. Am Schluß des vorigen Jahrhs. begegnet luberös, jetzt gilt schanberös und pechös, auch pechiös.

Man unterschied durch nähere Zusätze Reimphilister, Taktphilister, Geldphilister, Bierphilister (Stoppe I, 196. II, 108; I, 6. 69. 172), Hausphilister, Pferdephilister S. 58.

Damals bezeichnete studentische Rede mit Bierphilister den Bierwirt, mit Geldphilister den Wucherer, mit Pferdephilister den Pferdeverleiher, mit Reimphilister den Poetaster (Stoppe 1728 Gedichte I, 195. II, 108. 172. I, 69). Im 19. Jahrh. bildete man Haus= und Pumpphi=lister, auch Kreuzphilister.

So könnte ich noch anführen, daß alle Bildungsgesetze, alle sprach=wissenschaftlich von mir zuerst verwerteten, von unsern Wörterbüchern über=sehenen Quellen, auch unbeachtete Wortmaterialien wie „stellatim", „studentikos" usw. auf ähnliche Weise in der Hallischen Studentensprache wiederkehren, und man wird mir wohl gern glauben, daß ich im August b. J. mit einiger Ueber=raschung in John Meiers Vorwort las, wie er „das Material zum größten Teile erst zu sammeln" hatte. Ich stelle noch ausdrücklich fest, daß spezifisch Hallisches — bis auf ein paar Einzelheiten — sich in dem Buche überhaupt nicht findet. Es hat im wesentlichen die gleichen geschichtlichen und morpho=logischen Kategorien wiederholt, die mein Vortrag aufgestellt hat, und nur versäumt dies ausdrücklich zu erwähnen.

Indem ich dies meinerseits nachhole, habe ich noch hervorzuheben, daß mein Vortrag in seiner ursprünglichen Gestalt noch immer manches ent=hält was ich nicht gern unberücksichtigt sähe von denen, die sich jetzt des neuerschlossenen Gebietes bemächtigen. In höherem Maße aber als durch diese Erwägungen hat mich zum Abschluß meiner Sammlungen der Wunsch bestimmt, den Vortrag von 1892 in erweiterter Gestalt selbständig erscheinen zu lassen. Naturgemäß kommen hier die Auszüge, die ich mir in den letzten vier Jahren aus der Litteratur des 17. und 18. Jahrhunderts gemacht habe, jetzt voller zur Geltung; dieselben Denkmäler, auf die sich jener Vortrag gründete, sind hier umfassender verwertet worden, und manches weitere hat sich im Lauf der Zeit hinzugesellt unter den Anregungen und der Aufmerk=samkeit, womit Freunde meiner Bestrebungen mir Hilfe geleistet haben. Be=sondern Dank schulde ich den Vorständen der Bibliotheken zu Darmstadt, Freiburg i. Br., Gotha, Halle, Jena, Straßburg und Weimar, die mir eine weitreichende Liberalität in der Benutzung der ihnen unterstellten Schätze erwiesen haben. Und während des Druckes haben mich W. Fabricius in Köln, ein vorzüglicher Kenner der Geschichte unseres Studententums, und Dr. Selmar Kleemann in Quedlinburg, ein feiner Kenner der Litte=ratur des 18. Jahrhunderts, durch eine Reihe wertvoller Nachweise unter=stützt.

Trotz so mancher Förderung habe ich nicht die ganze einschlägige Litteratur verwertet. Das Wortmaterial ist zumeist versteckt in entlegenen Quellen, die auch auf reichen Bibliotheken fehlen. Meine Liste von unbenutzten Denkmälern, die Studentisches bieten müssen, ist nicht klein. Aber schon jetzt ist das Wortmaterial so reichhaltig, daß ich einen Versuch wagen durfte. Und um so eher ist ein solcher jetzt am Platz, als sich auf dem Gebiet der deutschen Lexikographie gewichtige Stimmen hören lassen, die mit Recht ein neues Programm von einem großen Zukunftswörterbuch verlangen. Aber gern und dankbar erkenne ich die mannigfachen Anregungen und Nachweise an, die in den großen Wörterbüchern (Grimm und Sanders) grade für meine Zwecke enthalten sind — wenn auch immerhin verwunderbar bleibt, wie z. B. das Grimm'sche Wörterbuch die studentilose Schriftstellerei Laukhards hat völlig außer Acht lassen können.

Das vorliegende Büchlein zerfällt in zwei Teile, die sich gegenseitig ergänzen, in Darstellung und Wörterbuch. Beides vertritt wesentlich historische Interessen, auch wo auf Erscheinungen der Gegenwart Bezug genommen wird, und für das Verständnis der lebenden Studentensprache habe ich nur die allgemeine Grundlage bieten wollen. Den darstellenden Teil des vorliegenden Buches habe ich vielfach zu Gunsten des Wörterbuchs entlastet; man wird nicht alles gebuchte Material in den folgenden Aufsätzen wiederfinden; ich wollte nicht häufen, sondern die Bildungsgesetze soweit herausarbeiten, daß der Leser manche Einzelheiten sich selbst bequem einfügt. Und ebensowenig wollte ich im Wörterbuch das Belegmaterial häufen; was hätte es auch für einen Zweck alle erreichbaren Belege z. B. für „Fuchs", „Philister", „burschikos" usw. aufzuspeichern? Die hundert Jahre von Zachariäs Renommisten 1744 an bis zu dem Studentikosen Idiotikon von 1841 sind es im wesentlichen, die unserm Wörterbuch das Material geliefert haben. Ich glaube annehmen zu können, daß manches darin wie manches in den Aufsätzen auch für das Verständnis der Litteratursprache während dieser Zeit in Betracht kommt; und man wird zahlreiche Worte finden, die in allen unsern neueren Wörterbüchern fehlen. So möchte ich das Buch angesehen wissen als Beitrag zur deutschen Sprachgeschichte und Lexikographie.

Freiburg i. B., den 4. Dezember 1894.

Fr. Kluge.

Inhaltsangabe.

Über die Studentensprache.

Alles sprachliche Leben vollzieht sich fern von den Blicken der beobachtenden Kritik. Jede Neuerung tritt in den Gesichts=kreis des Sprachforschers erst als vollzogene Thatsache. Unsere Worte entstehen wie die Volkslieder. Wir wissen nicht, von wannen sie kommen. Sie haben ein langes Vorleben, ehe die Litteratur sich ihrer bemächtigt und sie der zuständigen Kritik ausliefert. Nur eine verschwindend kleine Wörterzahl können wir auf einen Urheber, auf ein festes Datum zurückführen. Die große Masse unseres Wort=schatzes hat keine Geschichte: Finsternis umgibt ihre Anfänge, ehe der scharfe Blick eines Lessing oder die volkstümliche Kraft eines Luther sie aus dem Dunkel hervorzieht und als würdige Glieder in die hohen Kreise der Litteratur einführt. Und wenn unsere landläufige Weisheit jene deutschesten unter unseren Dichtern und Denkern wie Luther und Bismarck, Goethe und Schiller als Schöpfer unserer Sprache bezeichnen kann und darf, so kann und darf auch an das Wort eines hervorragenden Amerikaners erinnert werden, daß die größten Genies — formell wie materiell — auch die größten Schulden und Anleihen machen. Und ein Schuldbuch, das von ihren Anleihen weiß, ist die Volkssprache, die Volksmundart.

Alle Berufszweige, alle Stände schaffen Wortmaterial, das der Litteratur zu dienen berufen ist. Aber undankbar genug ent=kleidet die Litteratur häufig den Neuling jener Naturfarbe, die ihm eigentlich anhaftet. Aus dem Emporkömmling wird ein unent=behrliches Mitglied der höchsten Gesellschaft. Und jede Schicht des

Volkes ist zum Ausbau unserer Gemeinsprache mit reichem Material dienstbereit und dienstbar.

Dies gilt in besonders hohem Maße auch von der Sprache der studierenden Jugend, die allerdings bisher von wissenschaft= licher Betrachtungsweise fast ganz ausgeschlossen gewesen.[1] Wenn ich es hier unternehme, ihr Wesen und ihre Entwicklung in den Grundzügen darzustellen, so versuche ich dies zugleich mit der einen Nebenabsicht, den Anteil dieser Sprachart an unserer Gemeinsprache oder Litteratursprache zu verfolgen.

Der Weg von der Burschensprache — so hieß die Studenten= sprache durch das 18. Jahrhundert bis um 1850 — in die Ge= meinsprache ist leicht erkennbar. In den kleineren Universitäts= städten beherrscht der Wortschatz der Studentensprache auch den Verkehr der Bürger. „Der Philister — heißt es 1843 in L. Köhlers Akademischem Roman S. 8 — ist mit der voll= ständigen Studententerminologie bekannt und thut sich nicht wenig darauf zu gute den Komment los zu haben wie nur irgend ein bemoostes Haupt". Die Sprache der Mittelschulen — die Pennäler= sprache — steht in Universitätsstädten unter dem Einfluß der Hoch= schule. Der Bursche beherrscht mit seiner Kastensprache nicht nur die Universitätsstadt, er trägt sie auch in seine Heimat und in seinen Lebensberuf. Zumeist aus den Kreisen der akademisch Ge= bildeten entspringt unsere Litteratur und wie gern flicht der jugend= liche Schriftsteller, der eben die Universität verlassen hat, in seine ersten Geisteserzeugnisse burschikose Wendungen aus der Burschen=

-----

[1] Das Deutsche Wörterbuch der Gebrüder Grimm und Moritz Heyne's Deutsches Wörterbuch, auch des Verfassers etymologisches Wörterbuch der deutschen Sprache, 5. Aufl., haben einzelne Artikel über studentische Worte. — Seit die obigen Zeilen niedergeschrieben und ein Vortrag von mir „über deutsche Studentensprache" in der Beilage zur Allgem. Zeitung 1892 No. 297 veröffentlicht worden, ist ein Büchlein über „Hallische Studentensprache" von Dr. John Meier und gleichzeitig ein Buch „Studentensprache und Studenten= lied in Halle vor 100 Jahren" vom Deutschen Abend in Halle erschienen, beides Festschriften zum Hallischen Universitätsjubiläum 1894.

sprache, die ihm eine froh verlebte Studentenzeit von selbst dar=
bietet.

Dazu kommt, daß das Universitätsleben bei uns zu allen
Zeiten nicht ausschließlich für die abstrakte Wissenschaft gearbeitet
hat. Die akademische Freiheit bildet den Jüngling und erzieht ihn
in gleichem Grade zum Menschen heran, der einer bedeutenden
Stellung im Leben des Volkes gewachsen sein muß. Und im
Ernst wie im Scherz gestaltet sich der Bursche die Verhältnisse, die
seinen Charakter stählen, sein Gemüt beleben und seine Bildung
erweitern sollen. Stets hat das buntfarbige Leben, das vielseitige
Getriebe der akademischen Jugend die weitesten Kreise angezogen.
Und oft genug hat das Vaterland durch die Begeisterung der
Studentenwelt Segen und Heil erlebt!

In diesem Glanzbilde fehlt trüber Schatten nicht. Die oft
angegriffene, aber immer siegreich behauptete akademische Freiheit,
die der Stolz unserer Jugend und mit Recht auch der Stolz
unseres Volkes ist, wird wie für den einzelnen, so von Zeit zu Zeit
auch für die ganze Burschenwelt beirrend und verhängnisvoll. Auf
das Jahrhundert, das uns die Erneuerung der Wissenschaften und
die Reformation gebracht hat, folgte die Krankheit des Pennalis=
mus in der ersten Hälfte des 17. Jahrhunderts. Und um die
Mitte des 18. treibt der Renommist sein Unwesen.

Vor allem sind die protestantischen Universitäten immer
der Hort der akademischen Freiheit gewesen. So waren sie denn
auch der Herd des Pennalismus und des Renommistentums. Für
die Geschichte unseres Studententums nehmen Gießen und Halle
eine hervorragende Stellung ein, vor allem aber Jena.

Die Burschensprache dieser drei Universitäten steht im Mittel=
punkt unserer Betrachtungen, weil das Material über sie am
reichsten fließt. Jena zumal hat in der Geschichte des Studenten=
tums immer eine dominierende Stellung über unsere übrigen Hoch=
schulen gehabt: von dort aus wurde der studentische Ton immer
wieder angegeben, dort blieb oft der überkommene Brauch älterer
Geschlechter in Blüte, nachdem andere Universitäten wie Leipzig

und Göttingen modischer Ausländerei zu huldigen angefangen hatten.
Und inmitten jener rauf- und zechlustigen Generationen des 17. und
18. Jahrhunderts herrschte in Jena eine ausgebildete Kastensprache.
Wir erfahren das in einer Satire — „Studentenmoral" betitelt
— die im Jahre 1754 Jenas Studententum zu reformieren unternahm. Wir erfahren es auch von einem wohlorientierten burschikosen
Schriftsteller, der für das Studentenleben zur Zeit des jungen Goethe
als erste Quelle zu gelten hat, aus den Romanen und der Autobiographie Laukhards, der aus der Fülle der damaligen Studentensprache schöpft und ihren Reichtum zur Schau trägt. In den
„Briefen über Jena" 1793 S. 86 lesen wir, daß die Sprache
der Jenischen Studenten vor 20 Jahren ein „Gemisch von Kunst-
worten" war. Und aus dem Munde eines Musensohns, der — wie
Zachariä's Renommist — von Jena nach Leipzig übersiedelte,
hören wir 1757 in der Göttinger Wochenschrift „Niemand" S. 82
den Unterschied der beiden Hochschulen: „Ich konnte mich (in
Leipzig) nicht in die Leipzig'sche sogenannte artige Lebensart
schicken, ich hatte eine ganz andere Sprache, und man verstund
mich entweder nicht oder man entsetzte sich, wenn ich die mir
natürlich gewordene Burschensprache und die derselben eigentüm-
lichen Kunstwörter brauchte." Auf diese Kastensprache zielt auch
Zachariä's Renommist B. 15. — Für Gießen haben wir Laukhards Zeugniß Marki v. Gebrian II, 72; er läßt eine Französin
der Verwunderung Ausdruck geben, daß die Gießer Burschensprache ein Deutsch sei, das ein Deutscher sowenig verstehe wie
arabisch. Und Halle hat zwei der ältesten Burschenwörterbücher
aufzuweisen.

Die Quellen, aus denen wir unsere Kenntnisse über diese
Kastensprache schöpfen, sind bis zur Mitte des 18. Jahrhunderts
äußerst dürftig. Kein Wörterbuch bucht die Materialien. Was
wir ermitteln können, besteht in Einzelheiten, die Schriftsteller gelegentlich anbringen, sei es um Studenten mit ihrer Sprache zu
charakterisieren wie etwa im Drama, sei es bei sonstigen Anlässen.
Eigentliche Studentenlitteratur, aus studentischen Kreisen und zu-

nächst auch für studentische Kreise veröffentlicht, fehlt zwar in früheren Jahrhunderten nicht. Im Jahrhundert der Reformation treffen wir lateinische Komödien, die kaum irgend welchen Aufschluß über das Studentendeutsch gewähren. Im 17. Jahrhundert blüht studentische Dichtung im makaronischen Latein und es beginnt deutschsprachliche Litteratur an studentisches Leben im Roman und in der Komödie[1] anzuknüpfen. Gedruckte Komments kommen in deutscher Sprache zur Fixierung, zuerst das Jus Potandi von Multibibus, das im 17. Jahrhundert 8 Auflagen erlebte, dann das verwandte „Zech- und Saufrecht" von Vielsauf. In den studentischen Stammbüchern beginnen deutsche Eintragungen zu überwiegen und es fließt hie und da ein burschikoser Kraftausdruck ein. Und ähnliche Quellen haben wir im 18. Jahrhundert. Zachariä's Renommist — eine komische Heldendichtung, die wir für das Jenische Studentenwesen um die Mitte des 18. Jahrhunderts als Hauptquelle anzusehen gewöhnt sind — schöpft nur in sehr bescheidenem Maße aus der Sprache der Musensöhne. Reichhaltiger ist das Hospitium von 1747, ein anschaulicher, lebendiger Komment aus dem Zeitalter des Renommisten. Aber alles übertrifft an Fülle des Sprachmaterials die burschikose Schriftstellerei des Friedr. Chr. Laukhard, die — vom großen Wörterbuche der Gebrüder Grimm zwar ganz übersehen — einen Einblick in die Burschensprache vom Ausgang des 18. Jahrhunderts gewährt, wie er vielseitiger und reichhaltiger nicht gedacht werden kann. Laukhard hat einen Vorgänger gehabt an dem berüchtigten Bahrdt, der unter dem Namen Kaf. Ren. Denarrée „Leben und Thaten des weiland hochwürdigen Pastor Rindvigius" 1790 eine Art prosaischer Jobsiade — mit Burschenworten durchsetzt — schrieb. Noch älter ist das Burschenepos Burschiade von Fischer 1781, das im Gegensatz zu Zachariä's Renommisten Burschikoses in reichem Maße einflicht.

<hr>

[1] Hervorgehoben sei J. G. Schoch's „Comoedia vom Studentenleben" 1658, neu herausgegeben von W. Fabricius, München 1892.

Die eigentliche Blütezeit der deutschen Burschensprache war das vorige Jahrhundert, als das Latein an den Hochschulen vor der Muttersprache zurückwich. Und das Zeitalter der Bahrdt und Laukhard, Fischer und Kortüm bildet für uns insofern noch den Höhepunkt und den Mittelpunkt, als gleichzeitig die ersten selbständigen Wörterbücher der Burschensprache auftreten – 1781 Chr. W. Kindlebens Studenten-Lexikon[1] und 1795 Augustins Idiotikon der Burschensprache, beide reichhaltig und gewissenhaft, voll Verständnis und Beobachtungsgabe.

Für unser Jahrhundert fließen die Quellen reicher. Innerhalb der schönen Litteratur regen sich wiederholt burschikose Neigungen und fördern studentikoses Sprachmaterial zu Tage, das eine Reihe von mehr oder weniger umfangreichen Wörterbüchern verzeichnen. Die Stammbücher sind in den Hintergrund getreten, um so breiteren Raum nehmen die Kommersbücher ein. Studentische Litteratur nach dem Vorbild der Jobsiade blüht in der ersten Hälfte unsers Jahrhunderts. Laukhard erlebt eine Wiedergeburt, allerdings ohne jede breite Beobachtungsgabe und auch ohne jene moralischen Anwandlungen, die seiner Schriftstellerei den Wert ernster Sittenschilderung geben, auch wenn er dabei mit Behagen im Schmutz wühlt: Felix Schnabels Universitätsjahre von Aug. Jäger genannt von Schlumb 1835 bieten Schilderungen aus dem Leben eines Bummlers, der in den Freuden des Bacchus und der Venus aufgeht. Romane und Schauspiele greifen vielfach hinein in die Fülle des akademischen Lebens. Und so steht uns für unser Jahrhundert reiches Material zu Gebote, das sich dann noch durch die Erinnerung der lebenden Geschlechter und die lebendige Sprachhandhabung der akademischen Jugend von heute ergänzt[2].

Die folgenden Seiten wollen diesen burschikosen Sprachschatz in Gruppen ordnen. Die ersten Gruppen sollen seine Vielseitig-

---

[1] Vorläufer waren Salmasius und Prokop in den vergnügten Abendstunden Erfurt 1749, worauf mich W. Fabricius aufmerksam gemacht hat.

[2] Eine reichhaltige Bibliographie der Studentenlitteratur bieten A. Peinwerth von Bärnsteins Beiträge zur Geschichte und Literatur des d. b. Studententhumes 1882.

keit und Reichhaltigkeit veranschaulichen, die späteren das Material nach etymologischen und geschichtlichen Gesichtspunkten untersuchen.

Unsere Burschensprache umfaßt das ganze Studentenleben in seinen Formen und Äußerungen. Was den Einzelnen und die Verbindungen oder die Gesamtheit betrifft, hat einen studentikosen Ausdruck gefunden. Das ganze Zechwesen umgibt ein eigener Sprachschatz. Die Welt um sich herum sieht der Student mit selbständigem Blick an und findet für sie Bezeichnungen, die durch die Prägnanz und Schärfe der Beobachtung, aus der sie hervorgegangen sind, mit der Schlagfertigkeit der unlitterarischen Volkssprache wetteifern können. Feine Schattierungen für moralische oder intellektuelle Fehler überraschen uns hier oft ebenso wie die sinnliche Kraft und natürliche Urwüchsigkeit, der kernige Humor und die kecke Dreistigkeit der Sprachhandhabung in anderen Fällen. Diese Frische und Ursprünglichkeit, dieses eigenartige Sprachleben verdient schon an und für sich ernstes Studium, verlangt es aber gebieterisch als Quelle, aus der unsere Schriftsprache viel des Guten und des Besten übernommen hat.

Studenten und Philister.

Die Universitätsstadt hat in der Burschensprache — seit sie uns gebucht ist und weiter zurück — eine besondere Art der Benennung, zu der Platos Akademie Pathenschaft übernommen hat. Vergebens hat sich Büchmann in den geflügelten Worten ([15] 112) um den Ursprung von **Spreeathen, Isarathen** bemüht. Am Schluß des 18. Jahrhunderts versichern uns die ältesten studentikosen Wörterbücher, daß es „eine fast durchgängig auf allen Universitäten übliche Gewohnheit ist dieselben nach dem Fluß zu benennen, an welchem sie liegen". So war Wittenberg das **Elbathen**, Jena und Halle hießen **Saalathen**. Noch mehrere burschilose Wörterbücher unseres Jahrhunderts nehmen diese Bezeichnungen ausdrücklich für die Studentensprache in Anspruch und sie kehren im 18. Jahrhundert oft bei burschikosen Dichtern — wie Pleißathen 1728 bei dem Schlesier Stoppe 1, 114 — und in den Stammbüchern wieder. Was lag den Studenten für ihre Universitätsstadt näher als der Vergleich mit Athen, wenn Musensitz, Musensöhne und Musen so bedeutungsvolle Worte im studentischen Sprachschatz sind!

Daneben zeigt sich bei burschikosen Dichtern eine Abart dieser Benennung. Die beiden Saalathen heißen auch Saline (selten Salana) — Jena bei Chr. Günther und Halle bei Kindleben; Günther nennt Wittenberg — das Elbathen — Albine; Chr. Reuter 1695 sagt für Pleißathen Plißine[1]. Und Helmstedt ist in Stammbüchern um 1780 Elmine oder Helmathen.

Die Burschensprache hat dann auch für den Studenten selbst eine umfängliche Nomenklatur geschaffen. Sie hat den ursprünglich allgemeineren Ausdruck Bursche seit dem Ende des 17. Jahrhunderts für den Studenten in Anspruch genommen und durch das 18. Jahrhundert hindurch und die erste Hälfte des 19. war dies auf einzelnen Universitäten wie besonders in Jena das herrschende Wort. Die katholischen Universitäten des Südens bevorzugten früher die Benennung Akademiker, und zur Zeit Fel. Schnabels galt in Göttingen Hochschüler. Neuerdings herrscht wieder das alte schon im 15. Jahrhundert eingebürgerte Student. Die Bezeichnung Musensohn ist um die Mitte des 17. Jahrhunderts aufgekommen im Anschluß an die Benennung der Universitätsstadt als Athen oder Musensitz (sedes Musarum), und die Burschensprache war keck genug Muse dann für Student zu verwenden. Die Formel Bruder Studio wird von der Legende auf den Weimarschen Herzog Johann

---

[1] Auf anderem Prinzip beruht die Benennung Philyris für Leipzig bei Günther. Dies Antikisieren (gr. φιλύρα 'Linde') verführt in der Studentensprache auch dazu Orten aus der Umgebung der Universität neue Namen zu geben: Kolchis Gohlis, Gibeon Gibichenstein — beide schon zu Laukhards Zeit. — Um 1740 gilt auch Elbipolis für Wittenberg.

Friedrich zurückgeführt, der beim Einzug in Jena 1552 den im Wagen neben ihm sitzenden Maler Kranach auf die jubelnde Studentenmenge hingewiesen haben soll mit den Worten: „Sieh! das ist *Bruder Studium*". In der That ist dies die ältere Gestalt der Formel, die aber freilich erst später, als die Legende will, aufzutreten scheint; ein *Bruder Studium Jenense* ist mir handschriftlich um 1700 begegnet.

Für den Studenten, insofern er in der Universitätsstadt oder in ihrer Nähe heimisch ist, hatte man verschiedene Bezeichnungen. *Pflastertreter* nannte der Kommilitone ein studierendes Stadt= kind. Aber *Kümmeltürke* oder *Quark* war der innerhalb zwei oder auch vier Meilen von der Hochschule heimische Student; *Kümmel* ist das burschikose Wort für die Nahrungsmittel ge= wesen, die solche Studenten von daheim erhielten, und ähnlich ist wohl auch *Quark* zu verstehen, das übrigens — als Wort des. östlichen Mitteldeutschlands — in Jena oder Halle eigentlich zu Hause sein wird. Auch *Matzbemme* soll so gebraucht worden sein.

Für die verschiedenen Alter der Studentenzeit hat die Burschensprache eine eigene Skala ausgebildet: *krasser Fuchs* — *Brandfuchs*, *Brander* oder *Brenner* heißen die Studenten der beiden ersten Semester. Dann folgt die Burschenzeit: *Jungbursch*, *Altbursch*, *bemoostes Haus*.

Diese Benennungen haben nicht immer gegolten, und die Worte *Altbursch* und *bemoostes Haupt* reichen kaum bis ins 18. Jahrhundert zurück. Der Ausdruck *Fuchs* hat erst im An= fang des vorigen Jahrhunderts seine heutige Bedeutung erhalten. Früher, zumal unter der Herrschaft des Pennalismus, treten für die Neulinge auf den Universitäten die seltsamsten Namen auf; durch das ganze 17. Jahrhundert hindurch und noch darüber hin= aus hören wir sie Quasimodogeniti, Innocentes, Imperfecti, Neovisti nennen. Zwischen 1560—1650 heißt der Fuchs *Fex*[1], noch früher beginnt die Benennung *Bacchant*. Der Ausdruck

[1] Zuerst *Faex* als 'Laffe, Narr, Grobian' in Simon Roths Dictio-narium 1715; dazu vgl. das DWb.

Pennal, der im Jahrhundert des Pennalismus herrscht, beruht zweifellos auf der Bezeichnung der Federbüchse als Pennal; im 40. Fastnachtsspiel des Hans Sachs tritt „Konrad der Bacchant mit dem Sack und Schreibzeug" auf; das Schreibzeug — wie später die Fuchsmappe — galt als typisch für den Neuling, und so nannte man ihn spöttisch auch Pennalputzer. Andere Schmäh= namen [1], die jene Zeit für ihn hatte, sind ursprünglich wohl nicht echt akademisch, sondern volksüblich gewesen; man rief den Fuchs im 17.—18. Jahrhundert auch Mutterkalb, Haushahn, Rab= schnabel, Spulwurm, Räckel, Scherenschleifer, Schlindhol — lauter Worte, die fast wie technische Ausdrücke in der Burschen= sprache üblich waren.

Für den Studenten, der dem eigentlich burschikosen Studenten= leben fern bleibt, bietet die ältere Burschensprache zumal im 18. Jahrhundert eine unerschöpflich reichhaltige Synonymik. In Gießen hieß er zu Laukhards Zeit Drasticum und in Halle Mucker und Theekessel, in Göttingen Kloß. Auf ihn werden volksübliche Spottnamen wie Stubensitzer, Stubenhocker, Kopfhänger, Knasterbart, Grillenfänger, Trauermantel, Pfennigfuchser, Laxirpille übertragen: er heißt auch Pinsel und Wurzel (Mart. Schluck B. d. Burschen=Comment § 12), Nurbe und Nusche.

Neuerdings bieten sich manche eigentlich spöttische Benennungen für die Studenten, die keiner Verbindung angehören; sie heißen in Jena Finken, in Breslau Kameele, in Tübingen Nachtstühle. Nach ihren Studien unterscheidet der Bursch Pandekten= reiter d. h. Juristen, Schwarzmäntel — Jesus Sirachs Knechte — Katechismuspapen — Bibelhusaren d. h. Theo= logen, Kanonici d. h. Studenten des Kirchenrechts, Mystiker oder Stoppelhopser oder Ackerstudenten die Agronomen, den Kommilitonen nannte der Bursch im 18. Jahrhundert Bruder.

[1] Die eigentlichen Studenten hießen unter dem Pennalismus absoluti oder Schoristen, Agenten und das sind keine Spottnamen. Ein Beweis, daß die jungen Semester an der Sprachschöpfung keinen Anteil haben.

Der Stubengenosse war ein **Stubenkaball**, wofür neuerdings in Breslau **Stubenkameel** und in Gießen **Stubenkamisol** gesagt wurde, anderwärts auch **Stubenknochen**.

Zu dieser Handhabung des Sprachmaterials fügte sich noch eine Sitte die Eigennamen zu ändern. Im Zecher- und Kneipenleben galt der bürgerliche Name nicht; der Cerevis- oder Biername herrschte und oft kannten sich Kommilitonen durch mehrere Semester nicht bei ihren bürgerlichen Namen. Ich kann die Sitte solcher Biernamen in Studentenkreisen leider nicht vor unserm Jahrhundert nachweisen, aber in diesem sind sie viel bezeugt wie auch noch üblich. Als Beispiel — statt vieler — führe ich eine Nachahmung der Faustscene in Auerbachs Keller an in dem Drama „Faust im Gewande der Zeit" von Harro Harring 1831: da treten auf Gieseke vulgo Stiefel, Breit vulgo Forst, Trumph vulgo Theologie, Gigl vulgo Markolff, Maß vulgo Rausch, Baldrian vulgo der Fette, Herrmann vulgo der Schwarze. Vielleicht sind ähnlich die Studentennamen Frosch, Brander, Altmaier, Siebel in Auerbachs Keller bei Goethe aufzufassen. Allerdings bei Laukhard, der Gelegenheit genug zur Anführung solcher Cerevisnamen hatte, scheint sich keine Spur davon zu zeigen.

Im 16. und 17. Jahrhundert blühte in der Studentenwelt eine andere Mode in der Namengebung. Seit nach Reuchlins Vorgang die Gelehrten Deutschlands wie Melanchthon, Oecolampadius auf ihren bürgerlichen Namen zu Gunsten einer antikisierenden Wortübersetzung oder Wortform verzichteten, erfaßte die modische Unsitte die hohen Schulen wie die Lateinschulen. Platters Name wird von seinem Lehrer Sapidus in Schlettstadt zu **Platterus** latinisiert und die Schulen hielten auf solche Namenslatinisierungen. Oft ist darüber gespottet worden z. B. Pennal- und Schulpossen 1654 D 4ᵃ und Calenberg 1714 Wurmatia S. 36, aber immer wieder hört man, daß Studenten, Magister und Professoren an der Sitte Gefallen hatten.

Der Übermut der Studentensprache scheut auch vor den Namen der akademischen Lehrer nicht zurück. Aug. Wilh. Schlegel, der 1818—1845 in Bonn Professor war, hieß bei den dortigen Studenten Fräulein Schlegel. Von Laukhard (Anekdotenbuch I, 96) hören wir, daß in Halle vor 100 Jahren Professor Eberhard Peschek und Professor Thummann Annodominismann hieß — der letztere, „weil er die Jahreszahlen immer so anführte: anno domini 1722". Und Bahrdts Gießener Kollege Prof. Schulz war **Prinz Rabba**.

Auch der Professortitel steht nicht unverletzt da. Harmlos kürzt man seinen Namen zu **Profax**, das in Göttingen dann auch für 'Prorektor' bezeugt wird. Aber der Name **Professor** wird auf beliebige Gewerbe übertragen. Der Student kann mit **Fecht=professor** den Fechtmeister bezeichnen und zwischen 1750—1850 war **Kuchenprofessor** die burschikose Benennung des Kuchen=bäckers, der — wie man an dem vom jungen Goethe gefeierten Hendel sieht — im Burschenleben eine gewisse Rolle spielte. Reinwald 1720 nennt sich selbst einen **Abcprofessor** für die Zeit seines Hauslehrertums. Und der burschikose Stoppe 1728 besingt den **Bierprofessor**. Neuerdings wird **Professor** dann noch als ein bestimmtes Bierquantum bei der Bierfehde verzeichnet. Kecker aber und dreister ist die Benennung **Privatdocentin** für meretrix.

Gelegentlich hören wir von kühner Änderung der Titel der Vorlesungen. Da ist Kirchengeschichte **Ketzergeschichte**, das collegium logicum heißt **Fuchskolleg**. Und so wird auch die Katheberweisheit souverän behandelt, indem man neue Pseudo=wissenschaften auf den Kneipen erfindet: in Anknüpfung an die Zoologie erhebt sich die **Zotologie**, die schon zu Laukhards Zeit ihre Verehrer hatte; die Buckeliade 1829 S. 12 weiß von einer **Schnapseologie**; in burschikosen Anekdoten von 1831 ist von der **Kniffeologie** die Rede; Vollmann 1846 kennt die **Schimpfiologie**,

---

¹ Ebenso harmlos ist es, wenn der Professor des Kanonischen Rechts der Kanonen=NN. oder der Kanonikus und der Professor der Anatomie der Leichen=NN. bei den Studenten heißt.

Suffologie, Ochsologie u. a. und neuerdings hört man neben der Biologie auch von einer Bierologie.

Verlassen wir die Lernenden und Lehrenden, so erinnern wir uns an die burschikose Einteilung der Menschheit, wie sie uns Heine in der Harzreise vorträgt: „Studenten, Professoren und Philister". Laukhards Zeit unterscheidet etwas anders — „Burschen, Knoten, Menscher". Alles was nicht Student ist in der Universitätsstadt hat der Student zu verschiedenen Zeiten in verschiedene Schlagworte zusammengefaßt. Im 16.—17. Jahrhundert heißen die Philister pices oder Pechen[1], eine Bezeichnung, die zur Zeit Schöttgens (1747 Historie des Pennalwesens S. 26) ausgestorben war; vielleicht war es ursprünglich ein Spottname für die Fuhrleute, der dann nur verallgemeinert wäre; dafür spricht auch die Angabe Meyfarts (1636 Christl. Erinnerung S. 227. 237), Schmierer und Bechen seien Burschenworte für die Bürger. Reinwald 1720 Akademien= und Studentenspiegel S. 153 gibt Philister, Croten und Platter als die Spottnamen der Burschensprache für die Bürger an verschiedenen Hochschulen. Croten und Platter haben sich bisher sonst noch nicht gefunden; ist das erstere als Kroten — Kröten aufzufassen[2]? oder ist es für Cnoten — Knoten verdruckt?

Die Bezeichnung Philister hat sich seit 1700 und — wie es scheint von Jena aus — verbreitet. Ihr Ursprung wird uns unten S. 56 beschäftigen. Seit 1790 hat sie sich aus dem studentischen Bereich emporgearbeitet und in der Litteratursprache ein reiches Leben entfaltet. Aber zuvor trieb sie in der Studenten=

---

[1] Lucas de Penna 1611 De Jure et Natura Pennalium S. 70. Sanders (unter Philister) belegt die Schreibung Pegen für Pechen aus Jablonskis Allgem. Lex. d. Künste 787.

[2] Um jene Zeit war Krotte bes. in Mitteldeutschland ein beliebtes Schimpfwort; vgl. Stieler Sp. 1043.

sprache bunte Blüten. Schon 1717 hören wir, daß der Satz im Bierglas — so im Hospitium 1747, dann daß der Suff in der Pfeife **Philister** heißt. Aber schon bei dem burschikosen Stoppe kann das Wort beliebig in der Zusammensetzung verwendet wer= den: er bezeichnete mit **Bierphilister** den Gastwirt, mit **Geld= philister** den Wucherer, mit **Taktphilister** den Musikanten, mit **Pferdephilister** den Pferdevermieter, mit **Reimphilister** den Poetaster. Weit verbreitet bis in unser Jahrhundert hinein ist **Pferdephilister**, was dann die Benennung des Miethpferdes als **Philister** hervorgerufen hat. Modern sind noch **Haus=** und **Pumpphilister**, auch **Kreuzphilister**.

Im Zeitalter Laukhards und Kindlebens blüht die Bezeich= nung **Gnoten** — **Knoten** für die Burschen der Handwerker auf. Zufrühst 1777 für Leipzig im DWb. bezeugt, ist es das nieder= deutsche Wort für das hochdeutsche Genosse, und in ndd. Mund= arten wurde es früh Schimpfname für schlechte Handwerksburschen. Vielleicht ist die Benennung von Rostock oder Greifswald oder auch von Göttingen aus nach den mitteldeutschen Universitäten vorgedrungen. **Philister** und **Gnoten** waren zur Zeit Laukhards ständig mit den Burschen im Kampf. Merkwürdig ist es, daß nach Laukhards glaubwürdigem Zeugnis die Buchdruckergesellen nicht zu den Knoten gerechnet wurden. Und für Halle lehrt uns manches Zeugnis, daß die Studenten mit den Halloren in einem gegen= seitigen Schutz= und Trutzverhältnis standen; auch sie gehörten nicht zu den Gnoten und wie oft erfreute sich der Bursch bei den Halloren, auf die sich die akademische Gerichtsbarkeit nicht erstreckte, des Schutzes und der Zuflucht vor den Häschern! Und **Schwager** war die trauliche Anrede zwischen Halloren und Studenten! Und diese Anrede schenkte der Student auch einem andern hohen Gönner, der den Fuchs und den Burschen zuerst in die neue Universitäts= stadt einführte, dem **Schwager Postillon**.

Die seltsame Bedeutung von **Schwager** als „Postillon", die etwa ein Jahrhundert hindurch in unsere Gemeinsprache und in

---

[1] 1728 Gedichte I, 6. 69. 195. II, 108; 172.

unsere Litteratur hineinragt, wurzelt im Zeitalter von Zachariä's Renommisten.

Damals tranken die Burschen wie unter sich Brüderschaft, so mit Nichtakademikern Schwägerschaft, zumal auf den Dörfern und Mühlen im nächsten Umkreis der Universitätsstadt. Im Anfang des 18. Jahrhunderts begegnet das Wort **Schwägerschaft** in einer bitter ernsten Bedeutung bei dem Schlesier Stoppe (II 49, 157)[1]. In einer Satire, die unter dem Titel „Studentenmoral" 1754 Jenas akademische Jugend aufrütteln sollte, wird der Renommist geschildert und dabei der Ursprung der Benennung **Schwager** für ‚Postillon' beleuchtet. „Vom frühen Morgen bis zur Mitternacht besuchte er die Dörfer und Mühlen dortiger Gegend. Da war sein Vergnügen vollständig. Die Gesellschaft seiner Mitbrüder und nicht diese allein, sondern auch der Bauern und Soldaten, die seine Schwäger und Brüder wurden — war die nicht angenehm? ... Er liebt das Frauenzimmer, und wo findet man wohl reizender Frauenzimmer als auf den umliegenden Dörfern und Mühlen? Er besucht daher diese fleißig, er erhält die erwünschte Gelegenheit zur weitläufigen Bekanntschaft, und da genießt er das vollkommenste Vergnügen. Er ist mit einer Schaar von seinen Mitbürgern umgeben, ja mit Schwägern und Brüdern verschiedener Art. Er gibt ihnen bei einem Glase Bier seine freundbrüderliche Gesinnung zu erkennen" u. s. w. u. s. w. Es stehen uns Zeugnisse zu Gebote (z. B. Laukhard 1798 Annalen der Universität Schilda II, 122), in denen Jenische Studenten mit Nichtakademikern Brüder oder Schwägerschaft trinken. Für unsern speziellen Zweck vergleiche man noch jenen Leipziger Musensohn, den Goethe in Dichtung und Wahrheit (6. Buch)[2] im Anschluß

---

[1] Man denke auch an die Jobsiade II, V. 1418 „seine ehmals nächtlichen Schwäger" und an die quasi Schwäger bei Laukhard 1798 Schilda I, 255; „der Marki war mit seinen Untertanen mittelbar oder unmittelbar verschwägert" Laukhard 1800 Marki v. Gebrion I, 194, auch „zum Schwager gemacht werden" bei Günther. Stieler 1791 bucht Tausendschwager. Seit Vollmann 1846 gilt ein bezeichnendes Lochschwager.

[2] Vgl. Kinzel ZfdPh. 16, 127.

an Zachariä's Renommisten charakterisiert hat: „Er trank Schwäger=
schaft mit allen Lohnkutschern, die er — als wärens die Herren —
sich in die Wagen setzen ließ und selbst vom Bock fuhr" u. s. w.
In diesem Zeugnis sehen wir die Schwägerschaft auf die Lohn=
kutscher spezialisiert, wodurch es erklärlich wird, wenn **Schwager**
dann besonders für „Postillon" üblich geworden. Diese Bedeutung
bezeugen die älteren Wörterbücher der Burschensprache (1781,
1795) als studentisch, und erst vom engeren akademischen Bereich
aus hat dieses **Schwager** Eingang in unsere klassische Litteratur
gefunden.

Aber das trauliche **Schwager**[1] war im Verkehr mit den
Philistern und Knoten[2] doch immer beschränkt. Der Bursch lebte
mit ihnen immer in Spannung und die Annalen unserer Univer=
sitäten wissen von vielen blutigen Zusammenstößen zu berichten.
So fehlt es denn nicht an burschikosen Schimpfnamen für einzelne
Handwerker. Der Kammacher heißt studentisch bei Niebergall
Kanuff, die Bäcker bei Vollmann **Marcusbrüder**, die Schuster
in Schnabels Univ.=Jahren S. 140 **Pechhengste**, die Perückiers
1779 in einem Trauerspiel **Perückenhengste**. Im 16. Jahr=
hundert nannten die Leipziger Studenten die Kürschner **Katzen=
schinder**, wie uns Lindeners Katzipori 1558 No. 106. 119 ausdrück=
lich berichtet, und nach dem Faustbuch des Schwaben Widmann 1599
hießen sie in Ingolstadt **Katzianers** — eine Wortbildung,
die gewiß auf burschikosen Ursprung hindeutet. Im akademischen
Bereich Leipzigs zeigt uns das Faustbuch von 1589 die Küfer
als **Weißkittel**[3]. Und wenn wir oben **Pech** für das 17. Jahr=

---

[1] Für die oben vorgetragene Bedeutung spricht außer der bereits er=
wähnten Anrede für die Halloren noch der Umstand, daß die hallische
Studentensprache im 18. Jahrhundert Frau Gevatterin für die Obsthänd=
lerin gebrauchte. Vgl. unten das Wörterbuch.

[2] Neuerdings wird für Tübingen auch **Gogen** und für Heidelberg
Neckarschleim als Bezeichnung für Philister und Knoten angegeben.

[3] Ebenso bei J. J. Vogel 1714 Leipziger Geschichtsbuch S. 111.

hundert als allgemeine Benennung des Philisters kennen gelernt
haben, so ist hier zu erwähnen, daß um 1600 **Pech** (auch **Fuhr-
pech** und **Fuhrgespann** [1]) als Bezeichnung des Fuhrmanns begegnet, und so ist möglich, daß jenes **Pech** für 'Philister' eine
Abzweigung hieraus wäre. Bei den Böttchern hieß durch das
18. Jahrhundert hindurch ein Stückchen Holz, das hinter einen zu
weiten Reif geschlagen wird, **Philister**. Könnte einmal **Philister**
darnach ein Spottname für die Böttcher geworden und dann
schließlich von den Studenten verallgemeinert worden sein? Es
gibt noch mehrfach solche Spottnamen auf die verschiedenen Handwerker — dahin gehören wohl auch **Roßkamm** für den Pferde-
händler, **Rußwurm** für den Schmied, **Pechfärzer** für den Schuster
— ohne daß man an burschikosen Ursprung denken müßte.

Originell ist auch die Nomenklatur, mit der die Musensöhne
ihre Hauptfeinde — Polizisten, Nachtwächter und Pedelle — belegen. Im Zeitalter von Zachariä's Renommist waren **Schnurrbart**, **Schnurrwächter** und **Schnurre** [2] verbreitete Benennungen
der Nachtwächter und Stadtsoldaten in Jena und in Halle, und
das Jenische Polizeiamt hieß **Schnurrbartei**, das Erlanger später
Schnurrenbastei. In Leipzig galt im 17. Jahrh. [3] **Claudirchen**
als Name der Häscher und zu den Zeiten des jungen Goethe
waren **Meisen** die Stadtsoldaten. Sonst treffen wir im 16. und 17.
Jahrhundert **Raup** und **Oelberger** als Name der Häscher. Zu
Straßburg hießen sie vor hundert Jahren **Faulhammer** und in
München **Maikäfer** [4]. Neuerdings wird **Putz** für Münster,

---

[1] In Haineccius' Hans Pfriem 1603.

[2] Sie führten Knarren, mit denen sie schnurrten.

[3] Frühester Beleg im DWb. von 1593 als **Claudite** aus Nieder-
deutschland. Zu Grunde liegt wohl ein studentisches claudite (bei Fischart
Gargantua Neudr. S. 154). Es findet sich noch 1746 als **Gleditchen** bei
Leber. Blaustrumpf.

[4] Im 18. Jahrh. vereinzelt für Häscher **Quelve** 1764 der Tugend-
und Lasterhafte Student poetisch und moralisch entworfen XII.

Klammhaken für Freiburg i. B. bezeugt. Und allgemein ist jetzt **Polyp**, wo man noch im Anfang unsers Jahrhunderts **Police** sagte, und für den Pedell **Pudel**.

Wir schließen unsere Sammlungen mit einem kurzen Bericht über die allerdings sehr spärlichen Karzernamen, von denen ich weiß. Es war eine alte akademische Sitte, ihn nach dem ersten Insassen zu taufen. Zu Altdorf hieß er im 17. und 18. Jahr= hundert **Stumpfel**[1] nach einem Studiosus Gabriel Stumpf= lein, der ihn 1576 eingeweiht haben soll. Zu Heines[2] Zeit war es in Göttingen **Hotel de Brühbach** — wohl auch nach dem ersten Insassen, vielleicht aber eher nach dem Karzerwächter, wie denn z. B. in Jena der „Gasthof zur akademischen Freiheit" den Namen **Dorschelstein** nach dem Karzerwärter Dorschel um 1850 hatte. Auf den Karzerwärter Cardanus deutet **Cardanopolis**, wie der Gießener Karzer zu Laukhards Zeit (Eulerkapper S. 112) hieß; und das „Zimmer des Rall" in Tübingen (Schnabels Univ.= Jahre S. 360) ist wohl ebenso zu beurteilen.

Verbreitetes Synonymon für ʼKarzerʼ war um 1600 **Finken= bauer** und **Hundsloch** (s. das DWb.), später auch **Hund**. Nach Leber. Blaustrumpf 1746 Vier possierliche Gedichte S. 20 war **Tabulatgen** in Jena der Schuldturm, wie es im 18. Jahrhundert auch in Helmstedt ein **Tabulat** gab; und noch in Schnabels Univ.=Jahren S. 226 lesen wir vom **Tabulat** zu Jena. Aus dem gleichen Roman lernen wir noch **Pechhütte** („bis in die asch= graue Pechhütte") als Bezeichnung für einen Schuldturm kennen und Vollmanns burschik. Wb. 1846 bestätigt es.

— — —

<hr>

[1] Auch **Bärenkasten** (= Schuldenkasten?); vgl. Wills Geschichte und Beschreibung der Univ. Altdorf S. 196.

[2] **Werke** III, 20 Elster.

Die Kastensprache des Studenten umgibt auch die ganze Weiblichkeit mit einer eigenen Nomenklatur. Und ein bezeichnendes Wort — **Backfisch** — ist aus der Burschensprache in unsern allgemeinen Sprachschatz übergegangen; es ist für das 17. Jahrhundert als studentisch bezeugt (Facetiae Facetiarum 1645 S. 255. 355) und noch die neueren studentikosen Wörterbücher buchen es so.

In unserm Jahrhundert herrscht seit Laukhards[1] Tagen das studentische **Besen** für Frauenzimmer und seit 1813 buchen es die Burschenwörterbücher des öfteren. In Göttingen unterschied man 1813 schon Florbesen, Kattunbesen, Waschbesen, Küchenbesen. Und als göttingisch lernen wir in Schnabels Univ.-Jahren 1835 S. 310 die genauere Einteilung „der unverheirateten Frauenzimmer in **Flor-** und **Kattunbesen**" kennen: ersteres seien die Töchter der Honoratioren und die Kattunbesen — anderwärts heißen sie **Staubbesen** — seien in **Dienstbesen** und **Zobel** zu scheiden; die **Zobel** seien epikuräisch. In den Wörterbüchern der Burschensprache hören wir dann noch von Stadt-, Land-, Bier-, Kneip-, Stall-, Leib-, Wirts-, Markt-, Burgbesen usw.; verzeichnet wird nach den Eigenschaften „ein flotter, famoser, patenter Besen".

Im Zeitalter der Renommisterei gab es eine weniger eingehende Einteilung des Frauenzimmers; sie bezieht sich bloß auf das weibliche Wesen, dem der Student seine Aufmerksamkeit schenkte, auf die **Charmante**. Jener alte Bierkomment — das Hospitium von 1747 — lehrt uns zwei Klassen von Charmanten unterscheiden. „Wahrhaftige" oder „wirkliche" Charmante sind solche, mit denen es der Studio aufrichtig meint; **Spaßcharmanten** aber sind zum Zeitvertreib auserkoren und von ihnen gilt die Regel „aus den Augen — aus dem Sinn". Die **Trampelcharmanten** bilden keine eigene Klasse für sich; es sind verehrte Mädchen, denen der Bursche — trampelnd — seine Fensterpromenaden macht. Nach dem Verfasser des Hospitium von 1747

---

werden **Charmante** und **Amante** unterschiedslos gebraucht, ob=
wohl die Herkunft der Worte eigentlich einen Sinnesunterschied
bedinge. Auch auf der Kneipe spielte die Charmante eine Rolle.
Bei einem richtigen Hospiz hatte der Hospes „die Charmanten
auszubringen", wie der burschikose Ausdruck lautete, und es geschah
in drei Runden — für die Charmanten in loco, in patria und
in tertio loco; und die Quarks — d. h. die in der Universitäts=
stadt heimischen Kommilitonen — tranken ihre Charmanten extra
patriam, wo die übrigen ihre Charmanten in patria tranken.

Um 1760, wo **Charmante** in Abnahme und **Wesen** noch
nicht in Aufnahme kam, treffen wir **Meuble — Möble** in der
schlimmen Bedeutung bei Sigism. Jrenius 1766 Begebenheiten
eines Leipziger Studenten I, 241 und 1779 in dem Schauspiel „Der
deutsche Student". Und für die schlimme Bedeutung begegnet manch
eigenartiges Burschenwort (s. unten S. 53). Jn Leipzig und Breslau
hießen die liederlichen Frauenzimmer um 1700 die „Schüler ex
collegio quinto"[1]. Die in burschikosen Wörterbüchern unsers
Jahrhunderts begegnende Benennung **barmherzige Schwester**
finden wir schon 1747 im Hospitium S. 59. Seit Zachariäs und
Laukhards Zeit, ja seit Meyfart 1636 hören wir vielfach von
Nymphen, besonders von „Gras=, Knall=, Stallnymphen". Und
um 1500 begegnet **Helena** in gleicher Bedeutung.

Wir erwähnen noch, daß **Flor** 1813 als studentischer Ehren=
titel des schönen Geschlechts gebucht ist, wollen es aber vermeiden
die weitere Nomenklatur in allen Unterschieden vorzuführen, um
nicht das Gebiet der Venus vulgivaga betreten zu müssen. Jn
das Gebiet der schönen Litteratur führen uns die Bezeichnungen
der Geliebten als **Dulcinea** oder als **Donna**[2], selten als **Rosi=
nante**[3].

---

[1] Stief 1737 Schles. histor. Labyrinth S. 313. Vgl. unten S. 33.

[2] Briefe über Erlangen 1792 S. 107.

[3] J. C. Henn 1794 Vertraute Briefe S. 20.

Trunkenlitanei.

Im Mittelpunkt der Studentensprache steht die Nomenklatur des Zechens. Auf keinem andern Gebiet zeigt sich eine so große Produktivität wie hier. Freilich ist es oft genug unsicher, ob dies oder jenes Wortmaterial mit einigem Grund als studentisch auf= zufassen ist. Auch abseits der Hochschulen hat das Zecherleben stets geblüht und der Saufteufel, der in der großen Teufelslitteratur des 16. Jahrhunderts keinen niederen Rang einnimmt, ist immer in allen deutschen Landen umgegangen. Aber mancher Zug, den wir in Fischarts Trunkenlitanei finden, zeigt sich in späteren Zeiten auf den Studentenkneipen. Vielleicht in keinem anderen Punkt können wir so bequem beobachten, daß die Burschensprache ihre Wurzeln im 16. Jahrhundert hat.

Es kann nun hier nicht unsere Aufgabe sein das überreiche Material völlig zu erschöpfen. Es würde eine Geschichte des Zechens erheischen und dazu ist hier nicht der Ort. Auch verdient nicht jedes einmal bezeugte oder flüchtig verrauschende Wort aus diesem Bereich für immer festgehalten zu werden. Was die Bieramseln und Bierfinken, die Biermörder und Hopfenbrüder des 16. Jahr= hunderts und ihre Nachfolger bis auf die Neuzeit in der Laune und dem Übermut des Augenblicks an Wortgebilden je gewagt und was die frischesten und getreuesten Beobachter dieses reichen Lebens davon zu Papier gebracht haben, verdient nur insofern wissenschaftliche Beachtung, als sich darin das eigentliche Sprach= leben, das natürliche Sprachgefühl äußert. Und so kommen nur die Grundzüge dieser Zechersprache für uns in Frage, die Rich= tungen, in denen sich dieser spezielle Sprachgeist bewegt.

Von den lateinischen Sprachelementen des Kneipenlebens sehen wir zunächst ab, weil sie uns in anderem Zusammenhange zu beschäftigen haben. Hier handelt es sich zunächst nur um Gruppierung des Wortmaterials.

Nicht mit Fischarts Reichtum wollen wir wetteifern. Was

er mit seiner umfassenden Anschauung unseres Volkslebens und unserer Volkssitte spielend zusammengetragen, das ist seitdem noch niemandem wieder gelungen. Aber in einem Falle führt er uns irre. Er stellt im 4. Kapitel der Geschichtsklitterung jene „süß= klingenden sirenischen Taufnamen" unserer deutschen Biere zusammen und man bemerkt verwundert, daß er nur die reiche Liste wieder= holt, die der Verfasser der Schrift De Generibus Ebriosorum in einem besondern Kapitel De diversis cerevisiae nominibus aufstellt. Schon dieser nennt die Biernamen birolatronibus adeo amabilia, adeo auditu jucunda, ut quoties talium quippiam nominaretur meras Sirenas sese audire putent et jam tum ad ipsas voces sitiant. Wir beginnen unsere Materialien mit einer Liste derselben für die ganze Neuzeit. Hauptquellen dafür sind der kurzweilige Zeitvertreiber 1668 S. 157 und die große Encyklo= pädie von Krünitz (mit Kr. bezeichnet); einiges findet sich auch in Brückmanns Catalogus omnium potus generum 1722. Im übrigen sind gelegentliche Erwähnungen verwertet bei Dichtern und Prosaikern.

Altklaus 16.—17. Jahrh. — Alter Klaus nach dem Zeitvertreiber und Brückm. in Brandenburg.

Augenblendig 1668 Zeitvertrei= ber S. 157 = Mumme in Braun= schweig.

Bastard 16. Jahrh.

Batzmann 16. Jahrh.; nach dem Zeitvertreiber 1668 zu Wollin.

Beiderman 16. Jahrh.

Benicken 1722 Lüneburg.

Bit=den=Kerl 18. Jahrh. Boitzen= burg; dafür Bindenkerl Zeit= vertreiber.

Binackel Wollin Zeitvertr. 1668.

Black 17.—18. Jahrh. Kolberg.

Bock Schmeller I, 204 München; ältere Wortform des 18. Jahrhs.

Ainbock Ambock Cambock (= Einbecker Bier). Beleg für Bock H. Harring 1831 Faust im Ge= wande der Zeit S. 68.

Bockhänger 17.—18. Jh. Wollin.

Brausegut nach Kr. Bennekenstein (Harz).

Breihahn nach Fischart Werden, nach Zedler Briehahn Halber= stadt, nach dem Zeitvertreiber in Hannover und Quedlinburg.

Brillenbier bei Frisch 1741.

Breipot !

Bruse nach Brückm. Osnabrück.

Buff, Puff nach Stieler 1691 Halle (auch Prätorius 1663 Saturnalia S. 16); schon im 16. Jahrh. Helschebof.

Büffel 16.—18. Jahrh. Frankfurt a. d. O.

Buse = Bruse.

Cacabulle Kakabella 18. Jahrh.
Eckernförde.

Claus (alter) s. Altklaus.

Dodenkopf Fechte in Westf. 17.
Jahrh.

Dorfteufel nach Brückmann 1722
Ammerbach bei Jena. Schon in
der Salinde 1744 auch Neander
1729 Poet. Kleinigkeiten S. 45.

Duckstein 18. Jahrh. Königs-
lutter; als Duchstein bei Chr.
Weise (1701) überfl. Gedichte
S. 344.

Dummer Teufel hschrftl. um 1700
Verga bei Meister.

Ente?

Ferzer 16. Jahrh.

Fidelia 16. Jahrh.

Filz 16. Jahrh.; nach Stieler 1691
und 18. Jahrh. Magdeburg.

Fitscherling 16. Jahrh.: nach dem
Zeitvertreiber S. 158 (= DWb.)
Magdeburg.

Garlei 18. Jh. Gardeleben; Beleg
Chr. Weise (1701) überfl. Gedichte S. 344.

Gaudium Leipziger und Torgauer
Bier in Leipzig nach Chr. Hegen-
dorph 1526 Encomium Ebrieta-
tis aa VIII.

Gause nach Gen. Ebrios. und 18.
Jh. in Goslar; als Gose bei
Chr. Weise; Gose nach Zedler
Quedlinburg.

Geiß baier. bei Schmeller I, 946
(dünner als Bock).

Gluckelhahn 16. Jahrh.

Gose = Gause.

Greußing Schmeller I, 1011 mhd.
griuzinc.

Hähnchen ein Jungbier in Weißenfels 17. Jahrh.

Harlemosche 17. Jahrh. Helmstädt.

Hartenacke 16. Jahrh.; nach dem
Zeitvertreiber Lübeck.

Heidecker nach Kr. Merseburg.

HeiligVater-Öl Schmeller I, 62
München.

Arme Heinke ndb. ein geringes
Bier DWb. IV, 891.

Heinzel, Heinzlein baier.-oberd.
schon im 16. Jahrh. (Crusius
1562 Grammat. S. 237) — ein
geringes Bier.

Hempel 17. Jahrh. Weißenfels.

Horlemotsch 16. Jahrh.

Hösing 17.—18. Jahrh. Wolgast.

Hotenbach 16. Jahrh.; im 17.
Jahrh. Helmstädt.

Hund 18. Jahrh. Dasseln (Braun-
schweig) und Corvei.

Ich weiß nicht wie 18. Jahrh.
Burtehude.

Israel 17.—18. Jahrh. Lübeck.

Itax 16. Jahrh. (auch Gargantua
Neudr. S. 145); Lübeck nach dem
Zeitvertr. Itax.

Jucksterze Lübeck 17. Jahrh.

Junker nach Kr. Magdeburg (1720
Nugae Venales 170).

Kälberzagel 16. Jahrh.

Kaspar oberd. bei Schmeller: geringer als Heinzel.

Kater 18. Jahrh. Stade.

Katherine (schnelle) 17. Jahrh.
Naumburg in den Schauspielen
der engl. Komödianten (Creize-
nach) S. 273.

Keute = Koite.

Keuterling 18. Jh. Wettin; Kay-
terling im Zeitvertreiber 158
und Chr. Weise 1701 überst. Ged.
340.

Kibegern 16. Jahrh.

Klapit, Klepit 17.—18. Jahrh.
Helmstedt.

Klaritch ein Dünnbier in der Alt-
mark bei Danneil S. 103.

Klatsch, Klatsche im Zeitvertr.
1668 und bei Stieler 1691
Jena; nach Salinde je isches
Stadtbier. Auch in Leipzig.

Klebebier bei Reuter; dafür bei
Fischart kleberiges Bier. Vgl.
DWb.

Klotzmilch 17.—18. Jh. Bautzen.

Klune Mecklenburg nach Brückm.

Knisenack 18. Jh. Güstrow.

Knoll bei Fischart im DWb.

Knotenwuchs Wöllnitz bei Jena
nach Schnabels Univ.-Jahren
1835 S. 94.

Kofent ein Dünnbier DWb.

Koite, Koute 'cerevisia batavica'
Murmelius 1513; 18 Jh. Münster.

Kolleter akadem. Konviktbier in
Königsberg nach Brückm.

Koppreißer 17. Jahrh. Merseburg.

Korfink, Kurfink 16. Jahrh.

Korzgele an der Wand hschrftl.
um 1700 Merseburg;

Krabbel an der Wand 18. Jh.
Eisleben; ebenso 1781 in Fischers
Komischer Burschiade S. 46.

Kressen 16. Jahrh

Kuckuck nach Stieler 1691, Frisch
1741 u. a. Wittenberg (auch
Chr. Günther ed. Litzmann

S. 43); bei Hohberg und Colerus;
allgemein 17.—18. Jahrh.; vgl.
das DWb.

Kuhschwanz 16. Jahrh.; 18. Jh.
Delitsch in Böhmen. Beleg: Chr.
Weise 1701 überst. Gedichte 344.

Kuyt bei Schottel 1664 = Koite.

Lämmelbier schles. 18. Jahrh.

Langsel Langwel Langweil schlej.
hess. (s. DWb.): nach Stieler 1691
cerevisia secundaria.

Lauke 17.—18. Jahrh. Möllen in
Lauenburg.

Löbginer Halle nach Abel 1701
Leibmedicus S. 191.

Lorch 16. Jahrh.; Lorche 18. Jh.
Liesland.

Lotenase 16. Jahrh.

Lumpenbier Werningerode 17.
—18. Jahrh.

Luntsch nach Stieler 1691 Erfurt.

Matznotz nach Kr. Teschen.

Maulesel 18. Jahrh. Jena.

Menschenfett nach Brückmann
1722 Kospeda bei Jena.

Moll 18. Jahrh. Nimwegen.

Mord und Todschlag nach Stieler
1691 und 18. Jh. Kyritz; nach dem
Zeitvertr. und hschftl. um 1700.

Mortpotner Morbodner 16. Jh.

Muckensenf 16. Jahrh.

Mumme: 16. Jahrh. momum De
Generib. Ebr.; schon im 15. Jahrh.
bezeugt für Braunschw.; Abelung
gibt es auch für Wismar an.

Oel Rostock nach dem Zeitvertr.

O wie! Limbach nach Brückm.

Pfudian um 1650 hschftl. Zwätzen
bei Jena.

Pipenstäl 17.—18. Jh. Mecklenburg.

Preußing 18. Jh. Danzig; nach dem Zeitvertr. Fechte in West-falen.

Prisanbier bei Fischart.

Puff s. Buff.

Quackeldeis nach Kr. Eckernförde.

Quitschart 16. Jahrh.

Quorolewitz um 1700 Königs-stein (hschftl.).

Ramenach 18. Jahrh. Glückstadt (Holstein).

Ramna 18. Jahrh. Herford.

Rasemann 16. Jahrh.

Rastrum Leipzig; in Stadtrech-nungen seit 1484; im 18. und 19. Jahrh. als Raster ein Leip-ziger Dünnbier. Apokryphe Deu-tung leitete es ab von einem eisernen Rechen (mit einem Glase) als Wirtschaftszeichen.

Reisekopf 16. Jahrh.

Rolingsbier 16. Jahrh.

Rommeldeis, Rummeldeuß nach Kr. ein Lübecker Bier in Danzig und im 17.—18. Jahrh. ein Bier in Ratzeburg; vgl. DWb.

Rutetop 16. Jahrh.

Sähl-den-Kerl 18. Jh. im Lande Hadeln.

Salat 16. Jahrh.

Scerp-ber bei Fischart; in der Gemma Gemmarum 1503 als Scharber.

Schemper Gemma Gemmarum 1503.

Schlagnack nach Kr. Eisleben.

Schlipschlap 16. Jahrh.

Schlunz 18. Jh. Erfurt, ebenso De Gener. Ebrios.: dazu der Magister Schlunz in Universi-täte Erfurdiensi in den Epist. Obscur. Vir.?

Schöps nach Stieler 1691 und nach Kr. Breslau.

Schröllvötzchen (hschftl. um 1700) Zeitz.

Schüttekappe 18. Jahr. Ritters-hausen (Braunsch.).

Schwellvötzchen 17. Jahrh. Mer-seburg.

scormorum nach Murmelius 1513 Pappa D 1 Münster.

Sperpipe 16.—17. Jahrh.

Staffeling 16. Jahrh. Frankfurt a. d. O.

Stampf-in-die-Aschen 16.—17. Jahrh.

Stär Schlesien 18 Jahrh.

Störtenkerl 16.—18. Jh. Deren-burg.

Streckperzel 16.—17. Jahrh. = Stürzebarzel.

Stroheingen 16. Jahrh. (zu Heinecke).

Stürzebarzel nach Stieler 1691 Merseburg.

Dummer Teufel (hschftl. um 1700) Verga bei Meißen.

Tibi-Soli nach Brückm. Braun-schweig im Kreuzkloster.

Witte 18. Jahrh. Kiel.

Wittenkiel 18. Jahrh. Schöningen (Braunschw.).

toller Wrangel 17.—18. Jahrh. Breslau.

Würze 18. Jahrh. Zerbst.

Zals nach Kr. in Eilenburg.

Zitzemlle nach Brückm. in Nau und nach Kr. in der Mittelmark.

Ich habe die mir bekannten Biernamen hier zusammen=
gestellt, nicht als ob ich für sie alle studentischen Ursprung an=
nähme, auch nicht weil sie gewiß im studentischen Leben breiten
Raum eingenommen haben. Es ist unmöglich Studentisches und
Nichtstudentisches hier auseinander zu halten. Zwar hören wir,
daß z. B. im vorigen Jahrhundert Jena zwanzig Bierarten bieten
konnte, und die Liste in der Schrift De Generibus Ebriosorum
zeigt allein für Frankfurt a. d. O. etwa 30 Biernamen. Aber doch
nur wenige tragen studentische Spuren. Das Leipziger Rastrum
— noch in unserem Jahrhundert als **Raster** bezeugt — verrät
das Latein der Universität. Von den Jenischen Bieren — Mauleſel,
Klatſch, Pfubian, Dorſteuſel, Knotenwuchs, Menſchenfett — zeigt
das letztere Wort ein unzweifelhaft burſchikoſes Gepräge: in Fel.
Schnabels Univerſitätsjahren 1835 S. 86 gilt Kloſewitz bei Jena
als die Heimat des **Menſchenfetts**, das ein hellgrünes Dünnbier
ſei; es führe ſeinen Namen daher, „weil das Waſſer zu dem Brau=
hauſe über den Gottesacker fließe“. Und auch für den Wöllnitzer
Knotenwuchs verrät der Name burſchikoſen Ursprung.

Aber überhaupt ſpielen die mittel= und norddeutſchen Univer=
ſitätsſtädte und ihr nächſter Umkreis in unſerer Liſte eine gewiſſe
Rolle: Leipzig, Breslau, Wittenberg, Jena, Frankfurt a. d. O., Halle,
Helmſtedt, Marburg, Erfurt, Münſter, Roſtock ſind darin ver=
treten; nur die weinländiſchen Univerſitäten fehlen. Dies alles
gibt uns ein Recht jene Liſte hier zu bieten, in der Studentiſches
und Nichtſtudentiſches kaum zu ſcheiden iſt. Bloß ſtudentiſche Worte
für ‚Bier‘ gibt es nicht außer einem in der 1. Hälfte unſeres Jahr=
hunderts üblichen **Wumm**, das in manchen Zuſammenſetzungen
wie „Hauswumm, Hofwumm, Knotenwumm, Landeswumm, Ober=
wumm“ in der Burſchenſprache lebte; dazu vereinzelt auch **Bums**
und ein aus **Bierchen** entſtandenes **Birch** oder **Bich**. Seit dem
vorigen Jahrhundert hat ein allgemeines **Stoff** ſich eingeſtellt.

Das Zechen umgibt ein reicher Wortſchatz, vor allem zunächſt
gemeinſames Zechen mit Beobachtung feſter Formen nach dem
Komment. Was wir heute außerhalb des akademiſchen Lebens

einen **Kommers** heißen, hieß ursprünglich so (eigtl. **Kommerſch**) nur in der Studentenwelt. Im 18. Jahrhundert gilt für das Kneipen auf der Stube, wobei der Zimmerinhaber ponirte, vielfach **Kondition** [1] oder **Hoſpiz** und der Präſes im **Hoſpiz** hieß **Hoſpes**. Gleichzeitig hören wir auch von den **Debauchen** der Burſchen, zumal unter der Zeit der Renommiſten. Im 16. Jahrhundert ſcheint **Schlamp** oder **Schlampamp**, auch **Kollation** eine entſprechende ſtudentiſche Inſtitution geweſen zu ſein.

Alt ſind auch die Inſtitutionen des Bierſtaats und der Bierfehden. Schon im 16. Jahrhundert haben Studenten in Freiburg i. B. eine aula regia eingerichtet. Und Karl Auguſt von Sachſen-Weimar ſoll einſt den Fürſten eines Lichtenhainer Bierſtaats mit Ew. Liebden begrüßt haben. In der Bierfehde überraſcht die Vielſeitigkeit der Nomenklatur für jedes beliebige Quantum. Nach altem Jenaer Komment waren die Grade des Sturzes im Bierſkandal oder des Vortrinkens: Renommage — Gelehrter — Doktor — Pabſt — Seraph — Chriſtenheit — Gottesacker oder Wallfiſch. Anderwärts ſchob ſich zwiſchen die letzten beiden Grade noch ein Amtmann. Dieſe Art der Namengebung, welche in der 1. Hälfte unſeres Jahrhunderts geblüht hat, darf wohl ein hohes Alter beanſpruchen.

Luther hatte einſt zu Ehren des Eisleber Agricola eine akademiſche Tiſchgeſellſchaft, an der auch Aurifaber und Joh. Spangenberg teilnahmen. Nach dem Eſſen trank Luther den einzelnen Gäſten aus einem Glaſe mit drei Reifen zu, ſchließlich auch dem Mag. Eisleben. Dem zeigte D. Martinus zuvor das Glas und ſprach: „Ich geb Euch das Glas mit Wein bis an den erſten Reif — die zehen Gebot, an den anderen — den Glauben, an den dritten — das Vaterunſer des Katechiſmi gar aus.“ Luther leert das ganze Glas auf das Wohl des Gaſtes, aber dieſer bringt es nur bis zum erſten Reif und da ſagte Luther: „Ich wußts vorhin wohl, daß Mag. Eisleben die zehen Gebote ſaufen könnte, aber

---

[1] Vgl. Laukhard 1799 der Moſellaner- und Amiriſtenorden S. 112 und 1798 Annalen v. Schilda I, S. 323. Schon früher bei Schmeizel 1737.

den Glauben, Vaterunser und den Katechismus würde er wohl zufrieden lassen".

Wir dürfen aus diesem Bericht, der auf Aurifaber zurückgeht, wohl die Gewißheit schöpfen, daß jene obigen Namen ins 16. Jahrhundert zurückreichen. Der theologische Grundton spricht für die ältere Zeit, wo das theologische Studium überwog. Dahin gehört es auch, wenn zu Laukhards Zeit[1] in Jena Apostel Bezeichnung für eine gewaltige Schleifkanne von 40 Maß war.

In diesem Bierstaat mit so manchen theologischen Elementen — man denke noch an die Saufmesse — hatte besonders das Ceremoniell des Trinkens zahlreiche Namen. Wie wir neuerdings seit etwa 50 Jahren den Salamander, so hatte jedes Zeitalter seine offiziellen Formen und Formeln. Schmollis und Fiduzit erscholl im Hospiz zu Laukhards und Kindlebens Zeiten grade wie heute. Durch das 16.—17. Jahrhundert hindurch lebte ein Zechritus mit dem Namen Kurl-Murl-Puff[2] in der Studentenwelt. Das alte Jus Potandi von 1616 lehrt uns die Weisen des haustικῶς- und Horικῶς-Trinkens kennen; wir kommen auf die seltsamen Benennungen zurück. Dieselbe Quelle weiß noch vom „lateinischen Trunk", welcher viermal getrunken werden muß: „das Rößlein verkaufen", „den Unbekannten bringen", „sine Schmuck-sine Tuck-sine Bartwisch" waren übliche Zeremonien. Willkomm hieß der Trunk, der dem Gast gebracht wurde, und zugleich das poculum gratulatorium; „den Fuchs schleppen" nannte man „die liebliche Kurzweil, wenn ihrer vier aus einer Kanne trinken auf die Weise, daß die ersten drei einen Trunk thun; der vierte aber muß das ander alles, was noch hinterstellig, exsicciren und austrocknen" (Jus Potandi § 33).

---

[1] Moselaner- und Amicistenorden 1799 S. 51. 53.

[2] Vgl. das DWb.; Murlepuff schon in Fischarts Trunkenlitanei (Neudr. S. 148). Vielsauffs Zech- und Saufrecht von 1633 erwähnt, daß er viel seltsame Schnaken und Possen in seinem Umgang verursacht. Kurl-Murl-Puff noch um 1740 bei Incognito S. 66; aber carle-morle-puff bei Chr. Weise 1673 Erznarren S. 150.

Eine besondere Zechart war die **Runda**. Nach alter nieder=
sächsischer Weise, die wir schon in Beda Venerabilis Erzählung
von dem angelsächsischen Dichter Caedmon und seiner Vision an=
treffen, kreiste der Becher durch die Zechgesellschaft und jeder mußte
vor dem Trunk ein Lied singen. **Up de Rige drinken** sagte
man im 16. Jahrhundert platt dafür; und da mochte wohl ein
heel ut, heel ut, Stalbroer den Trinkenden animieren — vielleicht
ein niederdeutscher Reim, der aber auch zu hochdeutschen Univer=
sitäten gelangte.

Auch die Trinkgefäße werden sprachlich reich bedacht. Das
allgemeinste Wort ist das **Waffe** der Bierfehde, das schon im
alten Jus Potandi von 1616 und seitdem oft bezeugt ist. So
hören wir auch von **Lanzen**; in und bei Jena (bes. in Wöllnitz)
hießen so im Anfang unsers Jahrhunderts wie noch jetzt „hölzerne
innen verpichte Kannen". Fel. Schnabels Univ.=Jahre 1835,
woraus wir dies entnehmen, bezeugen für Halle „krumme Säbel"
als Benennung von Gläsern, die in der Mitte eingebogen waren.
Vereinzelt (im Hospitium 1747) treten so auch **Kanonen** und
Pistolen, Mörser und **Granaten** auf. Seit dem 16. Jahrh.
hören wir vom Birkenmeier, vom Willkomm, vom römischen Reich
als Bezeichnungen bestimmter Gefäße. Im Jus Potandi 1616
wird ein seltsames **Labaschke** gleichwertig mit **Waffe** gebraucht.

Manches einschlägige Wort der Kneipen bietet unser Wörter=
buch und der weitere Verlauf unserer Darstellung; die Äußerungen
und Folgen des Zechens [1] sind mit einem so vielseitigen zoologischen
Wortschatz bedacht, daß wir darauf zurückkommen müssen.

Hier wollen wir schließlich nur noch des Zahlens gedenken.
Abermals nicht um das reiche Material zu erschöpfen. Der er=
freuliche Zustand Geld zur Verfügung zu haben wird vielfach ver=
schleiert. **Moneten,** nunquam-retrorsum. **Knöpfe, Spieße,**

---

[1] Bekanntlich hat Lichtenberg eine reiche Synonymik für Trunkenheit
zusammengestellt; vgl. Vermischte Werke 1801 S. 34.

Speck, Goldfinklein[1], Goldfüchse, Mammon, Ries, Moos, Moses und die Propheten, christliche Linsen und Gelder sind gleichwertig. Aus dem 17. Jahrhundert stammt die Benennung Mutterpfennige für das Geld, das die Mutter dem studierenden Sohne ohne des Vaters Vorwissen zusteckt (schon Orbilius Plagosus 1661 De Jure et Natura Beanorum S. 10). Schürzenstipendien waren Gelder, die der Student von Frauenzimmern verehrt bekam.

Wer wohl bei Kasse ist, heißt „gut besponnen" bei Lenz Hofmeister 1, 3. Und wem das Geld ausgegangen, der muß „miseriam schmelzen", d. h. elend leben[2]: und Armut schmelzen wird uns bald (S. 32) in einem makaronischen Studentendistichon begegnen. Zu Lauthards Zeit sagte man „auf dem Mist, auf dem Hund sein"; neuerdings „im Pech) - in pecho. im Dreck, im Verlag sein oder stecken".

Auch für die Folgen des Geldmangels stehen burschikose Worte in Menge zur Verfügung. Das Versetzen hat Synonyma wie verkeilen, und von den Sachen, die im Pfandhaus stehn, sagt der Bursch: „sie stehn Gevatter", „sie lernen hebräisch" (d. h. bei einem jüdischen Trödler) oder gar „sie lernen die Anfangsgründe des Syrischen".

Das Leihen erscheint als pumpen, und Bären anbinden ist alt bezeugt für 'Schulden machen'. Und Gläubiger sind Manichäer, Tritt- oder Tretvögel, Pumpier.

Wir schließen unsere Sammlungen mit der Synonymik für das Verlassen der Universität ohne Begleichung der Schulden: „durch die Lappen gehen, exkneisen, skisiren — sich skisiren — einen Skis machen, verduften, sich drücken, abrutschen, absiegeln".

---

[1] In einem Studentenliede bei v. Ditfurth Deutsche Volks- u. s. w. Lieder des 17.—18. Jahrhs. S. 221 (S. 228 „goldene Spießen").
[2] Nach Hunold-Menantes' Fremdwörterbuch 1702.

Antike Elemente.

Wer dem Wortschatz der Burschensprache früherer Jahrhunderte nachgeht, dem fällt die starke Mischung mit antiken Bestandteilen in viel höherem Maße auf als etwa einem Beobachter der heutigen Studentensprache. Das Latein hat weit über die Zeit des Thomasius hinaus das ganze Universitätsleben beherrscht. Nicht bloß in den Vorlesungen und im Museum des Professors verlangte der vom Humanismus ausgehende Geist unserer Hochschulen jene universale Weltsprache, in deren Pflege theologische und philologisch-historische, juristische und medizinische Interessen zusammentrafen. Wenn die Vulgata und das Korpus Juris, Cicero und Galen auf den Hochschulen Lehrer und Lernende aller Fakultäten zum Latein zwang, wenn schon in den Lateinschulen mit Rücksicht auf die hohen Schulen das Lateinsprechen in allgemeiner Übung stand, so dürfen wir erwarten, daß das Latein überall in das Studentenleben älterer Zeit hineinragt. Aber voll Übermut und Keckheit handhabt der Student auf den Kneipen die altehrwürdige Sprache und er zeigt in toller Sprachmischung, in kühnen Verschnörkelungen einheimischen Sprachguts mit lateinischen Floskeln, in rücksichtsloser Abstreifung jeden Regelzwanges, in derb komischer Verschmelzung von Deutsch und Latein, daß er einen lästigen Zwang mit Humor auch beim Bier erträgt. In der That muß das Latein im Jus Potandi, im Bierkomment und in den Kneipen des 16. und 17. Jahrhunderts einen breiten Raum eingenommen haben. Und ein alter Spruch, den uns Fischart überliefert, besagt:

Der müßt' ein ungeschlachter Wein sein,
Der eim nicht gießet Latein ein.

Wenn wir in Universitätsstädten lateinische Biernamen antreffen wie das rastrum und das gaudium in Leipzig, so dürfen wir wohl die Studentenkreise dafür verantwortlich machen. Und im 16. Jahrhundert hieß bei den Zechern und Schlemmern ein besonders guter Wein vinum cos, wie wir bei Wittich 1585 De conservanda valetudine S. 57 erfahren, und diese burschikose Bezeichnung (daneben auch „der Wetzstein cos") finden wir auch bei Fischart 1575 in einem Zecherliede (Geschichtsklitterung S. 87. 135 Neudr.). Das ex! des heutigen Komments kennt Fischart auch im Liede: „Trinks gar aus! totum ex!" Und das alte Jus Potandi formuliert seine Paragraphen in burschikosem Latein, z. B.

Qui bibit ex neigis, ex frischibus incipit idem.

Dieses makaronische Latein war die eigentliche burschikose Sprache der Zecher und Schlemmer. Seit Fischart hören wir öfter einen Vers auf jeden, der ärgerlich blamiert wurde:

Sic jacet in drecko qui modo reuter erat.

Wem das Geld ausgegangen war, dem stand folgende Klage zu Gebote:

Nos miseri sumus nec Brod nec Butter habemus
Schmelzimus armuthium, leidimus omne malum.

Klar ist das burschikose Sprichwort:

Qui multum scheret multos, scherebitur ipse[1].

Und in diesem makaronischen Latein bewegt sich die ältere burschi=
kose Litteratur, ehe es deutsche Burschiaden, Jobsiaden, Buckeliaden,
Bacheliaden usw. gegeben hat.

Dieses Latein[2] hat in der Burschensprache die tiefsten Spuren hinterlassen, und eine Fülle übermütiger Mischbildungen, in denen deutsche Worte lat. Endungen annehmen, charakterisiert die Bur=
schensprache.

Sich selbst bezeichneten die Studenten mit einem lat. Worte. Und die Neulinge auf den Universitäten hießen im Zeitalter des Pennalismus Quasimodogeniti, Neovisti, Innocentes, Imper-

---

[1] Vgl. Reinwalds Akademien= und Studentenspiegel 1720 S. 238. 244. 528.

[2] 1627 erschien eine bald beliebt gewordene Schrift Lustitudo Studentica, 1689 das Certamen studiosorum cum vigilibus nocturnis.

fecti. Der **Pennal** hat seinen Namen gewiß von dem Schreib=
zeug (vgl. oben S. 10). Der Nichtstudent war ein pix, ein Pech.
Alt ist **Helena** (15. Jahrhundert) als Bezeichnung für die Wesen,
die man später (18.—19. Jahrh.) **Nymphen** nannte[1]. Die
Universitätsstadt war das **Athen**, der **Musensitz** und sich selbst
nannten die Studenten **Musensöhne** oder auch **Musen**[2].

So ist denn auch manches lat. Wort von der Burschensprache
entlehnt. Die **Moneten** sind für sie charakteristisch. Verbreitet
war *olim* in der Studentensprache und ihr entstammt die ver=
breitete Formel „zu Olims Zeiten", die schon Stieler 1691 bucht.
„Semper lustig — nunquam traurig" war im 17.—18. Jahr=
hundert — zumal in den Stammbüchern — eine beliebte Burschen=
devise[3], die wohl einem alten Kommersliede entstammt. „Sine
Schmuck — sine Tuck — sine Bartwisch" war eine Formel des Jus
Potandi. Sarcander 1710 Amor auf Universitäten S. 119 zeigt
circumflexus übertragen auf den Schmiß, die Duellnarbe, und
so bezeugen Wörterbücher der Burschensprache neuerdings das Wort
Circumflex. Weit verbreitet — im neueren Kommersliede wie
in der Sprache des 17.—18. Jahrhunderts — ist der burschikose
Gebrauch von capitolium für 'Kopf'[4].

---

[1] Um 1700 hießen in Leipzig und Breslau die lüderlichen Frauen=
zimmer „Schüler ex collegio quinto" (Stief 1737 Schles. histor. Labyrinth
S. 313). „Fünfte Fakultät" war damals gleich lupanar.

[2] Verbreitet war im 17.—18. Jahrh. der Horazische Orbilius für Schul=
meister z. B. bei Stoppe I, 141; II, 106, 115. Vgl. die Quaestio Status
de jure et natura Beanorum quam praesidente Orbilio Plagoso adseret
et tutabitur Tyro de Afflictis 1661. Die Newlich vermehrte Pennal= und
Schulpossen 1654 E 5 b 6 b „Der Orbilius oder Schulfürst". Orbil bei C.
Gotth. Müller 1752 Von der Ehre eines Studierenden S. 26.

[3] Taubmanniana 1737 S. 89; Laukhard 1799 Moselaner S. 60.

[4] Vgl. das DWb. unter Capitolium und Kapitolium und Jus
Potandi 1616 § 20; Leipziger Commersbuch 1816 S. 94; auch Reinwald
S. 50. 104 und Reinh. Köhler zur Kunst über alle Künste S. 230. Ich
erinnere für so komische Wortverdrehung noch an Pollux für Pollution,
Triptolemos (für Treo) bei Vollmann.

Hierher gehört auch **fidel**. Es entstammt der Burschen=
sprache des 17. Jahrhunderts, in der es allerdings 'getreu, auf=
richtig' bedeutete; so wird es von Liebe 1686 und mit fideliter
zusammen auch noch bei Sperander 1727 gebucht[1]. Um die Mitte des
18. Jahrhunderts ändert sich die Bedeutung im heutigen Sinne
und die Devise des Krambambulisten 1745 „toujours fidèle et
sans souci" mag mit dem beliebten Kommersliede an der Ver=
breitung der neueren Bedeutung Anteil haben[2]. Der Begriffs=
wandel mag alsbald Ärgernis gegeben haben; vielfach wird hinter
der burschikosen Bedeutung gleich das Schlimmste gewittert und
der fidele Bursch dem Bruder Liederlich gleich geachtet; die Stu=
dentenmoral 1754 S. 23 und das Raisonement über die protestan=
tischen Universitäten 1768 III, 34 nehmen **fidel** und **liederlich** für
gleichwertig, Laukhard hat Anwandlungen gehabt, in denen er
ebenso urteilte, und Campe 1813 bietet 'lustig, locker, liederlich'
als die Bedeutungen des studentischen Wortes. Die harmlosere
Bedeutung 'heiter, lustig' herrscht durch die zweite Hälfte des
18. Jahrhunderts; Goethe gebraucht so das Wort schon im
Urfaust S. 23, wie es auch 1749 dem Verfasser des ältesten
Burschenglossars — Salmasius — ganz geläufig war.

In unserm Jahrhundert leben in den studentikosen Wörter=
büchern wie z. T. noch heute in studentischer Rede mannigfache antiki=
sierende Elemente, die vielleicht auf eine ältere Zeit zurückdeuten.
Unser Wörterbuch belegt mehrere Zusammensetzungen wie ex=
kneifen für 'sich davon machen'. Allgemein gelten jetzt in der
Burschensprache Bildungen wie **Exkneipe** oder **Konkneipant**.
„Sich bene thun", „ad patres reisen" — solche Wendungen hält
das Kommersbuch fest und sie werden noch heute gehört. Aber dies
Latein wird souverän behandelt, die lat. Schulgrammatik bleibt
ohne Berücksichtigung. Der Student sagt nicht „das Publikum",
sondern „der Publikus" (schon Bacheliade S. 75). Ein bekannter

---

[1] fideliter communiciren bei Weise 1673 Erznarren Neudr. S. 132.
[2] Erich Schmidt AfdA. 20, S. 298.

lat. Satz wird studentisch so behandelt: de gustibus non dispu-
tandibus oder de gustibus non dispis (bei Vollmann 1846).
Und wie frei das Latein gemaßregelt wird, lehrt auch die alte
Regel: deficiente pecu- deficit omne -nia.

„Es sind nicht alle Lateiner, die **Gabelus-Zinkus** können".
Dieser von Fischart (Neudr. S. 166) überlieferte Spruch deutet
darauf hin, wie die Endung -us als dem Latein eigentümlich auf-
gefaßt wurde. So taucht denn bei gut deutschen Worten ein
Endungs-us auf und in einzelnen Fällen beobachten wir diesen
Typus wirklich in der Burschensprache.

Im 16. Jahrhundert treffen wir **Luntrus** für 'Lump', aus
luntern gebildet. Und wenn dann **Knospus** (18. Jahrh.[1]) und
Knospes (16. Jahrh.) neben einander als Schimpfworte bestehen,
so vermutet Hildebrand im DWb. mit Recht ihren Ursprung im
makaronischen Latein und im lateinischen Schulwitz. Wir dürfen
der Sprache der Lateinschulen um die Wende von Mittelalter und
Neuzeit mehr solche Gebilde zutrauen. Und sollte nicht das noch
heute in zahlreichen ober= und mitteldeutschen Mundarten lebende
Kerls-Kerles nicht auch ein schulmäßiges **Kerlus** sein können?
Für **Runks** 'ungeschliffener Kerl' findet sich im 16./17. Jahrhundert wirklich latinisiertes **Runkus**. In Laukhards Emigranten-
roman II, 172. 179[2] vernehmen wir aus Studentenmund ein paar
Mal die Anrede **Freundus** („Ich habs ihm schon gesagt, Freundus,
daß ich nicht alle Esel kenne" — „Meint ihr denn, Freundus,
daß ich ein Waschweib bin?"). Unserm Jahrhundert gehören
Lumpazius[3] und **Filuzius** an. Und weit verbreitet ist in Nord=
deutschland der Spielruf **funtus**. Darf hier an die seltsame Be=

---

[1] z. B. bei Goedeke III, 267.

[2] Ebendort findet sich Spiritus **Kornus** für Branntwein: „Wenn
Euch der Spiritus Kornus ins Oberstübchen kommt"! Und neuerdings hört
man für Schnaps auch Schnabus (1813 heißt der Akkusativ stud.
Schnabem), wie auch ein dicker Mensch oft ein **Dickus** genannt wird.

[3] Doch auch schon bei G. B. Pontanus 1594 Elucubrationes S. 23.

zeichnung des Linkshändigen als *Linkikus* erinnert werden, die das älteste deutsche Wörterbuch — Maaler 1561 — bucht?

Dem gleichen Prinzip entstammen moderne Bildungen, wie *Pfiffikus*, das — älterem *Politikus*[1] gleichwertig und nachgeformt — schon am Schluß des 18. Jahrhunderts in Laukhards Schriften häufig begegnet. Seit Campes Verdeutschungswörterbuch 1813 findet sich das seltsame *Schwachmatikus* gebucht. Ein üppiger Student heißt nach Vollmanns burschikosem Wb. 1846 ein *Ueppikus*, und allgemein ist ein lustiger Mensch ein *Luftikus*.

Neuerdings herrschen die Mischbildungen *Paukant* und *Konkneipant* — zu Vollmanns Zeit *Mitkneipant* — als technische Ausdrücke in der Studentensprache. In der älteren Zeit entsprechen mehrere Burschenworte, die wohl alle auf *Bacchant* zurückweisen[2]. *Bacchanten* waren im 15.—16. Jahrhundert die Neulinge auf den hohen Schulen. Um 1600 bildete man zu *haseliren Haselant*, um 1830 zu *prellen Prellant*.

Zu den tollsten sprachlichen Ausgeburten burschikoser Laune gehört die Steigerung deutscher Eigenschaftsworte auf -issime, die wohl ins 17. Jahrhundert zurückreicht. — Im Jahre 1702 war die Stadt Gießen in Erregung, weil ein studentisches Pasquill eine Liste der Gießer Jungferschaft mit intimer Charakteristik zusammenstellte. Das dreiste Machwerk bietet sprachlich manches von Belang. Die Charakteristik der Einzelheiten bewegt sich zensurhaft in Adverbien des tollsten Lateins: optissime[3], non vixissime: die Füße eines Mädchens erhalten das Zeugnis plumbissime und

---

[1] Z. B. Schochs Komödie vom Studentenleben I, 1 Neudr. S. 6. Auch das im vorigen Jahrhundert schon übliche *Praktikus* könnte mit eingewirkt haben. Vollmann 1846 hat studentisch *Hedonikus* 'ein Suitier', *Praktikus* 'nasser Held', *Politikus* 'Schlaukopf', *Kanonikus* 'Student oder Professor des Kirchenrechts'.

[2] Z. B. *Lyrant, Schnurrant* und *Erzstapulant*.

[3] In Laukhards Eulerkapper S. 141 finden wir bene, optime, optimissime! in der bestätigenden Antwort. Dazu bene benissime Jobsiade II B. 2432.

der Busen eines andern **schlechtissime**; und „olim gut“, „olim schwarz“ — so werden Busen und Haar anderer kurz charakterisiert. **Schlechtissime** scheint im Anfang des vorigen Jahrhunderts verbreitet gewesen zu sein; wir treffen es 1714 bei dem Jesuiten Calenberg, der an burschikosen Wortgebilden überhaupt seine Freude hat [1].

Für so kühne Sprachhandhabung weiß die Litteratur nur geringes Belegmaterial aufzubringen. Sie lebt recht eigentlich in der Rede, im Gespräch, wo Umgebung und Stimmung den Mut dazu gibt.

Bei Laukhard [2], aber auch bei K. G. Lessing und bei Weiße begegnen wir einem burschikosen **spendabel** 'freigebig', zu **küssen** wird **kussibilis** gebildet von N. Severinus 1670 Der vermummte, aber entlarvte Schreiber S. 28, und um 1740 konnte der burschikose Roman ein zu **prellen** gebildetes **prellibilis** in den deutschen Text einschmuggeln. Im 17. Jahrhundert treffen wir ein hybrides **Plauderment** [3], das mundartlich in Baiern und der Pfalz weiterlebt und in der Litteratur das 18. Jahrhundert erreicht hat [4]. In Schochs Komödie vom Studentenleben II, 2 (Neudruck S. 40. 46) lesen wir ein gleich gebildetes **Gescherement**, wofür **Geschirrment** Kunst über alle Künste S. 236 [4].

Am Schluß des 15. Jahrhunderts tritt in akademischen Kreisen der **Grobianus** auf und in seinem Gefolge das Wort **Grobität**, das in Scheidts Übersetzung von Dedekinds Grobianus 1551 häufig begegnet. Fischart bietet **Weinschlauchität, Bierpausität, Altwibität, Stromachität, Bienenkorbität**. Dann

<hr>

[1] Quasi S. 48; Wurmatia S. 18.

[2] Vollmanns Wb. 1846 kennt noch **sackibel** 'was man stehlen darf' sowie **knallibel — figgibel — bürstibel — bürstiabel**.

[3] Vgl. das DWb. sowie Tschackert, P. Speratus S. 61.

[4] Neuerdings **Poussement** = Poussage unten im Wb.

folgt im 17. Jahrhundert **Filzität** und **Albertät** (vgl. das Grimm'sche Wörterbuch). Auch **Posterität** für *posteriora* in den Taubmanniana 1737 S. 161 und das gleichbedeutende **Spontaneität** bei H. Heine (Werke III, 19 Elster) dürfen als burschikose Bildungen angesehen werden. Daran schließt sich bei studentikosen Schriftstellern vom Ende des 18. Jahrhunderts **Schießität**[1], und in der Burschensprache unseres Jahrhunderts finden sich noch **Kühlität** und **Knüllität**[2], **Flottität** und **Forschität**. Ein Mitglied dieser Wortfamilie, deren Urahnen in gelehrten Worten, wie **Humanität** und **Antiquität**, **Quantität** und **Qualität** zu vermuten sind, ist — last not least — noch das weit verbreitete **Schwulität**, das sich seit Kindlebens Studenten-Lexikon 1781 vielfach in den Wörterbüchern der Burschensprache wiederfindet; in Bürgers Ballade vom Kaiser und Abt hat es sich zum erstenmal aus dem studentischen Bereich herausgewagt:

> „Drauf trabte der Kaiser mit Lachen von hinnen,
> das Pfäfflein zerriß und zerspliß sich mit Sinnen:
> kein armer Verbrecher zeigt mehr Schwulität,
> der vor hochnotpeinlichem Halsgericht steht."

Zu einer verwandten Wortfamilie gehört das studentische in **Schwulibus**, das — etwa gleichzeitig mit **Schwulität** — 1781 in Fischers komischer Burschiade S. 66 zuerst auftritt. Sein Vorläufer ist ein älteres in **floribus**, das burschikos schon 1729 in Stoppes Gedichten II S. 108 bezeugt ist, und wir erinnern uns an die Jobsiade I, V. 894:

> „So gut als der beste Academikus
> lebt er täglich in floribus."

Dieses „Leben in floribus", dem ein „Leben in splendoribus" 1714 in Calenbergs Wurmatia S. 22 entspricht, hat sich bis in unser Jahrhundert hinein erhalten, wo sich noch Gottfr.

---

[1] Z. B. Laukhards Eulenkapper S. 103 = Theekessel, Drasticum, schiefer Kerl; auch Moselaner S. 10, Autobiogr. I, 158.
[2] „Brüder in knüllitate" bei Vollmann S. 174.

Keller im Grünen Heinrich) IV[1] 197 seiner bedient. Im 17. Jahr=
hundert verband der Zecher mit diesem in floribus noch einen
andern Sinn, es war beim Biertrinken gleichwertig mit „florikῶς
trinken" und flores war was wir die Blume nennen. In dieser
Bedeutung belegt Weigands Wb. den Ausdruck vom Ende des
17. Jahrhunderts aus der Schrift Wurmlogia S. 62; so hat es
wohl auch Fischart schon gekannt (1575 Geschichtsklitterung Kap. 8
Neudr. S. 149). Und daraus hat sich vereinzelt ein **Floribus**
als Bezeichnung für eine Becher= oder Gläserart (Hospitium 1747
§ 36) abgezweigt.

Zu dieser Gruppe in floribus und in splendoribus hat sich am
Schluß des 18. Jahrhunderts noch eine burschikose Formel neben
in schwulibus gesellt. Seine Baarschaft nennt der Student der
neueren Zeit seine baaria und schon bei Laukhard (Marki v. Gebrian
I, 35) lesen wir: „6000 Livres in Baribus"; und dieses in
baribus belegt Sanders auch aus Holtei.[2]

In diese Gruppe gehört auch das zunächst in studentischen
Kreisen auftauchende Wort **Fidibus**, dessen erste Lebensregungen
leider nicht protokolliert sind — gewiß eine unergründliche Ausgeburt
der Laune und des Zufalls.[3] Nur soviel wissen wir, daß im 16. und
17. Jahrhundert das makaronische Latein der akademischen Kreise
an der lat. Endung -ibus Gefallen hatte.[3] Schon um 1500 konnte
man sagen „cum **Stadtknechtibus**". Bei Hans Sachs begegnen
einige Zauberformeln mit Pseudolatein, in dem -ibus eine gewisse
Rolle spielt, z. B.

---

[1] Weitere Belege aus dem 18. Jahrhundert s. im DWb. unter Flor;
auch Speranders Hand=Lexikon 1727 unter Flor.

[2] Ähnliche Formeln bei Vollmann 1846 sind in pecho, in manschettis,
in stifelis.

[3] Es ist nicht der Mühe wert, die verschiedenen oft geistreichen Meinungen
über den Ursprung des dunkeln Wortes vorzuführen; Beweis ist eben nicht
möglich auf diesem Gebiet, wo Zufall und Laune eine so große Rolle spielen.
Übrigens verzeichnen die Wörterbücher von Steinbach 1734 und Frisch 1741
das Wort noch nicht, offenbar weil es ihnen als komisch=burschikos galt.

„venite ihr unhuldibus
bringt bengel her uns stultibus
die semper mit uns spentibus
sub capite et lendibus."[1]

Wir sehen, -ibus hat für ein untrügliches Kennzeichen des Lateins und der humanistischen Bildung gegolten, und so verwundern uns jene bastarbartigen in schwulibus, in splendoribus und in baaribus nicht, auch der Fidibus und der Floribus nicht. Bei Fischart treffen wir ein Spiel mit dem auffälligen Namen Barbedoribus, und bei demselben folgt ein dunkles „Speckorum Kälbertanzen" im Lateinunterricht auf den Satz: „Treib den Sohn aus dem Stallino hinab das Stiglinum" (Gargantua Neudr. S. 262. 220). Und wenn der Hallore eigentlich und ursprünglich um 1700 ein Hallorum heißt, so verrät die Bildung auf -orum eine burschikose Benennung, die von den benachbarten Universitäten Wittenberg oder Leipzig aus aufgekommen sein mag. Das 16. Jahrhundert weiß von dem seltsamen Hallorum noch nichts, wir würden ihm sonst gewiß in den sprachlich so reichhaltigen Bergpredigten des Mathesius 1562 begegnen. Das Wort zeigt eine auffällige Familienähnlichkeit mit einer mundartlichen Benennung des Buckligen als Buckelorum[2], die noch heute im Hessischen um Darmstadt üblich ist, wie sie einst Goethe im Götz gebraucht hat. Burschikos ist der Zusammenhang, in welchem ein seltsames Pistilorum bei Laukhard auftritt: „Ei so soll ja der Herr die Pistilorum kriegen" Emigranten II, 173. Schon früh — um 1500 — erscheinen die posteriora als der posteriorum bei Olearius De Fide concubinarum erga Sacerdotes.

Für die genetivischen Bildungen darf man auch an Ausrufe wie o jerum oder an lirum-larum erinnern. Die Freude an

---

ſolchen Wortgebilden äußert ſich auch in der Häuſung summirum-summarum bei Weiſe 1673 Erznarren Neudr. S. 91 und der Verfaſſer eines ſtudentiſchen Scherzdiſſertation nennt ſich **Schlink-ſchlangſchlorum**. Vielleicht ſteht im Hintergrunde eine alte kirch-liche Formel wie in saecula saeculorum,[1] das auch zur Schaffung des wenig ernſten in puncto punctorum (ſchon 1744 Avanturiers S. 191) Vorbild war.

Im 16. Jahrhundert hören wir von armen Schülern, die herbatum oder mendicatum[2] gehen, um für ihres Leibes Nah-rung und Notdurft zu ſorgen, oder von fahrenden Schülern, die oppidatim oder ostiatim fechten gehen. So werden denn auf -atum oder -atim Worte aus deutſchem Stamme in ſtudentiſchen Kreiſen geſchaffen. Das bekannteſte Beiſpiel dieſer Art iſt das am Schluß des 15. Jahrhunderts auftretende „**gaſſatum** oder **gaſſatim gehen**". Der Student des Reformationszeitalters ging gaſſatum oder gaſſatim, wenn er mit allerlei unmöglicher Muſik unter Ab-ſingung von Liedern, gelegentlich auch vermummt, lärmend und ſchreiend durch die Gaſſen, d. h. durch die Straßen zog; wie ein Prediger des 16. Jahrhunderts bezeugt, gehören zum Gaſſieren bei Nacht „das Naßbarlament, Rumpelſcheit, Triangel oder Kling-eiſen". Und aus dieſen ſelben Kreiſen und den gleichen Zuſtänden entſprang auch die Bezeichnung einer beſonderen Liederart, die beim Gaſſieren im Schwange war, die Gaſſenhauer. Das waren eben jene Lieder, mit denen ſchwärmende Studenten ihr nächtliches Treiben auffällig zu machen verſtanden. Noch heute lebt das alte **Gaſſa-tum**[3] in manchen Mundarten, in die es ſich aus der Studenten-ſprache zurückgezogen hat. Aber dieſe war um 1600 herum reicher

---

[1] Vgl. dazu die Nachbildung per omnia klingklangorum bei Lucas de Penna De Jure et natura Pennalium 1611.

[2] Mathesius 1592 Eheſpiegel Pp IIII[b]; 1590 Auslegung 305[b].

[3] Manche Nachweiſe oben entſtammen Hildebrands Darlegungen im Grimmſchen Wb., wo weiteres Material in Menge zuſammen getragen iſt. Dort wird auch die an das lat. grassari-grassatio angelehnte Nebenform graſſaten erörtert, die aus dem Ndd. ins Dän. gedrungen iſt.

an verwandten Bildungen. Man bildete etwa noch „fenstratum gehen“, womit man wohl meinte „zum Fenstereinwerfen gehen“ oder eher ‘karessieren’ nach dem baier. fenstern, „raupenjagatum gehen“ etwa gleich „die Polizei hetzen“. Fischart häuft diesen Worttypus in seiner Weise: „Nach dem Abendessen gingen sie herum gassatum, hippenspilatum. mummatum. dummatum. fenstratum, raupenjagatum“ [1].

Der Ursprung dieser Bildungsweise läßt sich bis ins 15. Jahrhundert zurückverfolgen, wo wir sie in Klöstern und Klosterschulen antreffen. Zum Jahre 1426 berichtet der Regensburger Chronist Andreas Presbyter, daß beim **Virgatum** = **Gehen** der Regensburger Schuljugend zwei junge Leute ertrunken sind. Dieses **Virgatumgehen** wurde dann im 16. Jahrhundert wegen mancherlei Unfugs, der bei den Jugendspielen vorkam, durch Ratsverordnungen öfters eingeschränkt: es war ein frühsommerlicher Schulausflug unter Anführung der Lehrer, wobei die Kinder weiße Stäbe trugen [2]. Am Schluß des 17. Jahrhunders ist **virgatum gehen** schließlich gleichwertig mit „müßig gehen, bummeln“; Schmeller zitiert aus dem Jahre 1682: „Nichts vom Soldatenleben will ich wissen, lieber will virgatum gehn“. Als Nachklang des schulmäßigen Virgatumgehns hat sich in Regensburg im 18. Jahrhundert der Ausdruck **vacatum** — wie es scheint, in gleicher Bedeutung — erhalten.

---

[1] Geschichtsklitterung Kap. 25 Neudr. S. 271. Dazu vgl. in Kap. 24 Neudr. S. 255 eine Zecherregel mit burschikoser Sprach- und Reimhandhabung: „Nach Biren gib potum — nach potum eile cacotum“. Das Latein der Dunkelmännerbriefe kennt ein spaciatum ire ‘spazieren gehn’: ivit in ecclesiam vel ad forum vel spaciatum in rubetum. Und Sim. Roths Fremdwörterbuch 1571 bucht als deutsch ein corporatum ire; das war der Gang von Schülern mit dem Geistlichen, der die letzte Oelung bringen mußte.

[2] Schmellers Baier. Wb. I² 848. 956 und Scheibles Kloster VI, 565. Simon Roths Fremdwörterbuch 1571 bucht „virgindemium oder virgatim“ und versteht darunter das Ruthenmachen oder Reisigholen der Buben für Lehrer und Geistliche.

Ziemlich gleichzeitig mit diesem „virgatum" begegnet in lateinischen Klosterordnungen ein „hofisatum gehen", was dem noch heute im baierischen Oberlande üblichen „hofieren=gehn" d. h. 'zechen gehn' entspricht: Schmeller gibt im Baier. Wb. I² 1061 zwei lateinische Belege aus dem Jahre 1425.

So führen uns diese ältesten Bildungen des Typus gaſſa= rum in die Klosterschulen des frühen 15. Jahrhunderts. Aber noch das 17. und das 18. Jahrhundert kennt diesen Wort= typus in burschikoser Sprache. Damals gab es eine Abart des Gaſſatengehns, die man „stellatim oder stellatum-gehn" nannte. Dies war eigentlich eine akademische Benennung für astro= nomische Exkursionen. Speculari cursum stellarum — so über= setzt Weismanns Lexicon Latinogermanicum 1741 das deutsche „stellatum gehn" und Speranders Handlexikon 1727 — ein be= liebtes Fremdwörterbuch jener Zeit — belehrt uns ähnlich: „Stel- latim gehn heißt und geschiehet, wenn man des Nachts ausgeht den Lauf des Himmels oder den Sternhimmel zu betrachten". Bei dem schlesischen Studenten Stoppe 1728 kann daher in einem Register von Unmöglichkeiten auch die begegnen: „bei finsterer Nacht botanisieren, zur Mittagszeit stellatim gehn". Und diesem stellatim-gehn soll der berühmte Jenaer Professor Weigel seine Professur verdankt haben.

Er war noch Magister an der Leipziger Hochschule, als dem Kommandanten auf der Pleißenburg nächtlicher Weile Latten vom Zaun gestohlen wurden. Des Abends passierte der junge Dozent, der astronomische Beobachtungen machen wollte, mit einigen Studenten die Schildwache. Ihrem „Halt!" antwortete einer aus der Gesellschaft: „wir gehn stellatim". Im Glauben die Latten= stehler vor sich zu haben verhaftet der Soldat alle; sie müſſen ins Häscherloch wandern. Am anderen Morgen merkt der Komman= dant das Mißverständnis und rekommandiert den ihm bekannten Magister zur Entschädigung für das Unrecht an den Gothaſchen Hof für die vakante Professur in Jena.

Aber dieses stellatim- oder stellatum-gehn ist nicht immer so harmlos-gelehrt gewesen. Als burschikoses Schlagwort hat es allerlei nächtlichen Unfug nach Art des Gassatengehns in sich gefaßt. Unter dem Vorwand astronomischer Beobachtung auf dem Markt sich aufstellen und dabei die Polizei zum Besten haben oder auf nächtliche Liebesabenteuer ausgehn[1] — das war meist der Zweck des Stellatumgehns.

> Stellatim pflegt man Nachts zu gehn,
> wo schöne Weiber wohnen

heißt es 1745 in den „auf der Extrapost eingelauffenen, kuriösen und wichtigen Nachrichten" von Le san Façon, einem Wittenberger Elaborat von bedenklichem Charakter.

Der letzte Ausläufer dieser Wortsippe ist ein vereinzeltes dorfatim-gehn im alten Crambambuliliede von 1745 V. 57:

> Wär ich itzund ein Studente
> In dem berühmten Saalatheu,
> Wenn ich noch mit dem Raufer rennte —
> Du müßtest mit dorffatim gehn.

Zu diesen latinisierenden Wortgebilden, die ursprünglich im Studentenmunde lebten, gehören auch jene schon durch das 18. Jahrhundert herrschenden Bildungen aus Ortsnamen wie Jenenser, Hallenser[2], Gothaner, Weimaraner, Hannoveraner. Ihr Bereich ist nicht groß. Sie gehören eigentlich und ursprünglich in das Latein der Matrikeln und der Doktordiplome, der Dissertationen und der Universitätsschriften und in eine Kategorie mit Bildungen wie Kantianer, Wolfianer, Hegelianer, auch Gottschedianer

---

[1] Campes Verdeutschungswb. verzeichnet unser Wort mit der Bemerkung: „einer von den vielen seltsamen Ausdrücken, die unter den Beflissenen (= Studenten) im Schwange gehn. Es heißt eigtl. 'auf die Sternschaue ausgehn', sie verstehen aber ein liederliches Straßenlaufen zur Nachtzeit darunter". Weitere Belege s. unten im Wb. unter stellatim.

[2] Ein Zeugnis für den akademischen Ursprung dieser Endung darf man wohl darin sehen, daß in Altdorf im vorigen Jahrhundert die Aufwartefrauen des Alumneums Bodenser hießen, weil sie auf dem Boden, unter dem Dach wohnten; vgl. Will 1795 Geschichte und Beschreibung der Universität Altdorf S. 193.

und **Goethianer.** Die Bildung Lutheranus soll zuerst Eck gewagt haben. Es sind die Schüler eines akademischen Lehrers, die mit solcher Latinisierung zunächst benannt worden sind. Auf die **Lutheraner** folgten die **Flazianer** oder **Illyrikaner,** die **Amsdorfianer.** Der Typus stammt deutlich aus den theologischen Hörsälen, die von **Pelagianern** und **Arrianern,** von **Nestorianern** und **Celestianern** wiederhallten.

Aber schon früh ist diese Bildungsweise aus ihren natürlichen Grenzen herausgetreten. Durch das 16. Jahrhundert begegnen wir auf Schritt und Tritt dem **Grobianus**[1] oder **Grobianer.** Gleiche Bildung zeigt ein seltsames **Katzianer,** das im 18. Jahrhundert für die Mundart von Osnabrück als Spottname der Kürschner bezeugt ist und ins 16. Jahrhundert zurückreicht. Hießen die Kürschner bei den Leipziger Studenten — nach Lindeners Katzipori 1558 — **Katzenschinder,** so waren sie in der Universitätsstadt Ingolstadt zur Zeit von Widmanns Fausthistorie 1599 I, 336 (Neudr. S. 541) schlechtweg die **Katzianers.** Und wohl in dieser Wortbildung steckt der Witz einer Erzählung in Wickrams Rollwagenbüchlein 1555: „von einem Landfahrer, der Hundsthonier für Katzthonier[2] den Kürschnern verkauft hat". Grimmelshausen bezeichnet mit **Ciprianer** einen, der das Zipperlein hat. Stieler 1691 bucht **Pfaffianer** für **Pfaffe.** Dann treffen wir 1696 im Schelmufsky von Chr. Reuter **Spazianer** als burschikose Erweiterung für **Spatz.** Und seit dem letzten Jahrzehnt des 18. Jahrhunderts — seit Laukhards Schriftstellerei — bis um 1850 war **Kränzianer**[3] die Bezeichnung für

---

[1] Zuerst 1482 nach Hauffen QF. 56 S. 22; Grobianer durchweg in Scheits Bearbeitung von Dedekinds Grobianus 1551; Wilh. Wackernagel nennt noch aus Brandts Narrenschiff den **Schlendrianus** und aus H. Sachsen's Fastnachtsspielen den **Sankt Stolprianus,** der mit dem Sankt Grobianus wohl auch auf Heiligennamen hinweist. Vgl. Germania 5, 327.

[2] **Chalcedonier** — eine Art Edelsteine — sind gemeint; für **Katzianer** darf eine Nebenform **Katzioner** vorausgesetzt werden.

[3] Eine verwandte Bildung zeigt das alte **Schorist** (neben **Schorbruder**), das auf Psalmist und Evangelist, Donatist und Baptist, Papist und Calvinist, also wohl auch auf theologische Kreise zurückweist.

die Mitglieder von studentischen Kränzchen. Vollmanns burschit. Wb. 1846 kennt so noch **Schnabrianer** für 'Schnapsbrüder', **Schluckianer** für 'Saufbrüder', **Ochsianer** für 'fleißig ochsende Studenten' und **Schwanzianer** für 'Sextaner'.

Auf die Verbindungsnamen auf -aner, -ianer verzichte ich einzugehen und erwähne nur noch, daß man im 18. Jahrhundert solche nach dem Kneiplokale bilden konnte: die bei Fellner oder in der Kanne kneipen, nennt 1749 der Reisende Avanturier II S. 60 **Fellnerianer** und **Kannerianer**.

Auch das studentische Epos erfreut sich einiger Benennungen mit Wortbildung von klassischem Gepräge. An Homers **Iliade**, Popes **Dunciade**, Voltaires **Henriade** und Klopstocks **Messiade** schließt sich 1781 W. G. Fischers **Burschiade**[1] in 6 Gesängen. Der eigentliche Titel von Kortüms **Jobsiade** war in der 1. Auflage 1784 „Leben, Meinungen und Thaten von Hieron. Jobs": der uns geläufige kurze Titel ist der der 2. Auflage 1799. Hertels **Buckeliade** 1829 behandelt als epischer Schwank die Fata aus Hans Buckels Leben für Erlanger Zeitgenossen aus den Jahren 1820—1823. Dann folgte 1847 Hallenslebens **Töffeliade**, 1857 die **Bacheliade** des Würzburger Kandidaten Schmerbach und 1879 eine **Pistoriade**. Aber diese Bildungsweise ist nicht auf Studentenepopöen beschränkt; sie spielt für Studentenstreiche — **Studenriaden** sagt Vollmann — eine gewisse Rolle. Wenigstens kennt und bucht Vollmanns Burschikoses Wörterbuch 1846 mehrsache Wortgebilde auf -iade: **Knotiade** für 'Holzerei', **Landsmanniade** für 'Kneiperei mit Landsleuten', **Jeremiade** (auch Bacheliade S. 25 bezeugt) für 'Klagelied', **Axtiade** für 'Moralpredigt', **Rockiade** für 'Versetzen des Rockes', **Schimpfiade** für 'Schimpferei', **Sauhundiade** für

<hr>

[1] Älteren Datums ist die nicht burschikose Satire mit dem Titel Bibergailiade 1753 sowie Zachariäs scherzhaftes Heldengedicht in Prosa Lagosiade 1757, v. d. Lühe's deutsche Dänisiade 1773, v. d. Ostens Magaretiade 1760, die Hanseade von Lucius 1768, Parochiade von Weidmann 1781, Seladoniade 1779 — alle bei Goedeke IV.

'Zoterei', auch **Butziaden** — **Hausbürstiaden** — **Olympiaden** — **Knalliaden**; ihm ist Kotzebues Ermordung durch Sand die **Sandiade**[1]. Und der burschikose Laukhard weiß viel von burschikosen **Hanswurstiaden**, **Hudibrassiaden**, **Robinsoniaden** (Wolfstein II, 314; Karl Magnus 37. 181). Von **Harlekiniaden** lesen wir bei Bahrdt 1790 Rindvigius I, 27 und von **Donquixotiaden** bei Vollmann. Kindleben 1781 bucht **Bockiade** für 'Gelehrtengezänk', wofür Laukhard **Bocksstreiche** sagt. Aber älter ist das um 1750—1760 auf den altbayerischen Universitäten übliche **Schlittade** für 'Schlittenfahrt'. So bietet die anonyme Burschiade von 1797 **Rasade** zu **rasieren** 'prellen'.

Und schließlich treffen wir neben so vielen lateinischen Zügen sogar auch ein griechisches Element, das allerdings durch das Latein hinburch gegangen ist.

Im Kathedervortrag wie in lateinischer und deutscher Schriftstellerei haben durch das 16. Jahrhundert hindurch griechische Adverbia auf -ικῶς häufig eine Stelle wie z. B. „dies oder das ist εἰρωνικῶς[2] zu verstehen". Der Theologe konnte damals auf συμβολικῶς, auf σωματικῶς — πνευματικῶς[3] nicht verzichten, nachdem sie sich aus den Paulinischen Briefen von selbst ergaben. In einer gedruckten lateinischen Homer-Vorlesung des 16. Jahrhunderts[4] begegnet mitten im lateinischen Text φαντασ τικῶς und μιμητικῶς. Diese Wortbildung hat sich der Student des 16.—17. Jahrhunderts auch außerhalb des Kollegs, außerhalb der wissenschaftlichen Nomenklatur angeeignet: wir treffen sie auf den Kneipen. Der älteste Komment, den wir besitzen, vom Jahre 1616[4], macht einen exakten Unterschied zwischen „florικῶς austrinken" und „haustικῶς austrinken": „florικῶς, wenn man die ganze Labaschke oder Waffe oben um des Glases orificium oder

---

[1] Studentisch ist nach Vollmann Iliade die Besingung einer Bierreise.
[2] Mathesius 1590 Auslegung 240b 72b. — Oratio Sebast. Theod. Winshemii 1553 D IVb.
[3] Mart. Crusius, Orationum liber unus 48b.
[4] Multibibus 1616 Jus Potandi § 9—12.

Mundloch herumzerret und auf einen Satz den ganzen Trunk in die Gurgel genßt, durch welches ungebärdige Beginnen das Glas mit weißen Gischtblasen, die man flores nennet, gefüllet wird — haustικῶς, wenn der ganze Pokal oder Glas auf einen Zug oder Atem evacuiret und geleeret wird." So treffen wir in einem burschikosen Roman des 17. Jahrhunderts[1] die Stellen: „man soff die Humpe haustικῶς aus, sie soffen flores". Und ein um 1700 entstandenes makaronisches Studentengedicht[2] schließt mit den Worten:

inque tuam florικῶς nunc trinkat quisque salutem!

Gleich alt und gleich charakteristisch mit diesen Bastard= bildungen ist ein altes studentικῶς, das uns zuerst im Anfang des 17. Jahrhunderts auf französischem Boden begegnet[3]. In Schochs Komödie vom Studentenleben 1657 (Neudr. S. 91) lesen wir dann: „Ich sehe wohl, mein Herr hat sich prave ge= halten, er hat es recht studentικῶς gemacht". Zu diesem stu- dentικῶς[4] tritt im Anfang des 18. Jahrhunderts bursικῶς — burschικῶς[5]. Ein handschriftliches Studentenalbum der Jeni= schen Universitätsbibliothek von 1732 bietet den lehrreichen Eintrag:

Immer sitzen, meditieren
und die ganze Nacht stubieren
dieses heißt studentικῶς;
aber raufen, balgen, saufen
und beständig Dorf zu laufen; —
dieses heißet purschικῶς.

[1] Chr. Weise 1763 die drei größten Erznarren Neudr. S. 78. 150.

[2] Weimar. Jahrbuch II, 453; auch Facetiae Fac. 1645 S. 61.

[3] 1891 Revue des langues Romanes 35, 324. 342.

[4] Weitere Belege für studentικῶς Bünemann 1736 De Studiosis Bacchantibus S. 29; Taubmanniana 1737 S. 150; Incognito Der ver= liebte und galante Student (um 1740) schreibt studentikos S. 98. 108, auch Florikos und Haustikos S. 66.

[5] Den Zusammenhang von burschikos mit haustικῶς und florικῶς vertreten die Akadem. Monatsschrift 1853 V, 254 und M. Heynes Deutsches Wb. I, 519.

Weniger scharf ausgeprägt ist die Bedeutung des Wortes in einem andern Stammbuchvers, der ein Bildchen[1] mit vier verschiedenen Studenten begleitet:

Jn Marburg leb ich nach dem Staat,
Jn Gießen Purschικῶς und frölich,
Jn Herborn wie ein Candidat,
Jn Rinteln mehr als einmal seelig.

Kaum hat je eine andere gleich komische Wortbildung würdigere Schicksale gehabt als dieses burschικῶς, das die Signatur jener Zeit war, die wir aus Zachariäs Renommisten kennen. Kein Wunder, wenn die Sprachwissenschaft dieses Wort ignorierte. Erst 1775 tritt es mit dem Kreuz der Ächtung in einem deutschen Wörterbuch[2] auf als beliebtes Wort mit der Bedeutung „wie ein liederlicher Student", immer noch nach alter Weise mit griechischen Lettern in der Endung gedruckt. Jn der 2. Hälfte des 18. Jahrhunderts gilt es dann — zunächst immer nur adverbial, aber schon ohne Anwendung von griechischen Lettern — allgemein in studentischer Litteratur: „So lebt man burschikos" 1764 Der tugend- und lasterhafte Student C Ia;

Jobs lebte immer fein burschikos,
sein drob erhaltener Ruhm war groß.
Jobsiade (1799) I V. 903,

so auch allgemein bei Laukhard. Aber schon um die Mitte des 18. Jahrhunderts lesen wir von „bursicosen Victualien" in dem Roman „Der Sieg des Glücks und der Liebe über die Melancholie" (1748 S. 198) und um 1780 gilt allgemein „ein burschikoses, ein studentikoses Leben", wie man auch Burschikosität[3] und lateinisch res burschicosae bildete. Und dann wird es schließlich litteratur-

---

fähig von Jena aus, dem eigentlichen Sitz des burschikosen Stu‑
dententums, indem Schiller es 1798 in Wallensteins Lager V. 459
von der Jugend seines Helden gebraucht:

> „Zu Altdorf im Studentenkragen
> trieb ers — mit Permiß zu sagen —
> ein wenig locker und burschikos.“

Burschikose Zoologie.

Wer das Material der Studentensprache auch nur flüchtig
durchmustert, dem wird auffallen, wie die verschiedensten Tiernamen
eine eigene Bedeutung angenommen haben. Spöttische Übertragungen
— Hohn‑ und Schimpfworte der Volkssprache — mögen als Vor‑
bild gedient haben; denn zu allen Zeiten haben beispielsweise **Hund**
oder **Hündin**, **Mähre**, **Sau**, **Schwein** als Schelten gebraucht
werden können. Aber die Burschensprache hat solche Übertragungen
vielfach ohne tadelnden Nebensinn und meist fehlt jeder Anhalt
für eine Erklärung der studentischen Bedeutung.

In der Burschensprache ist der Gymnasiast ein **Frosch** und
zwischen der Abgangsprüfung und der akademischen Immatriku‑
lation heißt er **Maulesel, Maultier** oder **mulus**. Durch die
Immatrikulation wird er ein **Fuchs**, zunächst ein **krasser Fuchs**
während des ersten, dann ein **Brandfuchs** während des zweiten
Semesters.

Die Geschichte des Wortes **Fuchs**, eines weithin bekannt ge‑
wordenen Burschenwortes, ist noch nicht ganz aufgehellt[1]. Es ist
fast 200 Jahre lang im heutigen Sinne bezeugt und in unsern
Wörterbüchern belegt: mein etymolog. Wörterbuch verweist auf
Stoppe 1728 Gedichte 1, 133

> Was ist ein junger Fuchs? ein Mensch, der sauft und frißt
> und von der Vaterstadt drei Jahr verwiesen ist.

[1] Im 19. Jahrhundert tritt es auch als Bezeichnung unakademischer
Leute auf: **Stiefelfuchs** ‘Stiefelwichser’, **Bartfuchs** ‘Barbier’.

Es war eigentlich **Schulfuchs**; denn Steinbach 1725 bucht dies als 'juvenis qui ex schola in academiam defertur', öfters ist es als studentisch gleich „Gymnasiast" angegeben und weitverbreitet war es für einen gelehrten Pedanten. **Fuchs** scheint eins zu sein mit einem seltsamen **Foß**, das — bei Hans Sachs im 40. Fasnachts= spiel Der Partekensack V. 348. 366. 369. 382 belegt — von Jakob Grimm DWb. IV, 1, 42 nicht erkannt ist. Der studentische Ursprung dieses **Foß** ergibt sich aus einer Stelle bei Mathesius 1560 Von der Schule Elise C III a: „sie müssen sich Schul= pfaffen, Vossen und Pachanten schelten lassen". Und ausdrück= lich in den Bereich der Universität verweist dieses Wort unser ältestes Fremdwörterbuch, Simon Roths Dictionarium 1571.[1] Nun heißt der Fuchs auf niederdeutsch **Voß** und so mag eine niederdeutsche Universität — etwa Rostock, vielleicht auch Witten= berg, das damals überwiegend platt sprach — in irgend einer Weise für die Geschichte des studentischen Fuchses oder Bachanten bedeutsam gewesen sein und **Fuchs** ergab sich als hochdeutsche Lautentsprechung für ein niederdeutsches **Voß** ganz von selbst.

Die keiner Verbindung angehören heißen in Breslau **Kameele**, in Jena **Finken**, in Bern **Bären**. Im 18. Jahrh. ist der Stubengenosse **Stubenkaball**, im 19. **Stubenkameel**. **Pomaden= hengste** sind stutzerhafte Studenten, **Mahnhengste** die Manichäer; **Perückenhengste**, **Pechhengste** sind Perückenmacher und Schuster. Im 16. Jahrhundert heißen die Zecher **Bieramseln** oder **Bier= finken** und die nächtlichen Schwärmer **Nachtvögel**. Unter **Pech= vogel** versteht die neuere Burschensprache den, der immer Pech hat. Neuerdings ist **Pudel** für den **Pedell** üblich. Als Goethe in Leipzig studierte, hatten die Stadtsoldaten dort den Spottnamen **Meesen** — **Meisen**[2]. Zur selben Zeit hießen sie mit Rücksicht auf ihre bunte Amtstracht, die sie bei Feierlichkeiten trugen, in Augsburg **Stiglitze**.

---

[1] Roth sagt: „**Phos** ein Spottwort der groben Ungelehrten, damit sie meinen die Gelehrten und sonst Studiosen zu verletzen."

[2] Auch **Mösen** f. Witkowski im Goethe=Jahrbuch 15, 209.

In München heißen sie Maikäfer und um 1600 wurden sie in Oberdeutschland allgemein Raupen gerufen.

Die Gläubiger heißen Tritt= oder Tretvögel. Und auch für die Mahnzettel scheint um 1700 ein burschikoses Wort der Zoologie gegolten zu haben: von Calenberg in Almanach S. 146 hören wir, daß lose Spottvögel die Mahnzettel der Handwerker papierne Fledermäuse nannten; und wenn Schmellers Wb. noch für unser Jahrhundert Fledermaus als Steckbrief gegen Handwerksburschen bucht, so dürfen wir dafür wohl das Vorbild in der Burschen=sprache suchen. Schon um 1600 wurden die Billets=doux auch weiße Fledermäuse genannt.

Unsere Trunkenlitanei S. 22 bietet weiteres Material für die burschikose Zoologie. Von den Biernamen, die sich auf ver=schiedene Universitätsstädte beziehen, ist der Jenische Maulesel, der Breslauer Schöps, der Wittenberger Büffel und Kuckuck und der Münchener Bock zu nennen; dazu ferner die Biernamen Hund, Kater, Bär, Geiß und Ente, Gluckelhahn, sowie Kuhschwanz und Kälberzagel.

Auch für Zukost zum Bier treffen wir Namen aus dem Be=reich der Zoologie. In Jena heißt eine Art Landkäse allgemein Truthahn. Und im 16. Jahrhundert nannten lustige Zecher ein für den Schlaftrunk bestimmtes in Butter geröstetes Weißbrod Krammetvögel — aber auf Latein scala vini nach Hieron. Bocks teutscher Speißkammer 1550 Kap. 19 [1]; auch Fischart ge=denkt ihrer in der Geschichtsflitterung (Neudr. S. 61. 81).

Das Jus Potandi, der moderne Komment hat in einem Falle einen viel umstrittenen Namen aus der Zoologie entnommen. Der Salamander [2] ist seit Vollmann 1846 und Weigand 1860

<hr>

[1] S. Scheibles Kloster VI, 152. Krametsvögel zum Wein kommen im 16. Jahrh. mehrfach vor; vgl. Joh. Bolte zu Strickers düdeschem Schlömer 1584 V. 5216. Die oben belegte Bedeutung, die übrigens im DWb. fehlt, dürfte für manche der betreffenden Stellen das Richtige treffen.

[2] Vgl. die Leipz. Illustr.=Zeitung 1885, S. 385. 409; Westermanns Monatshefte 37, 403; 40, 280; Burschenschaftliche Blätter 5, 230. 279; 8, 323; Scheffels Anmerkung 122 zu Ekkehard Kap. 8.

öfters gebucht und 1856 erschien zu Dresden eine studentische Kommentschrift über „Das Exercitium des Salamanders" von Wiesand. Aber in dem Lustspiel Studenten und Lützower von Schröder 1860 ist er durch einen Anachronismus für eine zu frühe Zeit angesetzt. Um 1830—1840 war Wort und Sache in Bonn und Heidelberg üblich. Noch 1842 soll beides in Jena unbekannt gewesen sein und wir dürfen einer guten Tradition wohl glauben, daß in Jena zum ersten Male im Sommer 1843 auf dem Burg= keller ein Salamander gerieben wurde. Aber bei der Königsberger Jubelfeier 1844 kannte man den Ritus noch nicht (s. Burschen= fahrten S. 302 ff.), der wohl erst in den 50 er Jahren all= gemein akademisch geworden ist. Aber der Biersalamander — so nennt ihn Vollmann 1846 — als Ehrensalamander hat einen eremoniösen Schnapssalamander abgelöst, wie er 1827 für Halle und Breslau bezeugt wird; ein Wörterbuch der Burschen= sprache von 1831 beschreibt die Sitte des Schnapsreibens so: „Reiben ist eine Ceremonie, die fast einzig und allein bei dem Schnapstrinken Sitte ist. In der Regel kommandiert jemand aus der trinkenden Gesellschaft, worauf dann alle Mittrinkende die Gläser ergreifen, auf dem Tische damit reiben, nach geschehenem Reiben das Glas an das linke und rechte Ohr, dann an die Nase setzen und endlich, nachdem dieser edle Stoff alle benannten Teile wenigstens mit seinem Geruche erfreut hat, kann der Trinkende das Glas leeren, muß aber dasselbe sogleich, nachdem er es aus= getrunken hat, mit einem derben Klopfen auf den Tisch stellen. Diese Erfindung schreibt sich erst aus den neueren Zeiten her."

Dieser Bericht, in dem wir allerdings das Wort Sala= mander ganz vermissen, wird durch Aufzeichnungen eines alten Hallensers ergänzt: in Grog wurde die Ceremonie ausgeführt, während des Reibens murmelten die Salamandristen dreimal Salamander und das Schlußkommando zählte 1, 2, 3, 4. Leider fehlen gleichzeitige Aufzeichnungen außer jenem Bericht des stu= dentikosen Wörterbuchs von 1831; und was die Erinnerungen Lebender über die Geschichte des Salamanders neuerdings behaupten,

leidet vielfach an dem Fehler, daß die ältere östliche Sitte des
Schnapsſalamanders und die etwas jüngere rheiniſche Sitte des
Ehrenſalamanders in Bier mit einander oft verwechſelt werden.
Die Ceremonie, die den Schnapsſalamander begleitete, könnte alt
ſein; wir wiſſen, daß der Kurlemurlepuff voll ſchnakiſcher Cere=
monien war (oben S. 28) und ein altes Kommerslied beruht
auf jener Ceremonie:

> Ich nehm mein Gläschen in die Hand
> Und fahr damit ins Unterland,
> Ich hol das Gläschen wieder hervor
> Und halt's aus recht' und linke Ohr u. ſ. w.

Freilich wird mit der bisherigen Erörterung die Bezeichnung
Salamander nicht erklärt. Iſt ſie etwa von Nordamerika aus=
gegangen, wo man in der 2. Hälfte des 18. Jahrhunderts einen
ſpirituoſen Salamander kannte? Das war ein nach Art des Kram=
bambuli angezündeter Liqueur, der brennend getrunken wurde.
In Deutſchland ſoll nämlich vereinzelt eine Art Feuerzauber mit
dem Schnapsſalamander verbunden geweſen ſein. Anderſeits hat
man an Theofrits Pharmakeutrien V. 58 erinnert, wo ein liebendes
Mädchen ihrem Schatz Zauber bereiten will: „Morgen zerreib ich
den Molch und bringe Dir ſchlimmes Getränk dar", und unſer
Salamanderreiben würde dann einer burſchikoſen Umformung dieſer
Stelle den Namen danken. So möglich manche in der reichen
Salamanderlitteratur vorgebrachten Deutungen ſind, ſo ſchwer iſt
es, für eine derſelben einzutreten, ſolange die Urgeſchichte des
Schnapsſalamanders noch nicht aufgehellt iſt. —

In die Methyologie gehört noch die Benennung **Bierfiſche**
oder — wie man 1747 ſagte — **Fiſchgen** für die Reſte von Pech
uſw. im Bierglaſe. Vor allem aber noch der **Katzenjammer**,
der **Kater**, der **Spitz**, der **Affe**, alle weſentlich erſt unſerm
Jahrhundert angehörig. Dazu im 17.—18. Jahrhundert auch
das **Kalb** und das **Kälbern** für die Folge des allzureichlichen
Biergenuſſes, die man im 16.—17. Jahrhundert nach dem hlg.
Ulrich benannte. Bekannt iſt die reiche Phraſeologie, in deren

Mittelpunkt die Worte Hund, Sau und Schwein stehen. Das Studieren heißt in seinen verschiedenen Graden ochsen, büffeln, eseln, packeseln. In Heines Harzreise vernehmen wir von einem studentischen Schlagwort Haupthahn, das nun schon allgemeiner im Gebrauch ist. Und unter Hecht versteht die moderne Burschen= sprache einen langweiligen Sonderling, daneben auch die schwere Kneipenluft voll von beißendem Tabakrauch.

Für das weibliche Geschlecht fehlt es auch an zoologischer Nomenklatur nicht. Unverheiratete sind Schmaltiere. Leichte Mädchen sind Grasmücken, Buttervögel, Krametsvögel oder Bleivögel, Dohlen oder Schnepfen (Schneppen). Fisch ist bei dem burschikosen Lexikographen Vollmann 1846 studentisch für 'Mädchen'. Und das seit längerer Zeit allgemein übliche Back= fisch nehmen ältere burschikose Wörterbücher mit Recht als studen= tisch auf: die frühesten Belege dafür in der Litteratur bestätigen burschikosen Ursprung mit voller Sicherheit.

Schließlich sei des Wortes Zobel gedacht, das für unser Jahrhundert für die Burschensprache vielfach für die Bedeutung 'Frauenzimmer' gebucht ist; Heinr. Heine gebraucht es in der Harzreise (Werke III, S. 57 Elster). Es scheint ein Schimpfwort des 16. Jahrhunderts zu sein, das in der Burschensprache eine eigne Wendung angenommen hat. Wir treffen es 1576 in Kasp. Francks Catalogus Haereticorum S. 52: „Antischwenkfelder seind solche Zoblen, welche all ihr Sach auf das Schreien legen" und Schmellers Wb., das einen ähnlichen Beleg („was die Ketzer für seine Zobeln sein") aus dem Jahre 1581 beibringt, belegt im 18. Jahrhundert Zoberl als Schimpfnamen mehrfach; vgl. auch Kleins Prov. Wörterbuch 1792 unter Zoberl.

Biblisch=theologische Nachklänge.

Bei der Bedeutung und dem Umfang der theologischen Studien im 16.—17. Jahrhundert verstehen wir es, wenn studen=

tische Litteratur oft an Theologisches anknüpft. Die Stammbücher
bieten eine Fülle von biblischen Eintragungen nach der Art jenes
eritis sicut deus, das Mephisto dem Schüler ins Stammbuch
schreibt. Aber oft erfährt ein Bibelspruch eine burschikose Tra-
vestie; da schreibt ein Freund dem andern ins Stammbuch:
„Unser Leben währet zwei Jahre und wenn es hoch kommt drei
Jahre und wenn es köstlich gewesen ist, so folgt die Relegation
darauf". Und ein bekannter Gesangbuchvers lautet im studentischen Stammbuch: „Warum soll ich mich denn grämen? Ich hab
nichts — Du hast nichts. Wer will uns was nehmen". So
viel die Stammbücher an theologischen Reminiscenzen festhalten
und wiederspiegeln, so viel theologische Züge bietet auch die Burschensprache.

Wir haben oben S. 45 bereits lat. Elemente der Wort-
bildung kennen gelernt, die auf theologische Kreise zurückdeuten.
Wichtiger aber und größer an Zahl sind stoffliche Einwirkungen.
Worte der Bibel und der Kirchengeschichte dreht und wendet der
Student mit überraschender Willkür, oft despektierlich, und im
Übermut wagt er sich an die Grenze der Blasphemie.

Im 17. Jahrhundert war der Fuchs ein Quasimodogenitus
(1611 De Jure Pennalium A 2a). Gleichzeitig sind die Häscher
Oelberger im Hinblick auf jene, die mit Spießen und Stangen
auf den Ölberg zogen Jesum zu ergreifen. Und die Frage „habt
ihr nicht Mosen und die Propheten" (Lukas 16, 30) hat der
Bruder Studio in seinem Sinne auf das bezogen, über dessen
Besitz er sich am höchlichsten freut: schon bei Laukhard wie dann
allgemein wird die geläufige Redensart auf das liebe Geld bezogen. Die Sekte der Manichäer hat mit Rücksicht auf den
Anklang an mahnen eine seit Stoppe 1728 oft bezeugte Bezeichnung der Gläubiger ergeben.

Zu dieser Gruppe gehört noch ein Wort, dem ein glückliches
Loos in der Litteratur und außerhalb der Burschenwelt beschieden
worden. Die Belege des Grimmschen Wörterbuchs für Philister

reichen bis zum Jahre 1706 und alle älteren Belege und burschikosen
Wörterbücher des 18. Jahrhunderts nehmen es ausdrücklich für die
Studentensprache in Anspruch. Erst am Ende des 18. Jahr=
hunderts tritt es aus dem studentischen Bereich heraus, nach=
dem es in der Burschensprache selbst ein reiches Leben entfaltet
hatte (oben S. 14). Das erste Zeugnis für das Wort (Phi-
listrus quidam, vos aliique Philistri) finde ich schon 1697
in einer handschriftlichen „Grabschrift uff den zu Jena a. 1697
erschossenen Philister oder dem Viator im Tumulte verun=
glückten Bürger" usw. Dieser Beleg reicht wohl nahe an das
Aufkommen des studentischen Wortes heran, wenn er nicht viel=
leicht unmittelbar damit zusammenfällt. Man kennt aus Büch=
mann und den Wörterbüchern die Vulgatansicht über das Wort.
In der Zeit von 1684—1699, während G. Götze Generalsuper=
intendent war, soll in Jena ein Student im Tumult erschlagen
sein und Götze soll der Leichenpredigt auf ihn die Worte „Philister
über dir Simson" Richter 16, 9 zu Grunde gelegt haben. Und
diese Predigt wird allgemein als die Quelle des studentischen
Philister ausgegeben. Allerdings gibt Wiedeburgs Beschreibung
der Stadt Jena 1785 S. 155, worauf die Legende beruht, das
Jahr 1624 als Geburtsjahr des Wortes an und da lebte der
Generalsuperintendent Götze noch nicht. Andere Gewährsmänner,
die an das Jahr 1693 anknüpfen, verweisen auf Abr. Beyers
Athenae Salanae als Quelle; aber damals lebte Abr. Beyer nicht
mehr und in seinem großen Werke über Jena habe ich die Legende
nicht wiedergefunden. Und wie die eigentliche Quelle der Legende,
so ist auch jene Leichenpredigt Götzes nicht mehr nachweisbar.
Aber die Legende scheint doch einen geschichtlichen Kern zu haben
und man wird wohl Jena als Heimat und das Ende des 17. Jahr=
hunderts als Entstehungszeit gelten lassen müssen. Freilich macht
neuerdings Helmstedt dem burschikosen Saalathen den Rang streitig:
das Helmstedter Universitätswappen zeigt Simson dem Löwen das
Maul aufreißend — aber von den Philistern keine Spur, und so

ist Helmstedt als Mitbewerber gewiß nicht ernst zu nehmen[1]. Aber man darf zugeben, daß in jenen Zeiten, die mehr als wir heute in biblischen Materialien auch sprachlich lebten, überall der Vergleich mit Simson und den Philistern aufkommen konnte. So lesen wir in Dürrs Iychander 1668 S. 74 von einem Musensohn: „er legte sich wieder mit solchem Schnauben zu Bett, als wenn er wie Simson des Tages tausend Philister ertötet hätte". Man wird in einem solchen Vergleich, der wohl beliebt war, das erste Stadium in der Geschichte des Wortes sehen und damit liegt der theologische Ursprung deutlich zu Tage.

Ein so glückliches Loos ist nicht vielen Burschenworten gefallen. Die meisten theologischen Anspielungen der Burschensprache haben nur ein flüchtiges Dasein gehabt. Kindleben weiß 1781 davon zu berichten, daß zeitweise die Kellner Pontius gerufen wurden. Gleichzeitig erscheint Markeur 'Kellner' als Markus.

Einzelne Züge unter den theologischen Anklängen wie die Taufmesse weisen auf protestantische Universitäten hin. So tritt auch Papst in einigen z. T. despektierlichen Bedeutungen auf. Ich erwähne hier nur die zu Laukhards Zeit geübte Sitte beim Hospiz oder Kommers „einen Papst zu machen": ein wohl durch Wahl bestimmter Studio setzte sich auf einen Stuhl, der auf dem Tisch stand, und wurde mit einem großen Leinlaken überhangen; dann kommandierte der Hospes oder Präses „Generaldampf", d. h. alle mußten den Tabaksrauch unter dieses Laken blasen und nun wurden der Reihe nach zwölf lat. Fragen an den Papst gerichtet, der sie lateinisch beantworten mußte, jedesmal ein volles Glas dabei leerend; gewöhnlich machte schon vor der zwölften Frage die Ohnmacht des Papstes der rohen Kurzweil ein Ende. Zu den lustigen Gesellen, die Goethe in Auerbachs Keller zum Empfange des Faust bereit hält, paßt ein so plumpes Zecherspiel

---

[1] Adelung hat angenommen, das Wort sei von Wien ausgegangen, wo die Stadtsoldaten darunter verstanden gewesen seien. Und der lustige Philosophus 1734 gibt Philister als 'jenische Stadtsoldaten'.

und Branders Worte (V. 2098): „wir wollen einen Papst er=
wählen“ kann wohl darauf zielen.[1]

Wir brauchen hier nicht das gesamte theologisierende Ma=
terial der Burschensprache aufzuführen, erinnern aber daran, daß
das Studentenepos in Examensscenen komische Wirkungen mit
doppeldeutigen Worten wie **Apostel** und **Manichäer** erzielt. Die
Kandidatenprüfung Jobsens scheitert daran, daß ihm die studen=
tischen Begriffe näher liegen als die theologischen.

Im Bann des Rotwelsch.

Neben dem Latein und der Theologie ist das Rotwelsch eine
Quelle der Studentensprache. Wir kennen diese Gaunersprache seit
dem 14.—15. Jahrhundert aus reichhaltigeren und vielseitigeren
Aufzeichnungen als die Burschensprache; für jedes Jahrhundert
stehen uns rotwelsche Wortmaterialien zu Gebote und wir sehen
überrascht, daß manche später als studentisch verzeichnete Worte
zuerst Gaunerworte des Rotwelsch gewesen sind.

Als studentische Worte, die jetzt unserer Schriftsprache ange=
hören, erfreuen sich **blechen** und **pumpen** einer weiten Ver=
breitung, aber sie entstammen dem Rotwelsch. **Blech** wird für
'Geld' schon in Conr. Geßners Mithridates 1555 als rotwelsch
verzeichnet und **pumpen** erscheint zuerst in der rotwelschen Gram=
matik von 1755, dann erst 1781 und 1795 in studentikosen
Wörterbüchern. In die gleiche Klasse gehört **foppen**, jetzt ein
harmloses Wort, das aber um 1700 eine schlimme Bedeutung
hatte: Stielers Wörterbuch von 1691 bezeichnet es als vocabulum
plebeium et sordidum. Ihm haftete böses Vorurteil an infolge
seiner rotwelschen Herkunft. Schon um 1500 bietet die Sprache
der Gauner **foppen** als Bezeichnung für eine besondere Art be=
trügerischen Bettelns. Unzweifelhaft ist die Burschensprache das

---

[1] Vgl. Erich Schmidt, Urfaust S. XLIII.

Mittel, das dem rotwelschen Wort Eingang in die Schriftsprache verschafft hat. Schon im 17. Jahrhundert begegnet **foppen** in der studentischen Komödie und Roman und frühe Wörterbücher der Studentensprache von 1781 und 1795 verzeichnen es als studentisch. Ein altes rotw. **ganfen** 'stehlen', das freilich auch mundartlich tief eingewurzelt ist, scheint zu Laukhards Zeit (Autobiogr. 1, 385; Schilda 1, 340) auch studentisch gewesen zu sein. **Kabell** 'Pferd' ist erst rotwelsch, dann auch studentisch gewesen.

Fragen wir, wie das Rotwelsch zu solchem Einfluß auf die Burschensprache kommen konnte, so dürfen wir mit Gustav Freytag (Bilder aus der deutschen Vergangenheit III, 89) an jenes zweifelhafte Geschlecht der fahrenden Schüler anknüpfen, die im Reformationszeitalter die deutschen Lande unsicher machten. Es war ein Proletariat seltsamer Art, unbemittelte Abenteurer, der Magie ergeben, zeitweise auf Hochschulen lebend — aber im wesentlichen Schwindler, die unter der Maske akademischer Bildung den Ungebildeten, besonders Weiber zu übertölpeln verstanden haben. Unter zahlreichen Namen werden sie in der damaligen Litteratur erwähnt; sie heißen Landfahrer oder Landstreicher, Strichlinge, Stolzenierer, Kunzenspieler oder Kunzenjäger, wohl auch Bettelstudenten und zumeist eben fahrende Schüler. Besonders auf alemannischem Boden haben sie ihr Unwesen getrieben. Trithemius hat sie uns mit Merkmalen geschildert, die er auch an seinem Zeitgenossen, dem Sagenhelden Dr. Faustus, den Conr. Geßner zu den fahrenden Schülern stellt, beobachtet haben mochte. Es waren alchymistische Gaukler, die auch unter dem Titel von Professoren der Nekromantie gewaltiges versprechen und ankündigen. Sie haben immer einige selbstverfaßte alberne Traktätlein bei sich, denen sie Plato oder Aristoteles als Verfassernamen vordrucken; sie hantieren mit alten Zauberformeln, wie sie im 15. und 16. Jahrhundert als des Albertus Magnus' ägyptische Geheimnisse, als Salomonis Schlüssel oder als Morgenrot im Schwange waren. Mehrfach wird überliefert, daß sie sich äußerlich durch Abzeichen (gelbes Band oder Mütze) als Glieder eines größern Verbandes gaben und stracks vom Venusberg zu kommen vorspiegelten. Auch Hans Sachs schildert sie so in seinem Stück Der fahrend Schüler im Paradies; und in einem andern Stück — Der fahrend Schüler mit dem Teufelsbannen — legt er einem Vertreter dieser Menschen=klasse eine eingehende Selbstcharakteristik in den Mund. Und durch solche verlaufenen Studenten sind rotwelsche Worte in die Kneipen der Universitätsstädte geraten.

Für neuere Zeiten liegt es auch nahe, unmittelbar an das moderne Judendeutsch anzuknüpfen. So gehört das verbreitete schofel in die Burschensprache des 18. Jahrhunderts, es begegnet handschriftlich schon 1702 (schaufle geschrieben) in einem studen=tischen Pasquill von Gießen, stammt aber aus der Judensprache. Am Schluß des 18. Jahrhunderts tritt **mogeln** in studentischen Wörterbüchern und in Fischers komischer Burschiade von 1781 auf; aber es ist Judenwort und bezeichnete eigentlich das Beschneiden, Einkneifen der Karten zum Zweck des Betrügens. In diesen Be=reich gehört auch **Kniff**, das eigentlich nichts anderes als **mogeln** besagt; das Einkneifen der Karten zum Mogeln ist ursprünglich gemeint. Und zu **Kniff** gesellt sich **Pfiff,** das mitsamt dem ab=geleiteten studentischen **Pfiffikus** auf verabredete Mogelzeichen geht. In unserm Jahrhundert ist **Pfonig** als studentische Aussprache von **Pfennig** bezeugt, aber eigtl. ist das jüdischdeutsche Aussprache. In der 1. Hälfte des 18. Jahrhunderts galt in Wittenberger Studentenkreisen ein seitdem öfters belegtes „Schmu machen" für das hebr.=jüdische schmu „Rede".

Mit dem Rotwelsch hat die Burschensprache noch andre Züge gemeinsam. Es sind in ihr Ansätze zu einer Geheimsprache vor=handen, zu der vielleicht rotwelsche Typen Vorbild waren. Die Worte stibitzen 'stehlen' und **Labaschke** 'Waffe' erwecken den Verdacht, als ob sie zu der sog. pi-Sprache gehören könnten, die Thurneiser 1582 für die Schuljugend, aber Schottel 1663 für die Gauner in Anspruch nimmt. Neuerdings wird **Spitz** vielfach zu **Stips** umgeformt mit einer an das Rotwelsch erinnernden

Konsonantenverstellung. So beruht ein seltenes *Lanip* des 17. Jahrhunderts wohl auf Umdrehung von *Pennal*. Und in der ersten Hälfte des 18. Jahrhunderts treffen wir *dexpo* als burschikose Silbenumstellung bei Infognito Der verliebte und galante Student S. 212 und bei Amaranthes 1710 Proben der Poesie S. 496.

Als absonderliche Eigenart ist noch ein geheimsprachlicher Zug in der Burschensprache unsers Jahrhunderts zu erwähnen, die sog. eo-Sprache. Ein einheimischer saurer Wein heißt in Jena allgemein *Kreo*, das gewiß Abkürzung für Krätzer oder Kratzenberger ist. Verbreitet ist neuerdings *Treo* für dieselbe Krankheit, die man zu Vollmanns Zeit auch Trypus oder Triptolemos nannte. Und sein burschikoses Wörterbuch von 1846 kennt manche andre Abkürzungen dieser Art zumal für Eigennamen (Schnabel wird Schneo, Vital Veo, Bernhard Beo, Seelbach Seeo), dann auch in *schleo* für 'schlecht', das wir noch in Schnabels Univ.-Jahren 1835 S. 361 treffen; Vollmann S. 440 kennt *schleo* im Reim auf *Schweo*[1]. In süddeutschen Universitätsstädten gab es Wirtshäuser, die von den Studenten *Beo* (für Baier), *Wageo* (für Wagner) genannt wurden (Vollmann S. 159). Und *Beo* hat sich lange in Leipzig und in baierischen Universitätsstädten als Bezeichnung für gewisse bedenkliche Weinstuben gehalten.

Neben dieser eo-Sprache bestanden zeitweise noch Ansätze zu andern geheimsprachlichen Zügen. Eine Parallelerscheinung dürfte in folgenden Fällen bestehen, für die eine m-Sprache anzunehmen wäre: *Bim* für 'Busen', *Respom* für 'Respekt', *Wumm* 'Bier', *Jamm* 'Verschiß', *Blimm* 'Furcht' bei Vollmann; *Philim* und *Spim* für 'Philister' und 'Spieß' (= Geld) Des Burschen Erden-

---

[1] Neuerdings noch z. B. *Kneo* für 'Kneipe', *Konkneo* für 'Konkneipant', *Biermeo* für 'Biermarke'. Ich brauche die Beispiele nicht zu häufen, weil die lebenden Geschlechter noch durchweg Kenntnis dieser Sprechart besitzen, erwähne aber noch eine schöne Vermutung, die W. Fabricius brieflich äußert, daß die eo-Sprache von den Corpsnamen Neo-Marchia, Neo-Borussia, Neo-Silesia (abgekürzt z. B. Neo-Boreo) ausgegangen sei.

wallen S. 54. In andern Fällen wird mit ff abgekürzt: **Puff** war göttingisch für 'Pump'; **Kniff** galt zu Heines Zeit für **Kneipe**; der Kammmacher ist bei Niebergall studentisch **Kamuff**; und Vollmanns **Bierkamuff** für 'Kellner' scheint für 'Kameel' zu stehn. Der Tanz, den man in Halle **Schwanz** nannte, ist allgemein **Schwoof**.

Es verlohnt sich der Mühe, diese Absonderlichkeiten zu buchen, weil sich Spuren davon in andern Berufssprachen finden könnten. Von der eo-Sprache, die an allen deutschen Hochschulen im Schwange war, finden sich z. B. Nachklänge in der Pennäler=sprache, wenn Kurznamen für Lehrer (Schmeo für Schmidt usw.) damit gebildet werden.

Französische Einflüsse.

Sind die antikisierenden und die theologisierenden Bestand=teile der Burschensprache bezeichnend für das 16.—17. Jahrhundert, so beginnt um 1700 herum ein neuer Geist sich auf unsern Hoch=schulen zu regen. Das Beispiel des Thomasius verschaffte der Muttersprache eine offizielle Stellung in den Hörsälen, wo bis dahin das Latein geherrscht hatte. Und die französierenden Ten=denzen, die bei uns dem Zeitalter Ludwigs XIV. folgten, brachten eine neumodische Bildung. Im Leben der gebildeten Welt wie in der schönen Litteratur herrscht fast ein Jahrhundert lang der neue französische Geschmack und in der Burschensprache beginnt er sich zu regen, nachdem auch auf den Universitäten der modische Geist sich regt. Und in der Burschenwelt vollzieht sich eine Neu=gestaltung. Leipzig und Göttingen wurden Sitze der Petitmäter und der Zierbengel und mit Entsetzen sahen die Renommisten Jenas und Halles, wie man aus jenen Universitäten diese modische Geckerei „bei ganzen Zentnern herholte" und damit die alte Bur=schensitte gefährdete.

Dieses Zeitalter sieht in der Burschensprache französische Elemente, die früher darin fehlten. Und wo früher latinisierende Endungen deutschen Burschenworten ein seltsames Gepräge gaben, treten jetzt französierende Endungen auf. Erst in unserm Jahrhundert bezeugt, aber mit ihren Wurzeln im 18. Jahrhundert steckend zeigt sich die frz. Endung -ier in der neueren Burschensprache: wir finden **Kneipier** 'Kneipgenie oder Kneipwirt', **Wichsier** 'Stiefelputzer', **Fechtier** 'Fechtlehrer', **Pumpier** — **Pimpier** 'Wucherer', **Paukier** 'Paukant', **Sutier** 'Witzbold', **Schissier** 'Feigling', **Zotier** 'Zotenreißer', **Juxier** 'Spaßmacher', **Schanzier** 'fleißiger Student' — sämtlich in Vollmanns burschik. Wb. 1846 bezeugt, einzelne schon früher. — Dazu gesellen sich burleske Gebilde auf -age. Die um 1750 aufkommenden **Renommage** und **Blamage** sind studentisch und nicht französisch. In unserm Jahrhundert treten auf **Koramage**, **Sekundage**, **Kontrahage**, **Karambolage**, **Poussage** und so bildet man Worte wie **Paukage** zu pauken (neben **Paukier**, **Paukant**); das Durchhecheln ist in den Studentenwitzen 1839 S. 51 die **Fechelage**. Man hört **Spendage**, **Schenkage**, **Schiffage**, **Knallage**, **Bummelage**, **Kleidage**; Gaudy gebraucht I, 183 **Schlittage** 'Schlittenfahrt'.

Im Renommistenzeitalter beginnt, schon bei Zachariä bezeugt, ein unfranzösisches **canaillös**. Am Ende des 18. Jahrhunderts treffen wir bei Laukhard öfters **luderös**. Neuerdings gelten **malitiös** und **pechös** — **pechiös** allgemein; **philiströs** tritt auf und dazu gesellt sich ein **finkös** 'nach Art der Finken'. Vollmann 1846 kennt noch **schmißös** 'wundenreich'. Heute herrscht allgemein **schauderös**; Gaudy, der an burschikosen Wendungen seine Freude hat, gebraucht es im Tagebuch eines wandernden Schneidergesellen und kennt noch ebenda **winkulös** für 'winkelig' („ein winkulöses Nest" Werke I, 179. 199 Müller).

Zu diesen französischen Wortbildungen fügt sich die Vorliebe des Studenten im 18. Jahrhundert für französische Redensarten von interjektionellem Charakter: enfin. sans doute oder votre serviteur. mon frère waren beliebte Wendungen im Burschen=

munde. Auch für französische Präpositionen zeigt die Burschen=
sprache eine gewisse Vorliebe: „ein Glas sans Philister" Hospitium
1747 § 29 S. 72; „sans Spieß" Laukhards Autobiographie
5, 183;. „sans Spaß" Schillers Räuber II, 3; „en Wichs"
Fischer 1781 Burschiade S. 42; „en canaille besoffen" Laukhard
1799 Wolfstein S. 71; „ganz en Schwein" Heinr. Heine in der
Harzreise (Werke III, 65 Elster).

Innerhalb der französischen Lehnworte der Burschensprache
fallen einige auf, die sich auf das Duellwesen beziehen und be=
weisen, daß dies auf französischen Einflüssen und nicht auf alt=
deutscher Überlieferung beruht, wie **Avantage** und **Touche**:
andre wie **Charmante** und **poussieren** zeigen im Bereich Amors
französische Mode wirksam.

Grammatische Eigenart.

Wer den Begriff der Sprache den heute herrschenden An=
schauungen gemäß einseitig aufzufassen gewohnt ist, wird sich schon
längst gefragt haben, ob denn die Laut= und Formenlehre und
die übrigen grammatischen Kategorien zu Bemerkungen keinen
Anlaß geben. In der That fehlen der Burschensprache gram=
matische Eigenheiten nicht. Aber das Material dafür ist recht
dürftig. Gibt es doch eigentlich keine zusammenhängenden Texte
der Burschensprache. Es sind fast immer nur Sprachmaterialien,
die in Schriftdeutsch verwoben sind — woraus wir unsere Kennt=
nisse dieser seltsamen Kastensprache schöpfen. Und für eine Dar=
stellung der Grammatik müßte sie in aller Reinheit und in zu=
sammenhängender Darstellung überliefert sein.

Lautlich fällt zunächst eine Neigung zu niederdeutschen Ele=
menten auf: **verkloppen** neben **verklopfen**, **Schneppe** neben
Schnepfe; **Gnote** ist ndd. für 'Genosse'; **flott** stammt aus dem
niederdeutschen Schiffsbereich. Überhaupt zeigt sich eine Vorliebe
für die mundartliche Lautform anstelle der schriftsprachlichen. Sich

eenen koofen wurde zeitweise lieber gesagt als „sich einen kaufen", gemeen lieber als gemein.

Aus den Mundarten stammen auch Unregelmäßigkeiten der Formenlehre. Besonders für das Partizipium zeigt das Zeitwort dialektische Formen, die neben dem schriftsprachlichen leicht einen komischen Eindruck machen. **Gedocken** für 'gedeckt' bucht Vollmann 1816 aus Schnabels Univ.-Jahren S. 18 und er gebraucht auch **ehrbedocken** 'mit Ehren bedeckt'. **Umgebrungen** und **geschnumpfen** steht in der Bacheliade S. 71. 108 für 'umgebracht, geschimpft'. An Stelle von 'geprellt wird von einem Wörterbuch der Studentensprache 1825 ausdrücklich **geprollen**[1] verlangt. Jüngere Wörterbücher verlangen **gemorken** für 'gemerkt'. Neuerdings wird **blamoren** bevorzugt vor 'blamiert', **geschonken** vor 'geschenkt', **überzogen** vor 'überzeugt, **gewunken** vor 'gewinkt'.

Innerhalb der Biegung der Hauptwörter[2] beobachten wir eine Bevorzugung der Mehrheit auf -s. Im 16. Jahrhundert heißen die Kürschner in Ingolstadt die **Razianers**. In den Facetiae Facetiarum 1643 treffen wir „die **Esels**, die **Flegels**". Schochs Komödie vom Studentenleben 1658 redet von den **Jungens**. Der erste burschikose Lexikograph Salmasius in den Erfurter Abendstunden 1749 — bietet „die **Häschers**, die **Muckers**, die **Kerls**, die **Schächers**, die **Pinsels**, die **Ständchens**, die **Schwerenöterchens**, die **Raufers**". Am Schluß des 18. Jahrhunderts sagt man studentisch durchweg ,die **Muckers**, die **Quarks**, die **Kerls**, die **Mädchens**"[3]. Und so macht auch die burschikose Sprache der Stürmer und Dränger von dieser Pluralbildung häufigen Gebrauch[4]. Auch hierin liegt wohl ein alter niederdeutscher Einfluß vor.

---

[1] In der Jobsiade noch geprellt I B. 732. 908.

[2] Neuerdings tritt eine Neigung für -er auf: die Geschmäcker (Gaudys Werke I, 195), die Skandäler, die Täuser, die Pömper, die Lokäler.

[3] Mägdleins schon 1744 zwei im Coffeelande herumschweifende Avanturiers S. 99.

[4] Beispiele des jungen Goethe s. bei Fr. Schmidt AfdA. 20, 310.

Die burschikose Wortbildungslehre zeigt beim Zeitwort eine Vorliebe für Erweiterungen auf -igen. Schon in der Bacheliade S. 47 gilt **anpumpigen** für 'anpumpen'; allgemein herrscht jetzt **berappigen** für 'berappen'.

Und eine ähnliche Erweiterung im Eigenschaftswort zeigt **verfluchtig** für 'verflucht' schon bei v. Maltitz 1828 Der alte Student II, 2; II 4: „verfluchtiger Kerl".

Beachtenswert ist noch die ans Englische erinnernde Leichtig=keit Zeitwörter aus Hauptwörtern zu bilden wie **bechern, schnapsen, bieren, grocken, champagnern** und **weinen**. So wird aus Holz **holzen** 'prügeln' abgeleitet und synonym damit ist **ziegen=hainern** bei v. Maltitz 1828 Der alte Student II, 2. So heißt **tabaken** 'Tabak rauchen', **rappieren** 'sich mit dem Rappier üben', **ochsen** und **büffeln** 'arbeiten wie ein Ochse, ein Büffel'.

Aus dem Bereich der Wortbildungslehre hat uns die Neigung der Burschensprache zu hybriden Formen wie **Schwulität, Pfif=fikus, gassatum, trinkabel, schauderös, Kneipier** oben S. 41 ff., 63 f. schon beschäftigt. Es wäre noch daran zu erinnern, daß nach **Soldateska** ein **Knoteska** geschaffen wurde.

Eine studentische Eigenart in der Wortbildung ist die nun fast absterbende Sitte Hausnamen auf -ei zu bilden. Wie man noch heute in Jena von einer Heinei, Schmidtei, Germerei spricht, wenn man das Haus eines Heine, Schmidt, Germer meint, so hörte man dort schon zur Zeit von Fel. Schnabels Universitäts=jahren S. 96 von einer Wucherei, Netzei, Karlei als Benennungen von Häusern, wo Studenten wohnten; Schiller wohnte zu Jena in einer Schrammei und Hoffmann von Fallersleben (Werke 7, 68) in einer Knabei. Vollmann 1846 verzeichnet als Jenische Kneip=lokale die Schnurrbartei und die Frankerei. Das Alter dieser Wortbildung ergibt sich daraus, daß das Polizeiamt Jenas im Zeitalter von Zachariäs Renommisten die **Schnurrbartei** hieß[1].

---

[1] Gehört hierher in Schochs Komödie vom Studentenleben Neudr. S. 30 das Kalauei=Haus für die Kalauei?

Die Verbreitung solcher studentischen Wortgebilde ist im 19. Jahrhundert nicht klein gewesen. Für Halle bezeugt ein studentisches Wörterbuch von 1831 die Sitte auch bei Studentenquartieren (Sauerei, Türkei, Meierei). Und der Jenischen Schnurrbartei entsprach in Erlangen die Schnurrenbastei. Verbindungskneipen in Erlangen konnten um 1820 Stahlei, Erichei, Beckei, Friedrichei, Oppelei usw.[1] heißen. In Gießen treffen wir diese Wortbildung schon vor 100 Jahren; da gab es zwei Buschereien, deren Besitzer Busch hießen, eine Krauskopferei und eine Reiberei[2]. Zur Zeit Vollmanns gab es dort wie in Leipzig eine Müllerei; er kennt in Halle eine Hoffmannei, eine Stadtwerdei in Prag, eine Falknerei und Speierei in Heidelberg, wo Kobbe um 1818 eine Gutmannei und später Fel. Schnabel eine Sattlermüllerei traf. Für Tübingen hören wir gleichzeitig von einer Landei, einer Neckartyrannei. Es würde uns nicht schwer fallen, das Material weiter zu häufen. Für Studentenwohnungen und Studentenkneipen[3] also ist diese Wortbildungsweise geläufig gewesen und sie mag von Jena wohl ausgegangen sein und die andern Hochschulen erobert haben[4].

Im Bereich der Syntax ist uns bereits aufgefallen, daß an Stelle deutscher Präpositionen die Burschensprache oft lateinische oder französische anwendet und „sine Bartwisch", „sans Philister", „en Wichs", „per Dampf" waren und sind verbreitete Burschenphrasen.

Die Steigerungsgrade der Burschensprache sind charakteristisch; die Fülle von Begriffssteigerungen durch Elativadverbien verdient Beachtung. Verbreitet ist kreuzbrav, kreuzfidel; „kannibalisch wohl" hören wir aus Studentenmunde bei Goethe im Faust:

---

[1] Züge und Zustände aus dem Erlanger Studentenleben 1843 S. 35. 111. Die Buckeliade 1829 bezeugt die Oppelei.

[2] Eulerkapper S. 101; Buchner, Gießen vor 100 Jahren S. 32.

[3] In der Volkssprache ist Pfarrei, Probstei, Dechanei zu vergleichen. In Bahrdts Rindvigius 1790 ist Kaplanei die Kaplanswohnung.

[4] Vielleicht lebt der Typus wieder auf. Anzeichen sind die Berliner Auskunfteien; und in Weimar heißt das sg. Klebeamt auch Kartei.

„ochsig kalt“ bei Laukhard 1798 Schilda I, 191 — „ochsig ge=
lehrt“ in Laukhards Franz Wolfstein I, 81; „höllisch schläfrig“
bei Niebergall des Burschen Heimkehr II, 3; „höllisch gepreßt“
1757 Niemand S. 74; „verdammt gepreßt“ Raisonnement über
die protest. Universitäten 4, 584. Heute dienen **riesig** und **pyra=
midal** dem Bedürfnis des Studenten, kräftige Farben für seine
Sprache zu verwenden.

Ursprung und Verbreitung.

Unsere bisherigen Betrachtungen lehren uns manches über
den Ursprung und die Zusammensetzung der Burschensprache. Wir
haben um das Jahr 1700 einen Umschwung kennen gelernt, wo=
durch sie ein anderes Aussehen angenommen. Vorher hatte das
Latein einen höchst bedeutsamen Einfluß, fortan treten französische
Elemente stärker hervor. Das Latein hat zahlreiche Lehnmaterialien
geliefert und oft sind einheimische Worte mit lateinischen Endungen
verschnörkelt worden. Und gerade so wirkt der französische Einfluß.
In beiden Richtungen zeigt sich eine Vorliebe für komische Wort=
gebilde. Darin liegt gewiß eine Eigenart der Burschensprache.
Denn lateinische und französische Lehnworte zeigen sich wohl aller=
orts im Entwickelungsgange unserer Muttersprache. Aber die
Fülle von hybriden Bildungen wie **Schwulität** und **burschikos**
begegnet uns sonst wohl in keiner Kastensprache wieder; und ein
burschikoses **Sammelsurium** (vgl. **Philisterium, Luderium**) ist
wohl nur im Bereich der Universitäten denkbar. So ist auch der
Typus **schauderös** wohl eigentlich nur studentisch.

Sehen wir von dem französischen Einfluß ab, so dürfen wir
die Wurzeln und die erste Entfaltung der Burschensprache im 15./
16. Jahrhundert suchen. Der Worttypus **gassatum** wurzelt in
den Lateinschulen jener Zeit und das **dorfatim** des alten großen
Krambambuliliedes von 1745 geht zurück auf den Typus **oppidatim** (S. 41). **Grobität**, das letzte Vorbild für **Schwulität**,

gehört in die grobianische Litteratur des 16. Jahrhunderts. Und die Fülle theologischer Anklänge dürfte in derselben Zeit ihren natürlichsten Ausgang haben. Die rotwelschen Sprachelemente der Burschensprache leitet Gustav Freytag mit Recht von den fahrenden Schülern des 16. Jahrhunderts ab.

Moderne Steigerungen wie „kreuzbrav, kreuzfidel, kreuzlieder= lich" haben ihren Anfang in der Zeit Fischarts, der schon von einem „kreuzguten Wein" redet (Gargantua Kap. 22 Neudr. S. 240). So beruht das zwischen 1750—1850 übliche check — teck, das E. M. Arndt dem von Birnen gebrauchten teig 'weich, mürbe' gleichstellt, auf einem am Schluß des 16. Jahrhunderts üblichen Schimpfwort: „teiger Bruder", „teiger Held" begegnet als 'Dummkopf' 1575 in Frey's Gartengesellschaft Kap. 23 und 1582 in Heynecciuś' Schulspiegel B 1ᵇ (s. das DWb.). Zobel und **Fuchs** — neuerdings Worte der Burschensprache — gehen ähnlich auf Schimpfworte des 16. Jahrhunderts zurück (oben S. 51. 54). Und **ledern** reicht in dieselbe Zeit zurück. Die studentische Redens= art „einen Bären an= oder losbinden" wird schon von Henischs Wörterbuch 1616 verzeichnet.

So ist die derbe rücksichtslose Volkssprache des 16. Jahr= hunderts in diesen Fällen die Quelle der Studentensprache. Daher ist es für die Folgezeit schwer Studentisches und Volksübliches immer aus einander zu halten. Die Polizisten sind nicht bloß den Studenten unbequem gewesen, Spottnamen auf die einzelnen Hand= werker sind außerhalb der Burschenwelt mindestens ebenso leicht zu begreifen. Am Schluß des 18. Jahrhunderts gilt **Bibelhusaren** als studentische Bezeichnung der Theologen und zur selben Zeit hören wir, daß dies in der Pfalz mundartliche Bezeichnung für die Geistlichen war, die viel Bibelsprüche anwendeten.

Daß die Studentensprache vielfach entlehnt, lehren Beispiele nicht bloß des Rotwelschen, sondern auch der Jägersprache: „durch die Lappen gehen", „auf den Strich gehen", „aufschneiden" und „Hetzpeitsche" sind Worte und Wendungen der Jägersprache, die als studentisch bezeugt werden. **Flott** und **absegeln** sind eigentlich

Worte der ndd. Schiffersprache. Und so ist das eigtl. studentische **Backfisch** wohl aus der Sprache der Fischer abzuleiten, die die kleineren zarten Fische zum Backen von den größeren derben Fischen zum Kochen unterscheiden mochten.

Hat so die Sprache der einzelnen Berufszweige der Burschen= welt Material geliefert, so muß natürlich das studentische Leben selbst in viel höherem Grade die Quelle der Studentensprache sein. Mit den Worten **ungehobelt** und **ungeschliffen** stehen wir im Zeitalter der Deposition, als dem angehenden Studenten in feier= licher Zeremonie die Hörner abgeschliffen und der Körper abgehobelt wurde. Mit dem Wort **umsatteln** stehen wir im 17. '18. Jahr= hundert, wo der Student seine Ausflüge zu Roß unternahm: damals setzte sich **reiten** in manchen seltsamen Wendungen in der Burschensprache fest, und die Redensart „auf oder in allen Sätteln gerecht" entstammt den gleichen Bedingungen; man denke auch an die **Postillenreiter** und **Pomadenhengste**, um es begreiflich zu finden, daß ein Ausdruck wie **umsatteln** in der Burschensitte früherer Jahrhunderte wurzeln kann.

Manches Wort aus dem Bereich des studentischen Lebens, das von Zufall und Übermut vielfach abhängt, bleibt freilich un= ergründlich und nur der Mythus und die Legende wagt sich an Deutungen. Der **Salamander** wird nach einem Bonner Uni= versitätsrichter Salomon um 1843 gedeutet — mit Unrecht; so spielt die Legende mit dem **Bruder Studio** und an der seltsamen gewiß burschikosen Bezeichnung **Fidibus** hat sich der Scharfsinn mancher sprachkundigen Philologen geübt.

Wurzelt die Burschensprache so in einem reichen, aber von Laune und Willkür beherrschten Leben, so ist es klar, daß manches darin aus rein lokalen Bedingungen hervorgegangen sein kann. Gewiß hat die Burschensprache ihre lokalen Unterschiede gehabt seit alten Zeiten. Das **Rastrum** war und blieb natur= gemäß als Bezeichnung eines Leipziger Biers ein Wort der Leipziger Studenten; und der Jenische Bursch der Renommistenzeit hatte in

seinem Sprachschatz einige sonst unbekannte Biernamen wie **Maulesel**, **Dorfteufel**, **Menschenfett** und **Pfudian**. Solche lokale
Verschiedenheiten sind natürlich und fallen nicht auf. Im 16. Jahrhundert hießen die Kürschner, die man in Ingolstadt **Katzianers**
nannte, bei den Leipziger Studenten **Katzenschinder**. Für die
Philister waren um 1700 eine Reihe von Schmähnamen an den
verschiedenen Hochschulen üblich. Ein Wort wie **flott** dürfte
eigentlich einer maritimen Universitätsstadt angehören. Aber
Quark und **theek**, die um 1800 weit verbreitet waren, müssen
wohl von mitteldeutschen Universitätstädten ihren Ausgang genommen haben; **teig** heißt in der Mundart bei Jena vielfach **teek**.

Aber der Umfang dieser lokalen Verschiedenheiten, die gewiß
überall und immer bestanden haben, läßt sich nicht feststellen;
Einzelheiten hat unsere bisherige Darstellung öfters erwähnt und
unser Wörterbuch wird manches Hergehörige zu erwähnen haben.
Aber sie sind dem, der Wesen und Umfang der Studentensprache
geschichtlich untersucht, so geringfügig und spärlich, daß ein ernst-
hafter Versuch etwa die Gießener Studentensprache gegenüber der
Hallischen zu charakterisieren undenkbar scheint. So groß im
Zeitalter der Renommisten die Verschiedenheit des Studentenlebens
zwischen Jena und Halle einerseits und Göttingen und Leipzig
anderseits gewesen ist, so wenig wissen wir von thatsächlichen Verschiedenheiten der Burschensprache an diesen Hochschulen. Und so
erwarte hier niemand den Versuch einer Charakteristik solcher Unterschiede.

Zum Teil ist gewiß die Dürftigkeit und Spärlichkeit der
überlieferten Sprachmaterialien dafür verantwortlich zu machen.
Aber es ist kaum zu bestreiten, daß unsere hohen Schulen immer
so sehr im Austausch mit einander gestanden haben, daß wir wohl
von einer einheitlichen Sprache für alle reden müssen. Jedes
neue Kraftwort, jede neue Sitte von stark burschikosem Charakter
bleibt nicht auf den lokalen Herd eingeschränkt, wenn es nicht —
wie jene Biernamen — mit lokalen Elementen verwachsen war.
Was einer Hochschule angehört, wird schnell Gemeingut aller.

Zeugnisse sind **Philister** und **Salamander**, die sich an allen Universitäten eingebürgert haben, aber eigentlich nur lokale Worte gewesen sind.

Dies aber gibt der Burschensprache ihren Wert und ihre Kraft, daß sie im wesentlichen allen unsern Hochschulen gemeinsam ist. Das macht sie stark und mächtig genug, um unter allen Kastensprachen eine bevorzugte Stellung einzunehmen. Der Bereich der einzelnen Universität ist nicht so bedeutend, daß lokales Material der Burschensprache durchdringen könnte. Aber wenn alle unsere Universitäten zusammengehen, so ist der Einfluß leichter und nachhaltiger. Zu allen Zeiten hat daher unsere Studentensprache die Litteratursprache beeinflussen können [1]. Zahlreiche schriftdeutsche Worte entstammen ihr.

Mit dem Komment der Kneipe ist studentisches Wortmaterial in die weitesten Kreise gedrungen — so die Worte **Kneipe** und **Kommers**, die am Schluß des 18. Jahrhunderts nur in den Universitätsstädten üblich und verständlich waren. Hierher gehört das Wort **Lumpen**, das im 16. und 17. Jahrhundert nur der Burschensprache zukam; hierher auch der **Salamander**, der seit den 60er Jahren weitere Kreise gewonnen hat, nachdem er zuvor nur studentisch gewesen. Und neuerdings ist der Seniorenkonvent unserer Corps das Vorbild geworden für die gleiche Einrichtung unsers Reichstags.

Das seltsame **Schwager** 'Postillon' reicht in die klassische Litteratur hinein, gehört aber eigentlich der Burschensprache der Renommistenzeit an. **Philister** — ein wohl von Jena ausgegangenes Burschenwort — nimmt bei unsern im burschikosen Sturm und Drang heranreifenden Klassikern eine eigene Wendung an: Goethe bezeichnet mit **Philisterei** stockende Pedanterie,

---

[1] Den Zusammenhang der Studentensprache mit unserer Litteratursprache verfolgt an der Hand unserer deutschen Wörterbücher neuerdings Burdach in den Anmerkungen zum Neudruck des „Idiotikons der Burschensprache" von 1795.

kleinstädtisches Wesen[1] usw., und diese Begriffswendung hat sich allgemein festgesetzt. So sind Eigenschaftsworte wie **ledern**, **flott**, **fidel**, **patent**, **fix**, **kraß** zu verschiedenen Zeiten der Burschensprache entwachsen. Leichte Scherzworte wie **Fidibus** oder **Backfisch** verraten ihren Ursprung nur dem, der sich mit dem Wesen unserer Studentensprache bekannt gemacht hat. Zeitworte wie **foppen**, **blechen**, **pumpen** und **mogeln** sind studentisch gewesen, ehe sie gemeinüblich geworden sind, und gleiches gilt von **Kaffer** und **schofel**.

So zeugt eine Fülle von Einzelheiten für den Anteil, den die Kastensprache der akademischen Jugend an dem Werden und Wachsen unserer Gemeinsprache hat. Der frische Geist, die naturwüchsige Kraft unserer Volkssprache verbindet sich in der Studentensprache mit einer kühnen Handhabung von Spracherscheinungen, die litterarischen Charakters sind, und in dieser Verschmelzung von Volkskraft und Litteraturkraft liegt ihre Stärke, liegt das Charakteristische, dem sie ihren Einfluß auf unsere Gemeinsprache verdankt. Und sie verdient diesen Einfluß in demselben Maße, wie unsere Schriftsprache seiner stets bedarf. Denn nicht im starren Regelzwange, den schulmeisterliche Geister zur Nivellierung der Sprachgebilde anrufen, nicht im pedantischen Streben nur in eng abgegrenztem Umfang Neuerungen zu dulden, liegt das Heil einer frischen, kräftigen und farbenreichen Entfaltung der Sprache, steckt derjenige Geist, von dem unsere Litteratursprache ihr bestes Rüstzeug holt. Was sich in der Sprache, die dem Gedanken zu dienen berufen ist, an Großem und Bedeutsamem vollzogen, das hat im wirklichen Leben, in der Buntheit und Vielgestaltigkeit unseres Volkes seinen Ursprung. Und hierin sollte die geschichtliche Sprachbetrachtung viel häufiger unsere Lehrmeisterin sein als sie es in Wirklichkeit ist.

---

[1] Goethe hat Philister so schon in der Götz und Wertherzeit gebraucht; vgl. Briefe II, 10. 11; Junger Goethe III, 245 und Rollen, Goethes Götz S. 8. Dazu die Wielandrede: Werke 32, 244.

Wörterbuch der Studentensprache.

Das folgende Wörterbuch ist der erste Versuch einer Zusammenfassung des so reichen studentikosen Sprachschatzes. In den obigen Aufsätzen war nicht für jedes hergehörige Wort, auch nicht für jeden einschlägigen Beleg ein Platz. Und weil ein Wortregister unsern Aufsätzen beigegeben werden mußte, so lag eine Entlastung der obigen Darstellung zu Gunsten eines Wörterbuches nahe genug. Auch hatte mir schon im Jahre 1891 die erste Durcharbeitung der einschlägigen Litteratur, woraus mein Vortrag über deutsche Studentensprache erwachsen, aus Dichtern wie z. B. Dan. Stoppe oder aus sonst unbekannter studentikoser Litteratur wie z. B. der Göttinger Zeitschrift Niemand so reiche Materialien ergeben, daß ich annehmen durfte, eine Verwertung derselben würde der deutschen Lexikographie zu Gute kommen. Um so eher durfte ich diese Annahme wagen, als ich seit jener Zeit unablässig für unsere Burschensprache gesammelt habe und oft genug zur Einsicht gekommen bin, daß die Sprache unserer Litteratur, sogar unserer Klassiker oft ihre Erklärung in der Studentensprache findet.

Das folgende Wörterbuch bietet die Sprachmaterialien im Rahmen einer Konkordanz der älteren Burschenwörterbücher. Bis auf das reichhaltige, allerdings auffällig einseitige Burschikose Wörterbuch von Vollmann 1846 habe ich alle mir bekannten und zugänglichen Wörterbücher der Studentensprache ausgezogen und verarbeitet, so daß das ältere lexikalische Material jetzt bequem zugänglich gemacht ist. Die Angabe der Bedeutungen rührt zwar

von mir her, ich habe mich aber — soweit es sich mit der Rück=
sicht auf Raumersparnis vertrug — gern an den Wortlaut der
Vorlage angeschlossen. Ich befleißige mich überall der Knappheit,
um den Umfang des Buches nicht zu gefährden.

Die Einrichtung meines Wörterbuches dürfte keinerlei Schwie=
rigkeiten machen. Nur bleibt zu erinnern, daß ich die älteren Wörter=
bücher als Quellen nur kurz und bündig mit der Jahreszahl ihres
Erscheinens angedeutet habe. Diese Art des Citierens empfahl
sich nicht bloß ihrer Kürze wegen, sondern auch weil sich die Litte=
raturbelege um so deutlicher von den lexikalischen Belegen abheben.
Unsere Litteraturbelege sind wohl an sich deutlich), für die lexi=
kalischen Citate aber gelten folgende Gleichungen:

1749 = Vergnügte Abendstunden, Erfurt 1749, II, 69. 353.
       Diese Zeitschrift enthält ein „kompendiöses Handlexikon
       der unter den Herren Burschen auf Universitäten ge=
       bräuchlichsten Kunstwörter" von Salmasius mit Nach=
       trägen von Profax.
1781 = Studentenlexikon; aus den hinterlassenen Papieren eines
       unglücklichen Philosophen Florido genannt aus Licht
       gestellt von Chr. W. Kindleben. Halle 1781.
1795 = Bemerkungen eines Akademikers über Halle und dessen
       Bewohner in Briefen, nebst einem Anhange enthaltend
       die Statuten und Gesetze der Friedrichsuniversität, ein
       Idiotikon der Burschensprache und den sg. Burschen=
       komment. Germanien 1795.
       Einen Neudruck des Idiotikons der Burschensprache
       daraus und Bemerkungen über Chr. Fr. Bernh.
       Augustin als Verfasser des anonymen Buches bietet
       Burdach in dem Buche „Studentensprache und Stu=
       dentenlied in Halle vor 100 Jahren" .. vom Deutschen
       Abend in Halle 1894.
1813 = Der Göttinger Student oder Bemerkungen, Ratschläge
       und Belehrungen über Göttingen und das Studenten=
       leben auf der Georgia Augusta. Göttingen 1813.

1822 = Das Leben auf Universitäten oder Darstellung aller
Sitten und Gebräuche u. s. w. nebst einem Verzeichniß
aller burschikosen Ausdrücke u. s. w., Sondershausen 1822.

1825 = Studentikoses Conversationslexikon oder Leben, Sitten,
Einrichtungen, Verhältnisse und Redensarten der Stu=
denten beschrieben, erklärt und alphabetisch geordnet,
Leipzig 1825.

1831 = Der flotte Bursch von C. B. von Rag . . . y), Leipzig 1831.

1841 = Studentikoses Idiotikon, Jena 1841.

Die späteren Glossare sind absichtlich wenig zugezogen auf
sie — wie überhaupt auf die Sprache der lebenden Geschlechter —
bezieht sich die allgemeine Angabe modern. Nur Vollmanns
Burschikoses Wb. 1846 ist in einigen wichtigeren Fällen noch citiert
mit der Jahreszahl 1846.

Aasknochen [1]) alte schmutzige Ta=
bakspfeife 1781. 1795. 1841.
[2]) Schimpfw. 1795.

abbauen weggehn 1791. 1841.

abbrennen mit Hinterlassung von
Schulden durchgehn 1831. — ab=
gebrannt ohne Geld 1846.

abdämmern abziehen, abgehn 1831.

abdrücken sterben 1781. 1795. — „sich
abdr." weggehn 1841.

abfahren [1]) weggehn [2]) sterben 1781.
1795. [3]) ablaufen 1841. [4]) beim Wür=
feln die erforderlichen Augen nicht
weifen 1813. [5]) seinen Zweck nicht er=
reichen 1846; auch Laukhard 1800
Erzälungen u. Novellen I, 285.

abfassen ertappen (bes. beim Duell;
auch „die Waffen —") 1831.

abfingern („Du kannst Dir das
leicht —") erklären 1813.

abführen [1]) jem. mit Verweis weg=
schicken 1781. [2]) zum Schweigen, zur
Ruhe bringen (z. B. „den Kerl habe
ich gut abgeführt") 1831: „mit Glanz
abgeführt" glänzend besiegt 1846.

abgehn die Universität verlassen (mit
Befriedigung der Gläubiger; Ggs.
skisiren) 1781. 1795. 1841.

abfeilen abkaufen 1831.

abklaviren = abfingern 1813.

abkneifen jem. etw. ablocken 1841.

ablaufen jem. durch sein Betragen
zum Unwillen reizen (= anlaufen)
1795. 1841; „er hat einen ablaufen,
abfahren lassen" 1841.

ablegen [1]) nicht beistehn („er legt
ihn nicht ab" nimmt beständig seine
Partie) 1781; [2]) gebären (bes. am
heimlichen Ort) 1781. 1795. 1841.

abluchſen luchſen 1841.

abmucken abprügeln 1813.

abpaſchen ¹) ſich drücken, weggehn 1781. 1795. 1831. 1841. ²) ſterben 1795. 1841.

abrenommieren jem. zu übertreffen ſuchen Gaudy, Werke III, 16.

abrutſchen ſchnell die Univerſität verlaſſen müſſen 1831.

Abſchiedswechſel beim Abgang von der Univerſität zur Schuldentilgung 1813 (unter Wechſel).

abſchrammen milder als abbrennen 1831.

abſegeln ¹) weggehn, ſich drücken 1781. 1795. 1831. 1841. ²) ſterben 1795.

abſenz (im Reim auf Peſtilenz) abſeits Laukhard Schilda I, 190.

abſocken fortgehn 1846. Laukhard Schilda I, 302.

abſondern in der Redensart „ich bin abgeſondert" ich habe mein Geld verſpielt und ſpiele nicht mehr mit 1795. 1841.

abstemius enthaltſam 1769 (Geſch. Gött. Stud. III, 294.

abſtinken abfahren 1846.

abſtoßen (Geld) zum Vergnügen anderer opfern 1813.

abſtrafen eine Bewirtung als Wiedervergeltung erzwingen (man ſtraft jem. ab, den man zuvor traktirt hat) 1813.

abtreten laſſen jem. von der Menſur weiſen 1831.

abtrollen weggehn 1781. 1795. 1841.

abziehen ſich davon machen 1831. 1846.

acceptieren das vorgetrunkene Quantum beim Kommers 1831.

Ackerſtudent Ökonom 1781; Verwalter, Inſpektor 1831. — Anders bei Stieler 1691.

acquirieren ¹) im Spiel gewinnen ²) überh. etw. erlangen (auch durch Borgen oder Stehlen): auch „eine Acquiſition machen" 1795. Laukhard. Emigranten II. 224.

Aetna Pfeifenkopf Fiſcher 1781 Burschinde S. 5.

Affenſchande: „das iſt eine A.' modern.

Ahnung: „keine —" nein modern.

Altburſch Student nach dem 3. Semeſter 1822.

Alter Vater 1825. 1846.

amén: „eine — Kneipe", „ein — Kerl, Mädchen" 1831. Gaudy I, 187.

anangeln; „ſich ein Quartier —" eine Bude mieten Hippel 1779 (Lebensläufe II. 122 Göſchen).

anbinden: „mit jem. —". ſich mit jem. in einen Streit einlaſſen 1749. 1781. 1831. — „kurz angebunden" leicht aufgebracht 1781. Vgl. Bär und Kalb.

anbrennen: „nicht gern — laſſen" alles gern mitmachen 1813 (unter flott).

andämmern: jem. eine Wunde im Duell beibringen 1831.

Andienſt eine heft. Quellwunde 1831; 1845 Burschenfahrten S. 102.

anfahren anſchnauzen 1795 (unter anſchnarchen).

anführen betrügen; „angeführt werden" Schaden erleiden 1795.

Anführer wer einen feierlichen Zug anführt 1795 (unter Beſchließer).

Angſtröhre Cylinderhut modern.

anhängen: „jem. eine Partie Billard anh." abgewinnen 1749.

Anhieb der 1. Hieb in einem Mensurgange modern.

anhosen ¹) „sich anh." sich die Hosen anziehen 1781. überhaupt sich ankleiden 1795. 1841. ²) zur Mensur anbandagiren modern.

animus injuriandi Absicht zu beleidigen 1825. 1846.

ankeilen anschaffen 1795. 1813 („Geld ank." Geld beschaffen 1781. 1795. 1831. 1841). — jem. für eine Verbindung zu gewinnen suchen 1822. 1825. 1831. 1841 ꝛc. — zusammentrommeln Fischer 1781 Burschiade S. 19.

anlaufen jem. durch sein Betragen unwillig machen 1795. „jem. anl. lassen" Salinde 1744 S. 89.

anpetzen benunziren 1781. 1795. 1841.

anpimpen 1813 = anpumpen.

anpumpen (trans.) Geld von jem. borgen 1813. 1825. 1831 ꝛc.

anquälen (Bücher, Kleider) anschaffen 1781.

anraxen etw. mit Mühe herbeischaffen 1781.

anreißen: angerissen angetrunken 1846.

anscheißen ¹) betrügen, anführen (bes. mit Nichtbezahlung der Schulden) 1781. 1795. 1831. 1841 ꝛc. — ²) im Duell eine best. Wunde beibringen 1749. 1781. 1795. 1822. 1825. 1831. 1841 (angeschissen werden eine solche Wunde erhalten 1795. 1831; Laukhard, Emigranten II, 42)). — ³) bei Bierfehden sein Glas zuerst austrinken 1825 ꝛc. ⁴) syphilitisch anstecken 1795. 1841 (vgl. Anschiß).

Anschiß ¹) eine best. Wunde im Duell 1781. 1795. 1822 ꝛc.; auch Hauff, Memoiren d. Sat. Kap. 8. (Dazu „jem. ohne Ansch. fordern", „ohne Ansch. losgehn" 1831.) ²) eine venerische Ansteckung 1781. 1795. 1831. 1841.

anschlagen etw. durch Anschlag am schwarzen Brett bekannt machen 1813.

anschleppen (z. B. Essen oder Trinken) herbeiholen 1813. 1831.

anschmieren jem. beim Verkaufen übervorteilen oder betrügen 1781. 1795. 1841. — „jem. etw. anschm." aufbringen Fischer 1781 Burschiade S. 35.

anschnallen: „sich etw. anschnallen" anschaffen 1781. 1795. 1831; z. B. einen Flaus 1781; ein Mädchen 1795; Bücher und Kleidungsstücke 1831.

anschnarchen anschnautzen, anfahren 1781. 1795. 1841.

anschnautzen anschnarchen, anfahren 1781.

anschnellen einem eins zutrinken à la ronde 1781.

anschnurren anfahren Laukhard 1798 Schilda I, 137.

anschroten anschaffen, herbeischaffen 1822. 1831. 1841.

Anstalt: „königliche Anst." lupanar 1795.

Anstand vornehme Gesellschaft, bes. Damengesellschaft 1831.

anständig: „ein anst—er Philister" der gern pumpt 1831.

anstiefeln zu Fuß kommen 1846; „angestiefelt kommen" modern.

Anwachs 1813.

anwachsen ¹) ankommen („ich werde bald anw.") 1813. — ²) herbei-bringen 1822. 1841; „anw. lassen", (z. B. Tabak) holen lassen 1813.

anwichsen etw. anschaffen 1781.

anzapfen anpumpen 1831.

anziehen ¹) Hiebe andeuten ohne sie zu schlagen ²) „den Philister anz." ins Philisterium übertreten 1831.

appellieren vomere 1749. 1841. — „nach Worms resp. Speier app." vomere 1795 (unter speien).

Armfuchser leichte Duellwunde am Arm 1781. 1795. 1841; auch Mart. Schluck § 16.

Arsch: „im A. sein" ¹) angeführt sein 1825. 1831. ²) im Dreck, im Pech sein 1846. — „jem. auf den A. setzen" jem. schwer verwunden 1795. Arschpaucker Erzieher 1825. 1831. 1846. — arschweinlich wahrschein-lich 1846.

Aschkuchen Topfkuchen 1795.

Athen Universitätsstadt in Saal-athen, Pleißathen ꝛc. 1781. 1795 und sonst.

Attention Ruf des Pointeurs beim Hasardspiel 1795.

attische Nacht fidele Nacht 1829 Buckeliade S. 65; 1846 (auch Attica).

auf die Mensur! Ruf im Beginn des Skandals 1831. 1846.

aufbinden, aufhängen, aufheften jem. falsches glauben machen 1781.

au brummen (z. B. „einen dummen Jungen") eine provozierende Be-leidigung äußern 1831. 1841. O. L. B. Wolff Naturgesch d. d. Stud.

aufdonnern: „sich aufd." sich auf=

putzen (nur von Frauenzimmern ge-sagt) 1831.

aufklavieren: „sich aufkl." sich auf-putzen (v. Männern) 1831.

aufkotzen bezahlen, traktieren 1749.

aufkratzen (sich) putzen 1781. 1795. 1831. 1841. — aufgekratzt ver-gnügt 1781. 1831. — „aufkratzen lassen" antischen lassen 1831.

auflegen beim Hasardspiel den Bankier machen oder auch für Musikanten, Aufwärter u. s. w. Geld zusammen-bringen 1795.

aufmutzen kleine Fehler jem. über-treibend vorwerfen 1781. 1795.

aufpacken sich fortmachen Laukhard 1798 Carl Magnus S. 44.

aufpassen aufmerksam sein 1781. 1795.

aufrühren aufmutzen 1781. 1795.

aufsacken aufladen, aufbürden 1781. 1795; jem. eine Lüge als Wahrheit aufbinden 1841.

aufschneiden mit Uebertreibungen er-zälen 1795.

aufschüsseln Essen in vorzüglicher Menge herbeischaffen 1795. 1841.

aufstechen verraten (in Oestr. Baiern) Kleins Prov.-Wb. 1792.

aufstauen lebhaft werden 1846 Schnabels U.-Jahre 1835 S. 236.

auftürmen: z. B. „sie hat sich auf-getürmt" von Damen mit hoher Frisur 1781. 1795. 1841.

Aufwärterin Mädchen zum Aufwarten 1781. 1795.

aufwichsen, aufwixen ¹) Speise und Trank seinen Gästen auftragen lassen, vorsetzen 1781. 1795. 1831. 1841. auch Mart.Schluck 1798 v.Burschen-komment S. 25; Laukhard, Euler-kapper S. 105 — v. Gebrian II,

62. ²) Staat machen (s. Wichs) 1795. 1841; „sich aufw." sich sehr elegant kleiden 1831. ³) (das Ehren=wort) geben 1841.

aufziehen ¹) jem. narren, necken 1781. 1795. ²) aufschneiden 1795. 1841. Daher Aufzug eine gar zu hoch ge=spannte und ausgedehnte Erzälung 1795.

Aufzug feierlicher Studentenzug 1795. 1813. 1846 (s. aufziehen).

Augen: „in die — stechen" gefallen 1795.

ausfallen ¹) Geld herausrücken Lauk=hard 1800 Erzälungen und No=vellen I, 251. ²) beim Schlagen und auf der Mensur 1831; dazu der Ausfall 1831.

ausfechten in einer Streitsache die Oberhand behalten 1781 unter fechten.

ausflicken prügeln Mart. Schluck, v. Burschenkomment § 13.

ausführen stibitzen 1831.

aushauen beim Duell resp. Duellgang zuerst hauen 1813. 1825. 1831. Dazu Aushieb erster Hieb 1795. 1813. 1825. 1841.

ausholen „jem. die Künste abfragen" 1781.

ausklingeln ¹) jem. heruntermachen 1781. — ²) (auch ausklengeln 1795. 1841) im Spiel das Geld ab=nehmen 1781. 1795. 1841.

auskneifen heimlich durchgehn 1831.

auskneipen ¹) einen Ausflug (zu Fuß, Pferd oder Wagen) machen 1813. ²) ausgehn 1822; spaziren gehn, auch ausreißen 1825. ³) seine Woh=nung verändern, ausziehen 1831. ⁴) einen Tanz=, Bier= oder Wein=

kniff besuchen 1831; die Kneipe be=suchen 1841.

auskotzen vomere; auch „das ist zum Ausk." 1831.

auskramen vorbringen 1795 (unter einpacken). 1841; erzählen Fischer 1781 Burschiade S. 41; Laukhard 1800 Marki v. Gebrian I, 39.

auskratzen entfliehen 1825. 1846.

Auslage eine best. Fechterstellung; dazu sich auslegen 1813. 1822. 1825. 1831.

ausledern durchprügeln 1841.

ausmachen: „einen Standal ausm." sich duelliren 1822. 1825. 1831 2c.; auch eine Bierfehde 1831.

ausmisten jem. im Spiel Geld abge=winnen 1795. 1841.

auspfeifen ¹) dem akad. Lehrer in der Vorlesung jedes Mißfallen durch Pfeifen ausdrücken 1795. 1841. ³) Willkommen der Füchse von den älteren Studenten 1781.

Ausputzer kleiner Verweis 1781.

ausräumen gehn Laukhard 1802 Anecdotenbuch I, 231.

ausreißen entfliehen 1795.

ausrücken ¹) ausgehn; ²) die Univ. per consilium verlassen müssen 1831.

Ausrufungszeichen Schmiß Schna=bels Univ.-Jahre S. 315.

ausscharren zum Zeichen des Miß=fallens im Kolleg scharren 1813.

ausschmieren ¹) abschreiben 1781. 1795. ²) durchprügeln, schlagen 1781. 1795. 1813. 1841. ³) beim Spiel (bes. Billard) viel Geld abgewinnen 1795. 1813. 1841.

Ausschuß der Burschenschaft 1825. 1831.

ausspeien bezahlen, traktiren 1749.

ausstechen (trans.) den Rang abge=

winnen (bef. in der Gunst der Mäd=
dhen) 1781. 1795. 1841.

aussteigen zu Dorfe steigen 1779 Der
deutsche Student S. 11.

austrommeln (mit den Stöcken) ¹)
die Füchse als Neulinge im Kolleg
1781. 1795;²) als Mißfallenszeichens
für den Professor im Kolleg (mit
den Stöcken auf den Fußboden oder
mit Fäusten auf die Tische) schlagen
1795. 1831. 1841.

auswichsen, auswixen jem. durch=
prügeln 1781. 1795. 1831; im Duell
stark schlagen 1841. — ausge=
wichst (f. Wichs) mit Kleidungs=
stücken versehen 1831.

auswischen unvermutet einen Schlag
beibringen 1795. 1841.

ausziehen (intr.) ¹) die Univ.=Stadt
heimlich verlassen ohne Tilgung der
Schulden 1757 Niemand S. 159;
auch 1749. 1841. ²) seine Wohnung
verändern, auch die Flucht ergreifen
1795. ³) (transf.) im Spiel Geld ab=
nehmen 1813.

auszischen 1781. 1795. 1841.

Avantage: „in A. sein" ¹) beim Spiel
1795. ²) beim Duell 1795. 1813 2c.;
auch Laukhard Schilda II, 200.
„sich in A. setzen" 1825. 1831.

avec: „mit a." gut, mit Erfolg 1846.
— „den a. loshaben" Routine haben
1835. Schnabels Un.-Jahre S. 182.

Baaria, Baaribus Baarschaft 1846;
baria 1813 und 1835 Schnabels
Univ.-Jahre S. 221. — über in
baaribus oben S. 39.

Backfisch ein noch nicht mannbares
Mädchen 1813.1831. (vgl. oben S. 19.)

balbieren zur Ueberlast sein (v. lästi=
gem Besuch) Blaustrumpf 1746

vier possierl. Gedichte S. 4. Vgl.
barbieren.

Balbutz Barbier 1822. 1841. — Vgl.
Barbutz.

Band Ordenszeichen der Verbindungen
1825. 1831.

Bandage 1831. 1846. Gaudy, I, 216.

Bank: „Kredit in Bänken" Pump
vollauf 1846; Schnabels Un.-Jahre
S. 339.

1. **Bär** (in Bern) Nichtverbindungs=
student 1846.

2. **Bär** Schulden (bef. große) 1831. —
„einen B. anbinden" Schulden machen
1781 (unter anbinden). 1825. 1836.
— „einen B. losbinden" Schulden
bezahlen 1825. — „Die Bären
reißen sich los" ich muß abbrennen
1831.

barbieren täuschen 1795. 1841. —
Barbutz 1841 = Balbutz.

Barett im Wichs der Burschenschafter
1825. 1831.

Bartfuchs Barbier 1831.

battiren die Klinge des Gegners her=
unterdrücken höchstf. 1820; den
Gegner entwaffnen 1846.

bedämmert wer sich schwer zurecht
findet 1825; bornirt 1846.

bedeutend ansehnlich 1813.

beibringen: „Hiebe —" beim Fechten
1813. 1831; „das Pumpen jem.
beibr." 1831.

bekneipen besuchen 1813. 1831. —
bef. vom Besuch der Studenten einer
Universitätsstadt bei denen einer
andern gebraucht 1831.

beknüllen („sich bekn. wie eine Staub=
säule"); beknüllt erster Grad der
Betrunkenheit 1831. — beknüllt
auch Harring 1831 Faust S. 71.

beköken (sich) vomere 1781.

bekondizioniren traktieren Laukhard, Eulerk. S. 105.

bekotzen (sich) vomere 1781; sich die Kleider dabei besudeln 1831.

belegen ¹) im Hörsaal einen Platz durch Auflegen eines Papiers auf den Tisch oder die Bank belegen 1749 — einen Platz im Hörsaal belegen 1825. 1831. ²) das Kolleggeld bezahlen 1813. ³) „Das bitt' ich zu belegen" das ist etwas bes. Wichtiges 1825; das ist sehr unwahrscheinlich 1831.

Beliebte und empfing Rechnung 1785 Beytr. z. Statistik v. Göttingen S. 106; auch schon 1749 S. 361.

belöffeln übertölpeln, überlisten 1795. 1841.

beluchsen luchsen 1841. 1846.

bemogeln betrügen 1813. 1846.

bemoost ergraut, erfahren; bei Kasse 1846. — bemoostes Haupt heißt der Student im 5. Semester 1813 — im 6. Semester 1822. 1825. 1841 — im letzten Semester 1831. = „Bemooster Herr" 1825; Goethes Faust II, V. 6638 und 1822 Leben auf Univ. S. 50. 51.

bene: „sich b. thun" sich gütlich thun 1831; auch Bahrdt 1789 Religionsedict, Vorwort.

benebelt leicht bezecht 1846; „sich benebeln" Laukhard, Fr. Wolfstein I, 50; Bahrdt, Rindvigius I, 71. 113.

beneventiren jms. Ankunft beglückwünschen Menantes 1726; Musander 1709 Studentenregeln S. 7.

beritten z. B. in der Medizin = kundig 1846. Jobsiade.

besaufen nur in den Redensarten „sich en canaille, en canone bes." 1831.

Beschließer wer beim Aufzug den Zug der Reiter beschließt 1795. 1813. 1841.

beschummeln betrügen Marianus, Scenen aus d. akad. Welt S. 160.

besehen: „Gelder, einen Anschiß bes." 1831. „den besehe ich" ich bin ihm überlegen 1831.

Besen ¹) ein schmutziges Mädchen 1795. ²) jedes Dienstmädchen 1822. 1825. ³) jedes weibliche Wesen („Flor-, Kattun-, Wasch-, Küchenbesen") 1813. 1825. 1841 2c. — Flor- und Staubbesen werden unterschieden 1831. — Oben S. 19 und vgl. Schürze und Kehrbesen. Bei Fischart erscheint Hausbäsem (s. das DWb.) als Schimpfwort.

besorgen jem. zur Ruhe, zum Schweigen bringen 1831.

besponnen: „gut besp." bei Kasse Lenz, Hofmeister I, 3.

Bestie: „kleine B." altes Haus 1795 1841.

bethunägeln (sich) sich so stark betrinken, daß man wie angenagelt sitzen bleiben muß 1831.

betrüben sich auf Kosten jems. bereichern; z. B. „ich habe ihn im Whist um einen Thaler betrübt" ihm abgewonnen 1831.

betruven ärgern 1846. — betruvt traurig, verstimmt 1825. 1831. 1846.

bezechen (sich) sich betrinken 1781.

beziehen anführen, betrügen 1831.

Bibelhusaren Theologiestudirende 1795 (unter reiten). 1841; auch Studentenwitze 1839 S. 65.

Bich Bier 1825. 1831. 1846. — Dazu bichen stark trinken 1825. 1831.

bieren Bier trinken Kobbe 1840 Erinnerungen II, 67.

Bierfiſche modern = Fiſchgen. —
bierhonorig bierehrlich, Bierkneipe
und Bierkneipier; Bierkniff; Bierkomment beim Kommers; Bierkonvent; Bierſchuſſer; Bierſoff:
„ein B. halten" ohne Kommers
kneipen; Bierwitz kleiner Kommers;
Bierſtoff 1831. — Bierkonvent,
Bierproceß und Bierverſchiß
1841. — Andre zahlreiche Zuſammenſetzungen wie -baß, -dorf, -ehr-
lich, -gericht, -orden, -reiſe,
-ſalamander, -walzer uſw.
1846.

Billet doux Liebesbriefchen 1749.

billig umſonſt („b. zu haben", „ich bin
b. daran gekommen") 1813.

Bim M. Buſen 1825. 1831. 1846.

Binde der Paukanten auf der Menſur
1831.

binden: „die Klingen beim Fechten b."
1813.

bindfadiſiren ängſtlich ſein, klein bei-
geben 1795. 1841; dafür bindfadiren
Laukhard 1798 Schilda I, 301.

Birch Bier 1846.

Biſchof in der Bierfehde 2 Gläſer 1846.

bitten: „ums Wort b." 1831.

Blamage, blamieren 1781. 1831.
1846. Das Ztw. auch Fischer 1781
Burschiade S. 9. — Blamage
auch Laukhard, Eulerk. S. 113
— Autobiogr. I, 97.

blaß: „nicht die blaſſe Idee, Probe"
1813. — „den Blaſſen kriegen" in
Staunen geraten 1813. — „den
Blaſſen vorne weg haben" Lauk-
hard, Schilda I, 303 — Corilla
Donatini S. 104.

blau ſtärker betrunken 1831.

Blech Sache von geringem Wert
1795. 1841.

blechen bezahlen, auszahlen 1781.
1795. 1831. 1841; auch Laukhards
Leben II, 87 und Bahrdt 1790
Gesch. d. Prinzen Yhakanpol S.
106. Vgl. oben S. 59.

Blechtude meretrix 1822. 1841.

Blei: „im Bl." bei Kaſſe 1846 — im
Gelingen H. Mors, Erinnerungen
S. 34.

Bleiſtifte die Stangen der Schaarwächter in Halle 1795 (ſ. Schnurre).
1841; für Göttingen bezeugt 1846
und 1835 Schnabels Univ.-Jahre
S. 316; für Halle noch 1798 Briefe
über Halle S. 31.

Bleivogel liederliches Frauenzimmer
1781. 1795. 1841.

bluten Bier verſchütten bei der Bierfehde 1831. — bluten müſſen
Geld herausrücken müſſen 1781.
1795. 1841; Bahrdt, Gesch. d.
Prinzen Yhakanpol S. 303.

Bobben (früher in Halle) ungeſchickt
gearbeitete Kanonen 1831.

Boden Fechtboden 1825. 1831.

bonis: „in b." bei Kaſſe 1846; Laukhard, Eulerk. S. 169.

bons mots („das Pferd machet b.
m." — „mache mir nicht lange b. m.")
„„Sprünge, Knibetten, Wiehern,
Scheltwörter u. dgl.“" 1749.

Brampf Schnaps Niebergall 1837 d.
Burschen Heimkehr II, 7.

Brand Rauſch 1846; „im Br." betrunken Harring 1831 Faust S. 71.

Brandbrief [1] amtliche Beſcheinigung
für Leute, die das Ihre im Feuer
verloren haben um Mitleid zu er-

regen; [2]) Bettelbrief 1781. — Brand=
gelder eingesammelte Gelder für
einen, dem das Seine verbrannt ist
1745 Auf der Extrapost eingelaufene etc. Nachrichten S. 18.

Brander — Brandfuchs Student im
2. Semester 1781. 1813. 1822. 1825.
1831. = Brandfuchs, Brenner
1795. Dafür Brandfuchs „„Fuchs,
der recht listig aussieht und sich
unter die braven Pursche gar nicht
finden kann"" 1749.

brechen: „das Ehrenwort br." 1831.

breiter Stein die Mitte oder das
hohe Pflaster auf Straßen in Halle;
„auf dem br. St. stehn" (in Halle)
gleich „Gevatter stehn" 1781. 1795.
— Vgl. Fußbank im DWb.

Brenner 1795. 1831. 1841; Fischer
1781 Burschiade S. 51. 19 =
Brandfuchs.

Bruder Studio [1] Student 1822; als
Bruder studeo schon 1744 Zwey im
Coffee-Lande herumschweiffende
Avanturiers.

brummen im Arrest sitzen 1846.

büffeln arbeiten 1822. 1825. 1831.
1841; Gaudy, Werke I, 198; Schnabels Univ.-Jahre S. 196. Nach dem
DWb. schon im 16. Jahrh.

bügeln futuere 1745 Auf der Extrapost eingelaufene Nachrichten
S. 41; auch 1846.

bummeln 1857 Bacheliade S. 5. 44.

Bürger: „akademischer B." 1831.

Bursch [1]) Student nach dem 1. Stu-
dienjahr 1795. 1813. 1831. [2]) Student, Musensohn 1781. 1813. 1831.
— Dazu Burschenkomment 1781.
1795. 1831. — Burschenwichs
1831 = Wichs. — Burschenwitz
[1]) stehende Redensarten der Studenten. [2]) Kneiperei 1831.

Burschenschaft [1]) sämmtliche Burschen
Laukhard, Schilda I, 176 — Autobiogr. I, 131; [2]) seit 1815 wie heute.

burschikos (oben S. 48) burschen=
mäßig 1795. 1813. 1822. 1831. Als
Adv. burschikos schon 1744 Zwey
im Coffee-Lande herumschweifende

---

[1] Älteste Erörterung darüber bietet Schmeitzel in den Wöchentlichen
Hallischen Anzeigen 1746 S. 171: „Bei seiner Ankunft zu Jena kehrte Johann
Friedrich zu Sachsen in dem nahstehenden Gasthof der schwarze Bär genannt,
ein. Alles lief zu und wollte den Kuhrfürst sehen und das in sonderheit auch
die junge Studenten. Da aber diese gar zu häufig, auch wohl gewöhnlicher
maaßen mit Ungestüm sich zudringen mochten, so meineten die Bedienten nöthig
zu sein selbige zurück zu treiben. Allein der gar sehr gnädige Herr war damit
nicht zufrieden, sondern redete aus der Kutsche mit gar gnädiger und lächelnder
Miene heraus und sprach: „Laßt sie gehn, das ist der Bruder Studium".
Welche Begebenheit sodann eine Gelegenheit geworden die Studenten den „Bruder
Studium" zu nennen bis auf diese Stunde noch). Es ist unrichtig, wenn man
Bruder Studio redet und schreibet. Vgl. Joh. Rosini, Vita Johannis Electoris;
Wolfg. Heidori Orati. I, IV; Casp. Sagittarius, Hist. Johannis Friederizi
§ 25."

Avanturiers S. 3; Laukhard, Eulerkapper S. 150. -- Burschikosa
Sammlung von Sachen u. f. w., die
den Studenten als solchen interessiren
1813. — Burschikosität 1831. 1846.
bürsten ¹) ausschelten 1781; strafen
1795. 1841 ²) futuere 1781. 1846.
Buttervogel meretrix 1781.
buxen stibitzen 1781. 1795. 1841; auch
buxiren 1781.
Cerevis ¹) Bier („ein gutes C.") 1825.
Marianus, Scenen aus d. akad.
Welt S. 867. ²) beim Trinken das
Ehrenwort „bei meinem Cerevis",
„ich gebe Dir mein C." 1825. 1831;
„auf C." 1846 sowie Schnabels
Univ.-Jahre S. 262 und Niebergall 1837 Des Burschen Heimkehr III, 4; IV, 1. — Die heutige
Bedeutung des Wortes fehlt bis 1850,
nur erst Cerevismütze, -kappe
'Bierkappe' 1846.
champagnern Schnabels Univ.-Jahre
S. 308.
Chapeau d'honneur bei Aufzügen
(auch bei Leichenzügen z. B. Kör-
ner 1812 Nachtwächter IV) eine
Ehrencharge resp. der Sprecher 1795.
1813. 1831. 1846.
Chapeau douleur öder Geselle 1795.
Chargen studentische Würden; Char-
genträger bei den Ordensbrüdern
1795. — Chargierter 1831.
Charmante 1749; oft im Hospitium
1747 S. 38. 45 ff. und in Zachariae's
Renommist. Vgl. oben S. 89.
Chor 1831. 1841; s. Korps.
Christenheit bei der Bierfehde 6 oder
8 Gläser 1831. 1846.
Circumflex Schmarre im Gesicht 1749
= ein Schmiß von einer best. Form

1825. 1846; auch Leber, Blaustrumpf 1746 vier possirl. Gedichte S. 5.
citiren vors Concil oder ad magni-
ficum bestellen 1825. 1831.
Couleur Blase 1831.
Dach („einem zu D. steigen") prügeln
1781; auch Harring 1831 Faust
S. 72; coramiren 1831.
Dactylus penis 1846 = „Tröster
und dactylus" 1633 Zech- und Saufrecht § 47; auch in Stammbüchern.
Damenpudel Jungfernknecht, Weiber-
knecht E. M. Arndt, über den Studentenstaat 1815.
dämmern schlendern, bummeln 1813.
1831; auch Schnabels Univ.-Jahre
S. 50. Dazu Dämmerer, Däm-
merfürst Bummler 1813; Däm-
merfürst ein bequemer und dabei
träger Mensch 1822. 1841.
Dampf: „mit D." mit Kraft, schnell
(z. B. „mit D. abziehen") 1831.
dampfen stark Tabak rauchen 1781.
1795; Hospitium 1747 S. 49. 52.
dämpfen jem. durch Wort oder durch
die Klinge klein machen 1831.
däsig einfältig, unbesonnen 1781.
dauern bemitleidenswert sein 1795.
1841.
Debauche Schwelgerei Speranders
Handlexikon 1727; Callenbach 1714
Almanach S. 60 unterscheidet
„Wein-, Bier-, Tabak-, Spiel- und
Caressenbebauchen".
debauchiren (debouchiren) schwel-
gerisch leben; auch Behmeno 1715
Poet. Cabinet S. 121.
decken transf. freihalten, traktiren 1781;
sich decken beim Fechten und wo
etwas zu riskiren oder zu bezalen

ist 1813; dazu **Deckungssystem**
1813; **zudecken** transf. mit Schlä=
gen überladen 1781.

denke nicht daran (auch „ich"): man
pflegt es dem zu erwidern, der uns
um etwas bittet 1813.

Denkzettel Prügel 1781.

deponiren [1]) „sich als Student an=
nehmen lassen" 1795. 1781. 1841;
dazu **Depositionsschein** 1781.
1795. 1841. — [2]) futuere 1781 (so
schon 1744 Avanturiers S. 42;
häufig 18. Jahrh. in Stammbüchern
„virginem deponere licet"). — [3])
hänseln (einen Fuchs) 1781.

depreciren Abbitte thun 1813. 1822.
1825. 1831. 1841; auch Harring
1831 Faust S. 69.

Desavantage Nachteil beim Spiel
und beim Duell 1781. 1795. 1813.
1841; Laukhard, Schilda II, 200.

Dexpo Podex oben S. 62.

dick (dicke) [1]) allerdings, ja (Ant=
wort 1781. 1795. 1841. [2]) steigernd
z. B. in „dick besoffen", „er zwingt
es dick" hat viel Geld 1781. 1795.
[3]) überdrüssig z. B. „das Studieren
habe ich für heute dick" 1813. [4])
„dick thun" renommiren 1846;
spröde sein Stammb. 1759?

Dienstbesen 1846; s. **Besen**.

Dimensionen: „nach allen D. keilen"
Köhler 1843 Academ. Welt I, 38.

Discippel Disciplinargericht Niebergall 1837 d. Burschen Heimkehr
III, 10.

Doktor bei der Bierschebe 3 resp. 2
Gläser 1825. 1831.

Donna Geliebte 1792 Briefe über
Erlangen I, 107; Schnabels Univ.-
Jahre S. 49.

Donnerbesen große Perücke 1795.

dorfatim oben S. 44.

Dornknüppel dicker Stock der Renommisten und Raufer 1781.

Drastikum [Gießen] = Theekessel,
Pinsel Laukhard 1799 Fr. Wolf-
stein I, 138 — Eulerkapper S. 103
— Autobiogr. I, 97. 116. 180. —
Dazu **drastisch** Eulerk. S. 107;
Drasticität Eulerk. S. 125.

Dreck: „im Dr." auf dem Hund 1846.
Eulerk. S. 110.

drillen — trillen futuere Stammb.
um 1752.

sich drücken [1]) sich heimlich weg=
begeben 1795. 1831. 1841. [2]) weggehn
1813. 1825; auch Schilda III, 71.
I, 303; v. Maltitz 1828 Der alte
Student II, 2; Schnabels Univ.-
Jahre S. 157.

Duell, dafür stud. **Skandal** 1831.

duften ausdünsten 1781.

Duhmen (Hausb.) Credit (im Hause)
1846; „Hauspump oder Haus=
duhmen" Schnabels Un.-Jahre S. 96.

Du=Komment 1831.

Dulzinea Geliebte 1831. Bahrdt, Rindvigius I, 67. 69. 104; auch **Dulcine**
1779 Der deutsche Student S. 11. 27.

dumm: „jem. b. kommen" Laukhard,
Fr. Wolfstein I, 128.

Dummererg. Junge Tuschwort 1831.

Du=Komment Dutzverhältnis 1831;
nach Schnabels Univ.Jahre 1835
S. 94 in Leipzig, Halle und Jena
üblich.

durchbohren provozirend fixiren 1831.

durchbrennen die Universität heimlich
verlassen 1841. 1846.

durchfallen ungeschicktes vorbringen
(z. B. verunglückte Witze); auch „den

Durchfall bekommen" 1795. 1841.
das Examen nicht bestehen 1841. —
"Wenn ein Kandidat bei einer Predigt
nicht gewählt wird, so sagt man
auch, er sei durchgefallen oder habe
den Durchfall bekommen" 1795. 1841.
— Durchfall durchs Examen 1846;
vgl. auch Hauff, Mann im Mond
S. 68 (Hempel).

durchgerben prügeln Laukhard,
Schilda III, 100.

durchholzen durchprügeln 1831.

durchkneipen aus einer Kneipe in die
andere ziehen; durch eine Stadt
passiren 1831.

durchlaucht 1841, durchlauchtig
1795. 1841 löcherig, voll Löcher, zer=
rissen (von Kleidungsstücken) 1795;
durchsichtig Jobsiade II, V. 1736;
vgl. das DWb. unter d u r c h l a u c h =
t i g 3.

durchstänkern durchsuchen Incognito,
Der verliebte u. galante Student
S. 77. — durchlesen 1776 Briefe
dreyer akadem. Freunde I, 68.

durchwichsen stark prügeln 1795
(unter a u s w i c h s e n).

Dutzbruder 1781. 1795; Laukhard,
Marki v. Gebrian II, 74; 1769
Über die protest. Univ. S. 23.
dutzen 1781. 1795. Dazu "Brüder=
schaft oder auf den Dutz trinken"
1645 Facet. Facet. S. 66.

Eber: "sich wie ein E. hauen" 1831.

Ehebruch treiben Nicht=Zusammen=
gehöriges zusammen gebrauchen (z. B.
Essen und Tabakrauchen oder Tabak=
rauchen und Schnupfen) 1795. 1841.

Ehrenbursch Chargierter bei Feier=
lichkeiten; Ehrengang, =gericht,
=mitglied, =schmaus, =wort 1831.

Ehrengang Duell mit stumpfen
Rappieren bei verschlossenen Thüren
1841.

eigen Tuschwort 1831.

Eimer: "auf den E. bringen oder
kommen" zu Grunde gehn 1831.

Einarm Feigling Niebergall 1837
d. Burschen Heimkehr III, 11.

einfallen beim Fechten. — "es fällt
mir nicht ein" ich denke nicht daran
1813.

eingeben jem. etw. nahe legen 1831.

eingehn (beim Duell) eindringen 1825.

einkleiden in die Verbindung auf=
nehmen modern.

einkneipen einkehren 1822. 1841.

einpacken müssen im Reden, Dis=
putieren nicht weiter können 1781;
sich vergebliche Mühe und Umstände
machen ("damit kannst du nur ein=
packen" v. nichtigen Gründen) 1795.
1841. — p a c k e i n hör auf 1831.
— "Der kann nur einpacken" sich aus
dem Staube machen 1831.

einpauken einlernen, einstudiren 1813.
— "sich einpauken" sich im Schlagen
einüben 1831 (= e i n s c h l a g e n).
— "sich durch Trinken in einen
Bierstaat einpauken Schnabels Univ.-
Jahre S. 30.

einprügeln (sich) seinen Namen ein=
schneiden (in Tische, Stöcke usw.)
1813.

einrücken einziehen 1831.

einschlagen: die Füchse werden von
alten Burschen eingeschlagen 1825.

einspringen (beim Duell) zwischen
springen 1813. 1825. 1831.

einweihen (den Fuchs) hänseln 1781.

Ellenleutnant Ladendiener in einem
Geschäft, wo mit der Elle gemessen

wird 1831. — Dafür **Ellen-r(eiter)** bei Brasch, Gesch. der Univ. Leipz. S. 15.

en: „on Wichs", „en Schwein" s. oben S. 65.

enkanonieren (sich) sich betrinken Laukhard, Schilda I, 189.

entrieren: „einen Skandal, Pump entr." 1831.

Erdenkloß Student 1781.

erklecklich: „erkl. sich amüsiren", „erkleckliches Pech" 1813.

erschwingen erwerben, gewinnen („man kann nicht viel dabei erschw.") 1813.

erzbrav, **erzfidel** 1757 Niemand S. 83. 106.

erzielen anschaffen (z. B. „käuflich, wohlfeil erz.") 1813.

Essig: „das ist E." das ist nichts, schlecht 1831.

Etage: „in der 3. E." durchgefallen 1795. 1841.

Etcetera [1]) Taugenichts Salinde 1744 S. 67; Jobsiade II, V. 76. — [2]) meretrix Jobsiade III, V. 1234.

Evas Tochter meretrix 1831.

ex zu Ende, fertig 1831. 1846. — **exgerben** vomere 1846. — **exgreifen** 1846. — **exkneifen** sich von der Universität heimlich entfernen 1813. 1831; von dannen gehn 1822. 1841. — **Exkneipe** 1846. — **exkneipen** „„aus seiner Kneipe rücken um etw. zu suitifiren"" 1831; auf die Exkneipe gehn modern. — **exkratzen** entfliehen 1825. — **Exspritze** Ausflug modern. — **exstreifen** schassen 1846.

exkludieren: „aus einer Verbindung exkl." 1795. 1831. 1841. — Dazu **Exklusion** 1831.

Experimentalphysik (Vorlesung darüber): „Der Fuchs · besucht zum Zeitvertreib die Vorlesungen und macht mit der Exp. den Anfang" 1765 Der Freymüthige oder der engl. Greis von Young S. 60. Vgl. bei Hunold-Menantes 1710 Satyr. Roman der gal. Welt S. 37 „einer Frau ein collegium physicum experimentieren". „E. hören (bei einer Frau)" Bretzner 1790 Leben eines Lüderlichen II, 11.

extra gehn Taubmanniana 1703 S. 84. 115.

Extratisch im Hallischen Waisenhaus ein geringer Freitisch 1795. 1841 (auch 1781 S. 96).

Extrawechsel zur Bestreitung außergewöhnlicher Ausgaben („der Vater muß einen E. losrücken") 1813; Fischer 1781 Burschiade S. 69.

Fackelzug 1831. 1846.

Fahrt Unternehmung, Spaß („eine fidele, betrübte F.") 1825. 1831.

famos (älter famös) forsch, flott 1846: auch Gaudy, Werke I, 164, 168.

Famulus armer Student, der bei einem Professor freie Wohnung und andre Vorteile hat, in den Hörsälen die Plätze beschlägt und das Honorar für die Kollegia eintreibt 1781.

fassen: „einen f." ein Gläschen trinken 1831.

fechten (Fechtmeister) 1781; dafür stub. schlagen (doch Fechtboden, -saal, -handschuhe) 1831.

Federfuchser Sekretär 1831.

federn pressen, rupfen 1839 Studentenwitze S. 32.

Federn: „sich zu seinen F. versammeln" zu Bett gehn 1793 Phil. Dulder S.100.

Feger tüchtiger, braver Bursch 1831.

feinklötig zu anständig, zu sein 1831.

Fersengeld geben (auch „die Ferien zeigen") 1795.

fertig angetrunken 1831.

Fetzer Degen DWb; auch Behemo 1715 Poet. Cabinet S. 121.

fendiren (Wittenberg?) stehlen Reinwald 1720 Academienspiegel S.155.

Fichten: „in die F. sein" nichts mehr gelten Laukhard, Eulerk. S. 104.

fidel (oben S. 34) lustig, munter 1749. 1795. 1813 2c. — In Halle: „bist du fidel"? wie gehts?: „fideler Kerl — fideles Luder" 1795. — „fideles Leben, fideler Bursch, fidele Kneipe" 1812. Fidelität um 1765 in Jen. Stammbüchern; Laukhard 1799 Schilda I, 180, 181. III, 204; = Fidelité 1813; Schluck 1798 Burschenkomment S. 25.

fideliter fidel Gaudy, Werke I, 176.

Fidibus s. das DWb. und oben S. 39.

fidol 1831; Bacheliade S. 49 = fidel. — Fidum Vertrauen 1822. 1841 = Fiduz 1846. — Fiduzit Antwort auf Schmollis 1813. 1825. 1841.

fin fein 1831.

finden umsonst oder für einen geringen Preis erhalten 1795. 1841. — „finde er sich": so sagen brave Burschen bei der Aufführung eines Brandfuchses; beliebtes Schächerwort 1749.

Finken [1]) (im Unterschied von Wilde) fleißige Studenten ohne Kommentkenntnis usw. 1822. 1825. [2]) Nichtverbindungsstudenten (in Halle und Jena) 1831. 1841. 1846; Schnabels Univ.-Jahre S. 20. 91. 312.

Finte [1]) beim Fechten 1781. 1795. 1813. 1841. 1831. — [2]) Chikane 1795; [3]) „Finten reißen" 1795. 1841.

Fischgen (oben S. 54) Bierfische 1747 Hospitium S. 73.

Fiskal in Halle Famulus=Student eines Professors 1781 (unter Famulus); schon 1749 Der reisende Avanturier II, 477. 510; oft bei Laukhard z. B. Schilda I, 133 — Eulerkapper S. 183.

Fittich loderer Mensch Niebergall 1837 Bursch.-Heimkehr IV, 8.

fix [1]) schnell Schoch 1657 Kom. v. Studentenleben DII[b]G[b]. — fidel, liebenswürdig 1831; „eine fixe Kneipe" Hauff, Mem. d. Satans Kap. 6.

flaschen tüchtig losgehn 1822. 1841.

Flausch 1781. 1795. 1813 — Flaus 1813 Rock, bes. Winterrock.

Fleck Glas während eines Bierskandals, woraus alle trinken dürfen 1747 Hospitium S. 77.

flecken vom Fleck bringen 1813.

Fledermäuse oben S. 52. — fledern stark schlagen (auf der Mensur) 1831.

Fliege [1]) fideler Kerl; [2]) Obskurant 1831.

Flor Ehrentitel für das schöne Geschlecht, Damenwelt („in der Gesellschaft war wenig F.") 1813. 1825. 1831; vornehme Damen 1822. 1841. (s. auch Halbflor). — Florbesen Mädchen vornehmer Eltern 1825. 1831. 1841; Hauff, Mem. d. Satans Kap. 6.

flores [1]) Schaum, Blume des Bieres im Glase Jus Potandi 1616; [2]) in floribus oder floribus eine Trinkceremonie ebenda; [3]) „in floribus leben", selten „in flore leben" s. das

DWb. unter Flor. ⁴) Floribus eine Gläserart 1747 Hospitium § 11 (vgl. oben S. 38).

florieren bei Kasse sein 1781. 1795. 1841; wohl auf sein 1831.

florixῶς oben S. 47.

Flöte Magd 1846. — Stock Schnabels Univ.-Jahre S. 363.

flott gut, schön, herrlich („flott trinken können") 1781; lustig, munter 1822. 1831. — „fl. leben, ein flottes Mädchen" 1795. 1841; ein fl. Kerl, ein fl. Mädchen, fl. Wirtschaft 1813 2c.; ein fl. Frack Fischer 1781 Burschiade S. 18. — Flottität 1846.

foppen necken, narren 1781. 1795; schon 1633 Zech- und Saufrecht und Schelmufski S. 12 (juppen.)

fordern zum Zweikampf 1781. 1795. 1825. 1831. 1841.

fördern: „sich f." eilen Seybold 1816 Der umgekehrte Faust S. 6.

formalisiren: „sich f." sich über etw. aufhalten Laukhard 1797 Schilda II, 168; III, 113 — Erzälungen u. Novellen I, 220.

forsch (nbb. nu forsch schon im 16. Jahrh.): „ein forscher Kerl", er macht sich forsch" 1813. 1846; Schnabels Univ.-Jahre S. 90. — Forschität 1846.

Forstlöwe Student der Forstakademie Wolff, Naturgesch. d. d. Stud. ³ 64; dafür Forstpolack 1846.

Fraktur: „F. mit jem. schwätzen" prügeln Niebergall 1837 d. Burschen Heimkehr III, 11.

Fraß Essen („Abend-, Mittagsfraß") 1813. 1831. 1846; auch Bahrdt, Rindvigius II, 30 und Studenten-

witze 1839. Dazu „Fraßkneipe, —kneipier, —kniff, —pump" 1831.

frequentiren die Schule besuchen Taubmanniana 1703 S. 182; Musander 1709 Studentenregeln S. 2; Salinde S. 65; Reinwald, Academienspiegel S. 258.

frikassiren zerschmettern („der Satan soll ihn fr.") Laukhard, Emigranten II, 172. 244.

fruchtbringende Gesellschaft Mülleresel 1795. 1841.

Fuchs (oben S. 50) junger Bursch, der erst ganz neu auf Universitäten kommt 1749. — Student im 1. Semester 1781. 1795. 1813. 1831 2c.

Fuchseisen ⁵) Sporen 1845 Burschenfahrten S. 101. ²) Fuchszeit 1846.

1. fuchsen ¹) beim Billard Bälle machen, an die man nicht gedacht hat 1795. 1841; ein solcher Ball heißt man Fuchs 1795. ²) Geld im Spiel zusammenschlagen 1795.

2. fuchsen: „sich f." sich ärgern 1831.

Fuchskollegium Vorlesung über Logik 1781. 1795. 1831 (auch Encyklopädie). 1841.

Fuchskommers 1831.

Fuchser guter Schläger 1831.

Fuchsmappe nagelneue Kollegmappe 1795 (unter Mappe). 1841.

Fuchsmaschine meretrix Jen. Stammbuch 1759.

Fuchssatz Gasterei eines Fuchsen für seine Freunde usw. 1813.

führen besitzen (z. B. guten Tabak, Bücher) 1813.

Funzel alte Lampe 1831.

Fürst von Thorn s. unter Thorn.

Furz im Ungewitter: „er steht wie ein —" er prahlt von seinen Taten und ist der erste, der flieht 1795.

futtieren: „sich f." sich kümmern Schilda I, 302; s. das DWb.

Gabel: „etw. an die G." ¹) zum Essen; ²) ein Frauenzimmer 1846. — „mit der G. schlagen" beim Fechten 1831.

Galle ¹) Mut, Standhaftigkeit, Herzhaftigkeit („er hat G."); ²) Lust, Belieben, Verlangen („hast du G. da und da mit hin zu gehn? ich habe jetzt keine G.") 1749. — „Galle zeigen" 1763 Keils Stammb. S. 272.

ganfen stehlen (oben S. 60) Laukhard 1802 Anekdotenb. I, 235; Niebergall 1837 Des Burschen Heimkehr II, 10.

Gang beim Duell 1795. 1813. 1825. 1831. 1841.

gassatim oben S. 41.

Gassenhauer 1795. 1841.

gaudium 1846. — (sich) gaudiren Jobsiade II, 1393 Laukhard 1802 Anekdotenb. I, 228 Eulerk. S. 102 — Emigranten II, 225.

Gedanken: „in —" nicht in Wirklichkeit, nein 1795. 1841.

Gefälle: „ein gutes G. haben" viel auf einmal heruntertrinken können 1831.

Gebaß nasutulus Stieler 1691, vgl. das DWb.; über den Ursprung aus dem 2. Buch der Könige Kap. 5. vgl. Wolfg. Heiderus, De vulpeculis Scholasticis S. 12.

Geige: (einem Mädchen) auf ihre G. streichen futuere Incognito, Der verliebte u. galante Student S. 210. dazu Geige, Haus-, Nacht-

geige meretrix 1846. — geigen futuere Stammbuch v. 1735.

Gelder viel Geld 1831.

Geldtisch in Geld ausgezahlter Freitisch 1781.

Gelehrter bei der Bierfehde 1 Glas 1825. 1831.

Gelenk: „aus dem G. schlagen" 1831.

gemein: in Halle „ein gemeener Kerl" 1795; „ein gemooner Kerl" 1813.

Generaldampf allgemeines Rauchen Hospitium 1747 S. 76. — Generalstallung minctio omnium 1781. 1795. 1841.

gerben vomere 1846; SchnabelsUniv.-Jahre S. 359.

geriren: „sich g." sich betragen 1825.

Geschäfte machen im Spiel gewinnen 1795.

geschliffen: „mit geschl. Waffen" bei der Bierfehde = mit bis zum Rande vollen Gläsern 1831.

geschossen sein verliebt sein 1795; Laukhard, Erzählungen und Novellen I, 257.

gesund klug; tapfer; bei Kasse 1831.

Gevatter stehn im Pfandhaus, versetzt sein 1781. 1813. 1825. 1831. = „zu G. stehn" 1846; auch einfach „stehn" 1825. — Noch „zu Gevattern stehn" Lenz, Hofmeister I, 3. Aber „Gev. stehn" Hospitium 1747 S. 45 und Salinde 1744 S. 167.

Gevatterbude [Halle] Obstbude 1831.

Gevatterin Obsthändlerin [Halle]; in der Anrede der Studenten (Herr Gevatter werden sie wieder angeredet) 1781. 1795. 1841; ältester Beleg für Halle 1749 Der reisende Avanturier II, 482. 483.

gewaschen: „sich — haben" vorzüglich sein Laukhard, Eulerk. 125.

gießen rasch trinken 1831.

Gimpel reicher ungebildeter bornirter Kerl 1831.

Glanz: „sich in den Gl. werfen" [Jena] sich vollkommen in Bier benebeln Laukhard 1799 Mosellaner S. 54. — „mit Gl." famos 1846.

Glas: „die Gläser bh. Fenster einwerfen" 1791 Letztes Wort über Göttingen S. 14.

Gleditchen Blaustrumpf 1746 Gedichte S. 5 = Klaubitchen.

gleich: „die Waffen gl. machen" beim Bierskandal 1831.

glimmern karessiren, liebherzen 1781; Laukhard, Schilda I, 199.

Gnoten 1795. 1822. 1841 = Knoten.

1. Goldfuchs Goldstück Laukhard, Emigranten II, 215.

2. Goldfuchs Fuchs im 2. Semester auf der 2. Universität 1825. — Student im 4. Jahr 1831; aber Student im 1. Semester Mart. Schluck, v. Burschenkomment § 19.

Goldmensch amönes Mädchen 1831.

Gossenrecht in Göttingen 1846; Beytr. z. Stat. v. Göttgn. 1785 S. 164; Schnabel S. 314.

Gotfried 1) Schlafrock modern. 2) Der alte Flaus, Alltagsrock 1846; 3) Kommers= und Hausrock des Burschen 1831. Hauff, Mem. d. Satans 6.

Gottesacker bei der Bierfehde 8 Gläser 1846; Schnabels Univ.-Jahre S. 50.

Grasmücke meretrix 1795.

Grobhaus ein Hasardspiel 1795; Laukhard, Wolfstein I, 355.

grocken Grock trinken Kobbe 1840 Erinnerungen II, 67.

1. Großvater Nachttopf 1749; auch 1747 Hospitium S. 22. 74; 1744 Salinde S. 157. Dafür Großpapa Jen. Stammb. 1762.

2. Großvater Hochzeitsgebrauch den geladenen Studenten die Tänzerinnen zu überlassen Reinwald 1720 Academienspiegel S. 233; Tanzen bei der Hochzeit nach aufgehobener Malzeit Salinde 1744 S. 116. 117.

Grünling Unreifer v. Maltitz 1828 Der alte Student I, 1.

Grütztisch im Hallischen Waisenhaus = Extratisch 1781. 1795.

Gucks 1781 = Jur.

gut was dem Studenten gefällt 1795; gute Morgen gute Groschen 1813. — Guten Morgen Studentengruß in Norddeutschland, der den ganzen Tag gebraucht wird 1846.

Haarbeutel Rausch 1781. 1795. 1841; Laukhard, Eulerk. S. 96.

Habemus Rausch Gaudy, Werke I, 194; nach Sanders auch bei Holtei.

haben: „hat sich was!" ja, richtig! L. Köhler 1843 Akad. Welt I, 45. — „„Sie dankte ihm. „Hat sich nichts zu danken" als Antwort Laukhard, Emigranten II, 223.

hackschen Zoten reißen 1795. 1841. — Dazu Hacksch 1) Zotenreißer 1795. 1841. 2) Zote modern.

Hahn: „ein tüchtiger H." flotter Student 1831; auch Schnabels Univers.-Jahre S. 315. 327; s. Haupthahn, Kampfhahn.

Halbflor Töchter und Frauen von Kaufleuten und Beamten 1822. 1841.

halten: 1) „halt er sich"! 2) „halt" Ruf der Sekundanten auf der Mensur 1831.

Hand: „bei der H. sein" (für einen Tumult) 1749.

hängen ¹) „mit jem. h." im Skandal mit jem. stehn 1831. ²) „hängt" ich nehme an Kobbe 1840 Erinnerungen I, 176.

Hänseln der Füchse 1781.

Härtling harter Thaler Schnabels Univ.-Jahre S. 82.

Hase, Haselant, haselieren 16.–18. Jahrh. vgl. das DWb.

Hasenpanier: „das H. ergreifen" 1795; auch Salinde S. 325; Avanturiers S. 65.

Hauderer Lohnkutscher 1846.

hauen auf den Hieb fechten 1795. 1813. — „übers Ohr h." betrügen 1781. 1795. 1841. — Haukomment 1822. 1841.

Hauer Degen 1765 Der Freymüthige S. 62.

Haupt s. bemoost. — Haupthahn „„ist der größte Ehrentitel, etwa als erster Bursch anerkannt"" 1831; auch bei Heine, Werke III, 16 und Kobbe, Erinnerungen I. 64. — Hauptkerl fast = Haupthahn 1831.

Haus, altes H. freundschaftliche Anrede 1795; „fideles H." 1825; „junges, altes, flottes, fideles H." 1831. — Hausbesen Dienstmädchen im Hause 1831; s. oben unter Besen — Hausbursch Student im gleichen Hause wohnend 1813. 1831. — Hausknecht Rest in der Pfeife Bacheliade S. 84. — Hausknecht — Hausknochen Hausschlüssel modern. — Hausknochen auch = Hausbursch modern. — Hauskommersch kleiner Kommers im Hause 1831. — Hausphilister 1831. 1841. (Schnabels Univ.-Jahre S. 361); Hausphiliströsse 1831. — Hauspuff, -pimp, -pump Kredit im Hause 1813, Hauspump auch 1831. 1841 (s. auch Duhmen).

hausen leben (z. B. in der Kneipe) 1831.

haustικῶ: oben S. 47.

heben trinken; „der hat gut gehoben" ist benebelt 1831; Marianus, Scenen aus d. akad. Welt S. 162.

hebräisch lernen im Pfandhaus sein 1825. 1831. 1846.

Hecht ¹) Unwissender Fischer 1781 Burschiade S. 18; als höhnende Anrede Kobbe 1840 Erinnerungen S. 17. ²) dicke Kneipenluft nach dem Tabakrauchen modern.

Hefte zum Nachschreiben der Vorlesungen 1795. 1813.

Heide: „wie ein H." saufen; auch heidenmäßig (saufen, paufen) 1831.

heimgeigen wegschicken Niebergall 1837 Burschen Heimkehr II, 7.

heimleuchten Irenius 1766 Begebenheiten eines Leipz. Stud. I, 175.

herausbeißen: „den xer Studenten h." der Universität X. Ehre machen Wolff, Naturgesch. d. d. Stud. 128; „sich h." gut wegkommen 1846.

herauskommen: ¹) „dabei ist nichts herausgekommen" es ist kein Anschiß vorgefallen; ²) verraten werden 1825.

herauspaucken: „sich aus dem Verschiß h." 1831.

Herz, Bruderherz trauliche Freundesanrede 1831.

Herzog im Bierstaat 1831.

1. hetzen jem. zum Duell gegen jem. aufwiegeln 1831.

2. hetzen ein unanständiges Spiel beim Hospiz (das nähere ist nicht angegeben) 1747 Hospitium S. 36. dazu Bärenhetze, das nach W. Fabricius ein nicht selten obscönes Vergnügen der Leipziger Studenten auf den Dörfern um 1813 gewesen ist.

Hetzer ("den H. geben") Peitsche 1822. 1825. 1841. Hetzpeitsche[1] beim Reiten, Schlittenfahren 1795. 1831. [2] zum Beschimpfen des Gegners 1781. 1795; Laukhard, Eulerkapper S. 206. — Emigranten II, 220. 221 — Fr. Wolfstein I, 128.

Heupferd borniertes Subjekt 1831.

Heuschrecke Manichäer 1831.

Hieb[1] beim Fechten 1795 ("einen H. geben, beibringen"; "der H. sitzt" 1831). — [2] ein kleiner Trunk Branntewein 1795. 1841 ("einen H. nehmen" Branntewein trinken 1831). — [3] "einen H. haben" betrunken sein 1825.

Hieber Degen 1781. 1795. 1813. 1831. 1841; auch 1786 Beitr. z. Statist. v. Göttingen S. 179 = 'leichter Säbel'; "großer H." Bahrdt, Rindvigius I, 124.

Hiebkomment 1813. — Hiebskandal Duell auf Schläger, Degen oder krumme Säbel 1831.

Himmelreich höchster Sturz im Bierskandal (32 Gläser) 1831.

hinsteigen, hinziehen wohin gehn 1813.

Hirsch Nichtverbindungsstudent 1846; Schnabels Univ.-Jahre S. 312.

hobeln polieren, zustutzen 1831.

hochbeinig[1] (z. B. "h. Zeiten" Laukhard, Schilda II, 146. 151) dürftig, geldarm 1795. 1841. — [2] "er geht h. wie der Frosch im Mondenschein" ist betrunken 1795 (unter klamm). 1841. — Hochbeinige Studenten reiche, wohlhabende St. Laukhard, Schilda III, 253.

Holländer Tabaksche an der innern Wand der Pfeife 1795 (unter Pfeife). 1841; schon 1747 Hospitium S. 76.

1. Holz: "Das ist viel H."[1] teuer, galant, schön, gelehrt z. B. von einem schönen Kleid, einer guten Predigt 1749. — [2] viel von einer Sache 1813.

2. Holz Schläge ("willst du H.?" "Da hat es tüchtig H. gesetzt") 1813; "es hat Holze gesetzt" 1825. Holz — Holze Stockprügel 1822.

holzen schlagen, prügeln (auch abholzen, durchholzen) 1813. 1825. 1831 2c. Stockprügel austeilen 1822. Auch Hauff, Mem. d. Satans Kap. 6. Dazu Holzerei 1813. 1846.

Holzweg ("auf dem H. sein") Irrtum 1813.

honett: "ein h. Bursch", "ein h. Wesen" 1825.

honorich angesehen 1795; honorig ehrenhaft 1822; schon Bahrdt, Rindvigius I, 90; Fischer 1781 Burschiade S. 17.

Hopfenkeimchen Bierfische (Rest von ""Pech oder Schleim, Hefen oder Tabak im Glase"") 1747 Hospitium S. 72.

horizontal: "das h. Handwerk treiben" coire 1831.

Hospes[1] Präses im Hospiz 18. Jahrh. [2] Gastwirt; Hauswirt 1846.

Hospita Gastwirtin; Hauswirtin 1846.

Hospitant (Gast ¹) im Kolleg 1813; ²) beim Kommers 1831. Dazu hospicieren Gast sein ¹) im Kolleg 1813. 1831; ²) beim Kommers 1831.

Hospiz singen beim Kommers einzelne Verse solo herum singen, wobei der Refrain allgemein gesungen wird 1825. 1831. 1846.

hudeln (einen Fuchs) hänseln 1781 (unter hänseln).

hujen stibitzen 1749.

Humpe (vgl. das DWb.) M. F. 1781 — Humpen 1846. — humpen bechern 1846.

Hund ¹) heimtückischer Mensch 1831; ²) Sache von geringem Wert 1795 (unter Katzendreck); „das Mädchen ist kein H." sieht nicht übel aus 1795; Laukhard, Eulerkapper S. 147 — „Das ist unterm H." unter aller Kritik 1825. 1831. ³) Karzer 1831. Daher „auf den H. kommen, bringen" in traurige Umstände 1825. 1831.

Hundsfott Tuschwort 1781. 1831. 1846.

Hundshaare auflegen den Kater durch trinken vertreiben D.Wb.

Husar („das ist ein H.", „er macht einen H.") Wagestück im Kartenspiel 1795.

hutschen nach dem Schmollistrinken ceremoniös die Kleider gegenseitig tauschen mit allem, was in den Taschen usw. ist. Der Hutsch solches Kleidertauschen 1749.

Hut- und Mützenarrest oder „Hut- und mitristitium" Kommentsregel, wonach niemand Hut oder Mütze beim Kommers abnehmen darf 1747 Hospitium S. 35.

Jamm Verruf 1846; 1835 Schnabels Univ.-Jahre S. 104.

Janitscharenmusik die venerischen Krankheiten 1813 (dafür Musik oder türkische Musik 1846).

Jaupe, Jope schlechter Rock 1795 = Jupe 1781.

Jäger Heine's Werke III, 57 = Universitätsjäger Schnabels Univ.-Jahre S. 316: in Göttingen amtlich für stud. Schnurre.

jeuen (oft scheffen gesprochen) spielen 1813. 1831; vgl. das Kobbescheff als Kartenspiel bei Kobbe 1840 Erinnerungen I, 53.

ignoriren 1831.

illuminiert besoffen 1846.

impertinent Tuschwort 1846.

in dulci jubilo leben 1831. 1846.

in silentiis trinken das pro-poena-Trinken eines alten Hauses 1831.

Inventarium alter Student 1795 (unter Kandel).

Instinkt: „der hat einen guten J." einen guten Riecher 1831.

jokhaft, Jok — Jokus, jokos 1831; zu Jux.

Irrsal Irrtum 1781. 1813; „in einem gelinden J. schweben" 1813.

Jubel Freudeleben 1781. 1795; Spaß 1831. — jubeln sich ein Vergnügen machen 1781. 1795. — jubilieren fidel sein 1831.

Juden ¹) „J. haben" Furcht haben 1846. Schnabels Univ.-Jahre S. 320. ²) Nicht-Verbindungsstudenten (in Zürich) 1846.

jung: junger Herr ¹) Fuchs. ²) artiger lieber freundlicher Herr mit der Weste 1749.

Jungbursch Student im 3. Semester 1822.

Junge: „blamirter J." Tuschwort Laukhard, Eulerkapper S. 106 — „dummer J." Tuschwort 1795. 1813; Eulerkapper S. 109 („jem. einen d. J. bringen" für einen d. J. erklären — „einen d. J. schicken", ihn durch einen andern dafür er= klären lassen 1795).

Jungfer wer die Universität verläßt ohne gepaukt, gesessen und losgelegt zu haben 1825 — ohne gepaukt zu haben 1831 und OLB. Wolff, Natur-gesch. d. d. Stud. S. 131.

Jürge Kaffer, bornierter Kerl 1831. Jörg Tuschwort 1846.

Jux (Gucks 1781) Scherz und Spaß 1795 2c.; Laukhard, Eulerk. S. 108. Dazu „Gucks machen, gucksen, aus Gucks" 1781. — gucksen geizig sein, Profit machen; Gucksmacher Wucherer 1781. — Juxier Witzbold 1846.

Kaball [1]) Pferd Salinde 1744 S. 75. 196; eine rotwelsche Bezeichnung. [2]) vgl. Stuben=, Tischkaball.

Kadaver Körper 1831; Schnabels Univ.-Jahre 304.

Kadmusbruder Raufbold? Joh. Chr. König 1781 Akad. Studium S. 161.

Kaffer Bauer, bäurischer Mensch 1831; Tuschwort 1846.

Kalaber Kerl, Bauer (bes. als An= rede) Laukhard, Eulerkapper S. 189. 203 — Schilda III, 71 — Emigranten II. 177. 216 — Fr. Wolfstein S. 89 — Steins Aben- theuer II, 21.

Kalb: „ein K. anbinden" vomere 1781. 1795. 1825 = „ein K. machen" 1795, kälbern 1795. 1825.

Kaldaunenschlucker arme Studenten, die mit schlechter Kost vorlieb nehmen müssen 1781.

Kameel [1]) Nicht=Verbindungsstudent Niebergall 1837 Heimkehr III, 10. Schnabel 312 (in Heidelberg und Freiburg 1846). — [2]) wer kein burschikoses Leben führt; dazu ka= melisiren 1831.

Kampfhahn Schnabels Univ.-Jahre 259. Vgl. Haupthahn.

kampiren [1]) die ganze Nacht über auf und lustig sein. — [2]) bei einem an= dern übernachten. — [3]) auf den Dörfern liegen 1749. — Bedeutung [3]) auch 1749 Der reisende Avanturier II, 57 und Michaelis 1768 Raisonne- ment über die protest. Univ. IV, 171.

Kamuff Kammmacher Niebergall 1837 d. Burschen Heimkehr IV, 1. — Bierkamuff Kellner 1846.

Kanaille: „keine blasse K." kein rother Heller 1813 unter blaß.

kanaillös oft seit Zachariä, Renom- mist I, V. 100. 196.

Kandel — Kandeel Kandidat, Student nach dem 4. Semester 1795. 1831 (auch Mordkandeel).

kannibalisch 1846. — Goethe, Faust I, V. 2293.

Kanone: [1]) „die völlige K." Betrunken= heit Laukhard 1810 Steins Aben- theuer I, 192. — [2]) große Bierflasche Laukhard, Emigranten II, 260; 1747 Hospitium S. 66.

Kanonen Reiterstiefel von gebranntem Leder 1813. 1831; steife Stiefel bis an die Hälfte der Oberschenkel 1825. Kanonen und Stürmer 1816 Geist des Studentenlebens bes. in Jena S. 29.

Kanonenrecht (Professor für —) kanonisches Recht 1846; „Kanonen-R." 1825; gleichbed. Kanonikus, Kanonenprofar 1846.

Kanonenstiefel v. Maltitz 1882 Der alte Student I, 1.

Kapitolium Kopf oben S. 33.

kapores: „k. gehn" 1846.

Karambolage hdschftl. um 1820.

Karbatschenstile scheißen sehr furchtsam sein 1795.

karlauzen faulenzen 1781.

Kartell Schutz- und Trutzbündniß („in Kartell mit jem. stehen") 1795. 1822. 1825. 1831; Sarcander 1710 Amor auf Univ. S. 41.

Kartellträger 1831.

Karzer: Carcer 1749. 1831. — Karzerfritz Karzerwärter 1831.

Kasten Kopf, Sinn („etw. im K. haben") 1846.

Kastrollbursch plumpes ungeschicktes Mädchen (fast = Küchenschämel) 1831.

Kasus 1846; „das ist mein casus" so meine ich es, das ist recht für mich, Sie haben es getroffen 1749. Kasus Goethe, Faust I, V. 1324; Gaudy, Werke I, 168.

Kater Katzenjammer: vor 1850 unbelegt. Dazu in Laukhards Autobiogr. I, 240 „besoffen wie ein K."?

Kattunbesen Dienstmagd 1846 (s. Besen).

Katz halten stehn bleiben Salinde 1744 S. 102.

katzab? Gaudy, Werke I, 202.

katzbalgen: „sich k." sich schlagen 1781.

Katze etwas schlechtes, gemeines, gewöhnliches („das ist keine K.") 1749. — „unter der K. sein" stärker als „unterm Hunde sein" 1825; = unter allem Luder 1846.

Katzendreck Geringwerthiges: „mein Geld ist doch kein K." 1795.

Katzenjammer: „einen furchtbaren K. haben" 1813. 1831; ältester Beleg Wichmann 1768 Antikritikus S. 602 („Es giebt eine Krankheit des Leibes, die zuweilen unglückliche Menschen mit den Katzen gemein haben und die deßwegen der Katzenjammer genannt wird usw."); Brentano 1815 Gründung Prags S. 439 macht über das Wort die Anmerkung „ein Name, mit welchem die vollen Brüder die Nachwehen der Trunkenheit bezeichnen"; H. Heines Werke I, 132. 411. Vgl. Moralischer. Kater ist in diesem Sinne bis 1850 noch nicht nachgewiesen.

Katzenmusik 1846; dafür im 18. Jahrh. Spottmusik Schreiber, Gesch. d. Univ. Freiburg; Poltermusik 1749 Der reisende avanturier II, 488.

Katzennebeln eine Art die Füchse zu quälen Leo 1836 (Akad. Monatsschr. IV, 286).

Katzenschinder, Katzianer s. oben S. 16. 45.

kaufen: „ich habe mir einen gekauft" (oder eenen gefooft) über den Durst getrunken 1831.

käuflich erzielen kaufen 1813.

kaut vorsichtig, verschmitzt („ein kauter Kerl") 1831.

Kavalkade Burschenaufzug zu Pferde 1831.

Kehrbesen Dienstmädchen Gaudy, Werke I, 219. Vgl. Besen.

kehren: „der kehrt, wo er hinkommt" macht überall reine Bahn, ist ein gefährlicher Gegner 1831.

Keil (Halle im Waisenhaus) Stück Brod 1795.

Keile beziehen Schläge bekommen (meist „tüchtige, fürchterliche K.") 1831.

keilen kaufen; schlagen 1831.

keilen ¹) kaufen. ²) im Spiel mehr bieten. ³) prügeln 1795. — ⁴) erhaschen, erlangen (oft per nefas) 1813. — ⁵) 'ankommende Studenten abfangen' ist neuerer Wortgebrauch nach 1843 Züge u. Zustände aus dem Erlanger Studentenleben S. 51; L. Köhler 1843 Akadem. Welt I, 38.

Keilhaus Leihhaus 1795. 1813.

Kerl (Pl. Kerls schon in Zachariaes Renommist) im guten und bösen Sinn: „ein lieber, dummer, schlechter Kerl" 1795.

1. Kessel das Hallische Waisenhaus; Kesselaner seine Bewohner 1795.

2. Kessel Mucker Mart. Schluck, v. Burschencomment § 12.

Ketzerhistorie Kirchengeschichte 1825. 1831.

Kies Geld, Gelber 1831.

kippen: „einen k." ein Gläschen trinken 1831.

klaffen von Wunden 1813. 1831.

klamm sein kein Geld haben 1781. — klamm dürftig („klamme Zei-

ten"); dazu Klemme („in der Kl. sein") 1795.

Klauditchen (oben S. 17) Häscher; vgl. das DWb. unter Clauditchen und oben unter Glebitchen.

Klepper starkes Mietpferd 1831.

klemmen stehlen (von erlaubtem Ausführen) 1795. 1825; genauer „Sachen von nicht großem Werte unbemerkt mitnehmen" 1831.

Klinge: „eine (gute, schlechte, feine) Kl. führen" schlagen 1813. 1831. „eine gute Kl. schmeißen" gut schlagen; „einen vor die Klinge friegen" 1825.

klistiren pressen (um eine Buttelje Wein, um ein Essen, um eine Schlittenfahrt) 1749.

Kloben lange Pfeife 1846; Niebergall 1837 Des Burschen Heimkehr II, 2.

kloben unfein, stark drauf loshauen beim Duell 1813. 1831; dazu einkloben = „klobig einhauen" 1813.

Kloß: „„Klöße sind die dummen Kerrels, die immer in die Kollegia laufen, sich den Kopf zerbrechen, Petitmäters und Pedanten werden"" im Ggs. zu den braven Burschen 1749. — („das ist ein rechter Kl.") dummer, einfältiger Mensch 1781. „alles was nicht Bursche ist" 1757 Niemand S. 57. 112. 133. 153.

klotzen bezahlen 1781, viel zahlen 1831 (auch Laukhard 1800 Erzälungen u. Novellen I, 245); von alten Schulden und gerichtlichen Strafgeldern 1795.

klotzig grob, unhöflich 1781; stark, viel, groß 1795.

Klüftchen Rock, Anzug 1795 (unter Jope); schon 1793 Philipp Dulder I, 87 und Laukhard, Schilda I, 342; nach dem DWb. eigtl. Kluft = jüd. khalif 'Kleid'.

Klunkern Gelder 1749.

knallen futuere 1781. 1795. 1846; dazu knallende Explosionen Laukhard 1802 Anecdotenbuch I,88.

Knallhütte lupanar Laukhard 1798 Schilda III, 63; es ist nach Kleins Prov.-Wb. 1792 pfälzisch.

Knarre (= Quarre) Bahrdt 1790 Leben etc. des Pastor Rindvigius I, 212.

Knaster [1]) guter Rauchtabak 1781. 1795. [2]) altes Buch 1795.

Knasterbart ("ein alter Kn.") 1781.

Knaul: "besoffen wie ein Kn." 1831; knaul = knüll 1831.

Knauser Geizhals 1795.

kneifen transf. (auch "etw. jem. ab-kneifen") jem. durch Zureden dahin bringen, daß er Geld oder Geldes-wert hergibt 1795.

Kneipe [1]) geringere Bierschenke 1781. 1795. — [2]) Wirtshaus 1813. 1822. 1831 (bes. Verbindungskneipe). — [3]) Zimmer, Bude 1813. 1831; schon 1793 Phil. Dulder I, 80 (für Witten-berg); "jem. auf die Kn. rücken" jem. besuchen 1813. Auch Hauff, Mem. d. Satans Kap. 6. — Für Bedeutung [2]) in Erlangen vielmehr Kommershaus 1835 Schnabels Univ.-Jahre S. 234.

kneipen [1]) im Wirtshaus sein 1795. 1813. 1822 2c. [2]) herbergen, logiren Schnabels Univ.-Jahre S. 80. — Kneiperei lustiges Leben 1813.

Kneipgenie wer gern kneipt 1813; ebenso Kneipier 1813. 1831.

Kneipier Gastwirt 1822. 1831. 1846.

Kneipwart als iron. Bezeichnung Schnabels Univ.-Jahre S. 36.

Kniff [1]) Studentenstube, Bude 1822; [2]) feinere Kneipe 1831; auch Heine, Werke II, 58. [3]) Kreuzer 1846; hdschftl. um 1830; Schnabels Univ.-Jahre S. 362.

Knifftheologie 1831 (S. 115) wohl verdruckt für Kniffeologie (oben S. 12) Kenntniß der Kniffe u. Schliche.

Kniffgenie wer alle Kniffe und Pfiffe kennt 1793 Philipp Dulder II, 118.

Knicker Geizhals 1795 (unter Knauser).

Knill Fleisch, Braten 1846.

knill, Knillität s. knüll.

Knittelkomment 1822 = Knüppel-komment.

Knobel Würfel — knobeln würfeln 1813.

knöcheln in Halle würfeln 1795 (unter abpaschen); auch in Göttingen 1781 Beitr. z. Statistik v. Göttgn. S. 205; Laukhard, Fr. Wolfstein I, 134.

Knochen [1]) gemeines Mädchen (s. DWb. Knochen 5) 1795; Lauk-hard, Emigr. II, 167 als Anrede an eine Schenkwirtin. — [2]) Kerl ("ein fideler Knochen") Studentenwitze 1859 S. 58. [3]) jeder größere Schlüssel (z. B. Haus- und Stubenknochen) modern.

knollig grob, ungesittet 1781. 1795.

Knöpfe: [1]) "Kn. haben" Geld haben 1825. 1831. 1846. "Kn. springen lassen" Geld verschlagen 1846. —

²) „Kn. machen" die Cour machen Laukhard 1798 Schilda I, 218.

Knoten Gnoten Handwerksgesellen 1781. 1795. 1831 (auch = unanständiger Philister 1831); die Buchdruckergesellen sind ausgenommen nach Laukhard, Schilda I, 80 — Eulerk. 69). — knotig dem Studenten nicht ziemend; „knotiges Geld" viel Geld 1795. — gemein, ordinär 1831. — Knotenwitz plumper Witz 1781.

Knoteska Menge Knoten (z. B. „es war viel Kn. in der Kneipe") 1831.

knuffig tüchtig, gehörig 1839 Studentenwitze S. 31. 93.

knüll, Knüllität 1825. 1831 (auch „ein knüller Kerl" ein originelles Subjekt). Knüllität Schnabels Univ.-Jahre 164.

Knüppel Handwerksgesellen, Lehrjungen 1781 unter Bursche.

Knüppeladjutant die unterste Charge Fischer 1781 Burschiade 57.

Knüppelkomment Prügelei 1813 (unter Hiebkomment) = Knittelcomment Gebrauch sich mit Stöcken zu prügeln 1822. 1831.

Knüppelrenommist Bramarbas 1831.

Kober Liebhaber; „ein nasser K." ein Liebhaber ohne Geld 1831.

Kochlöffel: „jem. über den K. balbieren" als stud. Laukhard, Schilda I, 128 — Fr. Wolfstein I, 74; auch bei Vollmann 1846.

Kofmich Kaufmann modern.

Kohl Unsinn 1846; schon Bahrdt 1790 Autobiogr. I, 250; Laukhard, Fr. Wolfstein I, 89.

kohlen „viel durcheinander sprechen, ohne Absicht und Zusammenhang reden" 1781; unnütze Weitläufigkeiten im Vortrag machen (auch „er macht vielen Kohl") 1795.

Kolibri kleiner Kellner Heine Werke III, 19.

Kollegia Vorlesungen 1781. 1795; s. schwänzen.

Kollée die innere Seite an der Bande beim Billard; „der Ball steht Kollée" 1795. — „Kollée schleppen". ¹) den Ball nahe an die Bande setzen 1795. ²) auf den Karzer bringen (v. d. Häschern) 1749. 1831. 1795. „Colé liegen ist ein Wittenberger terminus: wenn einer kein Geld hat, so sagt man, er liege colé; heißt auch soviel als krumm liegen" 1745 Auf der Extrapost eingelaufene etc. Nachrichten S. 70.

Koller („in K. und Kanonen") die gelben Lederhosen des Studenten en Wichs 1846.

Kollet Schnürrock, Pekesche 1830.

Kollet stoßen 1781 = aufs Kollet stoßen 1795 beim Fechten jem. in die Enge treiben. — Zu Kollette steigen jem. Vorwürfe machen 1795. — „auf das K. kommen" zu Dach steigen 1831.

Kolloquium beim Kommers 1825. 1831.

komisch Tuschwort 1813 Göttgr. Student S. 107.

Komitat Geleit für einen abgehenden Mitburschen bis zum nächsten Dorf resp. Poststation 1813. 1831; Laukhard, Eulerk. S. 127. — komitiren das Geleit geben 1813. 1831.

kommandiren bei Duellen und bei Bierfehden 1831.

kommen: „einem etw. k." vortrinken modern; vgl. DWB. V, 1680.

Komment Gesetze des Burschenlebens 1795. 1813. 1831 (bes. Duell=, Bierkomment); „ein trauriger, nasser Komment" eine unanständige Lebens= art, schlechte Gewohnheiten, häßliches Betragen; „es ist ein nasser Komment unter ihnen", „er hat einen nassen Komment" bösen Umgang und Ver= kehr 1795. — Studentenbrauch 1822. — „den Komment wissen oder ver= stehn" sich zu nehmen wissen Campe 1813. — Kommentreiterei Schna- bels Univ.-Jahre S. 104.

Kommersch Kommers 1781. 1795. 1813. 1831; dazu kommerschiren 1781. 1818. 1831. Kommersch= bruber wer an Kommersen sein einziges und größtes Vergnügen hat 1795. — Commerce, Commerce= bruber Campe 1813.

Kommerzienräthin die mit jungen Mädchen ein Kommerzium macht 1795.

Kommilitonen schon oft 1744 Salinde S. 151; Reinwald 1720 Acade- mienspiegel S. 117.

kommun („eine kommune Wirtschaft") gemein, niederträchtig 1813. 1846.

koncediren bei der Bierfehde 1831.

Concilium consilium das akademische Gericht 1813. 1831 (in Leipzig Konzil).

Kondition Kaffeegesellschaft (auch Hauslehrerstelle) 1795; oft bei Lauk- hard (s. oben S. 27).

König im Bierstaat; Fuchskönig Fuchsmajor 1831.

Consilium Straferkenntnis, Stadt und Stadtgebiet auf 2 Meilen in der Runde in 24 Stunden zu räumen; consiliren das Konsilium geben; „das Consilium unterschreiben" eine mildere Form der Strafe 1813.

Konstitution Gesetze einer Verbindung 1831.

kontrahauen beim Fechten (Vgl. „Lektion hauen") 1795. kontra= rufen, kontrawetzen bei einer Rempelei einem der ruft oder wetzt (bes. noch in Rinteln) 1749.

kontrahiren mit jem. 1831. 1846; dazu Kontrahage 1846.

Konvent Zusammenkunft um gemein= nützige Gegenstände abzuhandeln und zu bestimmen 1813. 1831.

Konvikt in Leipzig 1831.

Konvivium Kneiperei 1841.

Kopfhänger Mucker.

Kopfstück (auch Köpfchen) 24 Kreu= zer 1835 Schnabels Univ.-Jahre S. 100; s. das DWb.

koram nehmen zur Rede stellen 1781 = koram kriegen 1813 (auch Bahrdts Autobiogr. 1780 S. 79 = koramiren 1781. 1795. 1825. 1831 2c. (auch Laukhard, Schilda I, 156; Jobsiade II, 15); heraus= fordern 1781. Dazu Koramage Nachfrage durch einen dritten ob etw. habe beleidigen sollen 1822. 1825 (unter stürzen). 1831 (unter curios).

Korb Studentenstube 1846; modern. — „jem. den K. aufspielen" Katzen= musik machen 17. Jahrh. (in Schreibers Gesch. d. Univ. Frei- burg II, 453).

Kornelius Kater 16/17. Jahrh. vgl. Reinh. Köhler, Zachers Zs. I, 452.

Korps (zuerst als Chor jede landsmannschaftliche Verbindung 1831) als Bonner Wort in Bonner Verbindungsstatuten 1826—1829 zuerst auftretend. Dazu **Chorbursch** 1831 = **Corpsbursche** 1846. Ob eigtl. identisch mit **Studentenchor** Studentensitz in der Kirche Reinwald 1720 Academienspiegel S. 417?

Kostphilister Speisewirt 1846. Schnabels Univ.-Jahre S. 361. Dazu **Kostphilistresse** 1846.

Kotze vomitus, **kotzen** vomere 1831.

Köter Studentenhund Pistoriade.

Krakeel: „die Mütze auf K. tragen" schief, auf dem rechten Ohr 1846. **Krakeeler** wer auf Duelle ausgeht 1831.

Kramtsvogel meretrix Hunold-Menantes 1710 satir. Roman d. gal. Welt S. 57. — Eine andere Bedeutung im 16. Jahrhundert s. oben S. 52.

Kränzchen stud. Verbindungen an Stelle der Orden 1785 Beytr. z. Statist. v. Göttgn. S. 207.

Kränzianer Verbindungsstudenten, Mitglieder eines Kränzchens, einer Gesellschaft oder Burschenschaft 1822. 1825. 1846. — Oft bei Laukhard; vgl. oben S. 11.

kraß unpolirt, rauh Fischer 1781 Burschiade S. 19; einfältig, hölzern („ein kr. Benehmen," „eine kr. Idee") 1813; dazu **Kraßheit** 1813 und Laukhard, Eulerk. S. 111. — **krasser Fuchs** Fuchs im 1. Semester 1825. 1846. — **krasser Philister** Th. Körner 1812 Nachtwächter 4.

Kravatte: „einen unter die Kr. setzen" ein Gläschen trinken 1831 (unter pfeifen).

Krawall 1846.

kreiden eine Zeche anschreiben Fischer 1781 Burschiade S. 7.

krepieren sterben; „in den Schuhen kr." ohne Einvernehmen mit den Gläubigern weggehn 1795.

kreuzfidel sehr vergnügt 1846.

Kreuzphilister Schimpfwort bei Laukhard 1798 Schilda I, 142.

Krippe in Breslau der kgl. Freitisch 1831.

Kritik: „unter aller Kr." 1846.

Kroten: **Croten** Philister, Bürger Reinwald 1720 Akademienspiegel S. 153; s. oben S. 13.

Krummer („auf Krumme erg. Säbel losgehn"), auch **Krümmling** 1831.

krumm liegen ohne Geld sein 1745 An der Extrapost eingelaufene Nachrichten S. 70; Studentenwitze 1839 S. 88.

kuerviren (Geld) durchbringen Musander 1709 Studenten-Regeln S. 27.

Kuchenprofessor Kuchenbäcker, der zugleich Liqueurs und Konfituren verkauft 1781. 1795; Kuchenbäcker 1825 1831 2c.

Küchenschämel Köchin 1831.

Kuhschwoof niederes Tanzvergnügen 1831. 1846 (älter in Halle **Kuhschwanz** 1831); auch Schnabels Univ.-Jahre S. 139. 257.

Kümmel Lebensmittel 1822. 1841.

Kümmeltürke Student aus der Nähe von Halle gebürtig 1781. 1795. — Student dessen Heimat nicht über 2 Meilen entfernt ist 1813. 1822. 1831. Th. v. Kobbe 1840 Humor. Erinnerungen II, 171 giebt an, K. sei in Kiel, wer dort absolvire ohne eine andere Universität besucht zu haben. Türke wird neuerdings als crepitus ventris in der Pennäler-sprache gebraucht; vielleicht steckt dies eigtl. in der Zusammensetzung.

kühn "alles was sich etwas über das Gewöhnliche erhebt (eine kühne Idee)" 1813.

Kuhpapa Ochse Bahrdt 1790 Rind-vigius S. 31.

kuranzen, Niebergall 1780 Des Burschen Heimkehr III, 11; auch DWb. kuranzen durchprügeln 1781.

kuren, couren (bei den Professoren) Aufwartung machen in Göttingen Zs. d. Harzvereins 22, 423; Heun 1792 Vertraute Briefe II, 80.

kurios ein Tuschwort 1831.

Kurlemurlepuff oben S. 28.

Kurri-Murri (ein Wort aus dem Mopsorden?) zuweilen = baar Geld 1749.

küssen: "ein Quartier zum k." eine feine Bude Hippel 1779 Lebensläufe II, 122.

kussibilis oben S. 37.

Kutsche: "couche — recouche — contrecouche" als Beleidigungen bei Mart. Schluck § 12.

Kutscher: "er hat Karten wie Schau-felhuts K.", "mit diesen Karten spielt Schaufelhuts K. auch" vom Glück im Kartenspiel 1831.

Labaschke Bierkrug, Waffe 1616 Jus Potandi § 9. 41.

Ladenschwengel (Ladenschwung) 1831; Gaudy, Werke I, 218. Da-für Ladenschwanz 1839 Stu-dentenwitze S. 7.

lahm: "dies ist eine l. Sache" sie hat einen Haken 1831.

Landesvater 1779 Der deutsche Stu-dent S. 18: ein bestimmtes Kommers-lied, bei dessen Absingung der Hut mit einem Degen durchstochen wird 1781. 1795. 1813. 1831. Vgl. Zachariaes Renommist I, V. 305.

Landsmannschaft Verbindung aus Studenten des gleichen Vaterlandes 1781. 1795. 1831 (das Mitglied ist ein Landsmannschafter).

1. Lanze: "eine gute Lanze, zum Ringelrennen nicht bequem" obsc. 1745 Auf der Extrapost eingelaufene usw. Nachrichten S. 26. "L. brechen" im Venusritt futuere 1749 der Reisende Abanturier II, 59.

2. Lanzen best. Gläser 1825. höl-zerner Pokal aus Jena 1831. "eine L. brechen" als Bierskandal 1831.

Lappen: "durch die L. gehn" fliehen, ausreißen 1757 Niemand S. 159. — Niebergall 1837 Des Burschen Heimkehr II, 10.

läppisch ungereimt, einfältig 1781. 1795.

Lätizel Suite, Streiche (in München) modern.

lauern sehnlich erwarten; beim Fechten sich decken und eine bequeme Ge-legenheit zum Hieb oder Stoß ab-warten 1795.

Laus: "keine L." nein, gar nicht modern.

Laus-Deo Rechnung 1795; allgemein 17.—18. Jahrh, z. B. Laukhard, Erzählgn. u. Novellen I, 223.

Laxierpille (in Gießen) = Drasticum bei Laukhard z. B. Autobiogr. I, 180.

Leder: „von L. ziehen" blank ziehen 1781. — „zu L. steigen" 1795. 1831 oder aufs L. rücken 1795 schlagen, hart zusetzen. — aufs L. saufen stark zutrinken; ausledern durchprügeln 1795.

ledern naß, thcet, traurig, erbärmlich, ennuyant 1831; Fischer 1781 Kom. Burschiade S. 16; „lederner Salbader" nach Büchmann schon 1591 in Hans Clauerts Historien Nr. 59.

Lehrgeld geben beim Spiel, das man noch nicht recht versteht 1795.

Leib: „auf dem Leibe haben" [1]) bemittelt sein, [2]) Herz haben, Verstand besitzen 1749.

Leibbursche 1846.

Leibfuchs Fuchs, den ein Altfuchs einschlägt 1825. Fuchs, der dem alten Haus kleine Ehrendienste besorgt 1831.

Leichnam Offizier, Militär 1846.

leichtsinnig lustig; auch wer unbedachtsam Credit gibt 1831.

Leidtragender Freund und Liebling eines Todten im akademischen Leichenzug (von 2 chapeaux d'honneur geführt) 1795.

Leimsieder Nichtverbindungsstudent; leimsiedern ochsen 1846.

Lektionhauen beim Fechten gewisse Hiebe in festgesetzter Ordnung nach einander hauen 1795.

Ler Lektion Lenz, Hofmeister I, 4.

Licht [1]) „er ist ausgegangen wie ein L." hat sich ohne Tilgung der Schulden davon gemacht; [2]) „L. weg" Auf 1749. — „wie ein L. verschwinden" wegen Schulden plötzlich exkneifen 1831.

Ligade das regelmäßige aus der Hand schlagen des Schlägers des Gegners; dazu ligiren 1822.

Linsen: „christliche L." Geld; „mit etlichen chr. L. helfen" Bacheliade S. 24; Studentenwitze 1839 [2] S. 11. 54.

listig einfältig, schwach („ein l—er Kerl") 1749.

Litteratur Student der Philosophie? bei Laukhard, Emigr. II, 167. 295.

loca: ad loca beim Kommers 1831.

Loch: „Löcher in den Leib fragen" viel fragen 1813; „wie ein Loch saufen 1831.

Löffel Tölpel, dummer einfältiger Mensch 1795. — „über den L. barbiren" 1795. Vgl. Kochlöffel.

löffeln: „sich l." O. L. B. Wolff [3] 56.

los Kommando beim Duell 1831.

losgehen sich schlagen; „losgehen auf Säbel Schläger" 1831.

los haben (z. B. viel, die Pandekten) wissen; los kriegen lernen; loslassen (z. B. einen Witz, einen Satz) zum besten geben 1813.

loslegen futuere 1825.

losmachen einen Zweikampf bestehn 1822.

losschießen anfangen v. Maltitz 1828 Der alte Student II, 2; Wilh. Schröder, Studenten u. Lützower I, 4.

losschlagen verkaufen 1770 Begebenheit mit einem Gött. Stud. auf Plesse I, 182.

los sein Mensur haben Köhler 1843 Akadam. Welt I, 77.

Lovis Louisd'or 1813.

Luder [1]) („Schweinel., Schafl.") Fleisch; [2]) Pferd; [3]) meretrix Laukhard 1798 Schilda I, 192. —

„im L. sein" lumpfen Stoppe II, 179 „im L. liegen" faufen 16. bis 17. Jahrh. vgl. DWb. — „unter allem L.", „unterm L." „unter der Kaße" 1846 — „unter dem L." 1831. — „ein fideles L." lustiger Kerl 1795.

ludern — ein Luderleben führen liederlich leben 1795.

Luderpech großes Unglück Eulerk. S. 120.

luderös unangenehm 1831; sehr. stark Laukhard, 1798 Schilda I, 33. 192.

lukriren gewinnen 1795.

lumpen: „sich nicht l. lassen" Gaudy, Werke I, 174.

Lumpenhund nichtswürbiger Kerl 1831.

sich lumpen lassen thun als wenn man arm wäre um eine Geldaus= ausgabe zu vermeiden 1795; filzig= farg sein, wenns auf Ehre an= kommt 1781. — Gaudy, Werke I, 174.

lumpig schlecht 1831; Laukhard Schilda I, 302.

Lutherium Sopha? Kinderling 1795 Reinigkeit d. d. Spr. S. 195.

Lungenhieb ¹) starker Hieb 1795. ²) Verweis, Satire 1781.

luxen, luchsen (auch ab=, be=) ab= schwatzen, abstibitzen 1781. 1795. — Luxbruder Betrüger 1781.

Sc. Macedonianus: „der hartherzige Papa besteht (beim Schuldenmachen des Sohnes) aufm Sct. Mace- doniano" 1793 Phil. Dulder S. 93. Macedonier = Jude, Maßenesser?

Magnificus Titel des Rektors oder Prorektors 1831.

Mahnbürger 1831, Mahnbengst 1846. -- Manichäer.

Malice kleine Bosheit („M. auf jem. haben"); „sich mit der M. brücken" sachte, geräuschlos weggehn; mali= ciös häufig im Scherz 'hinterlistig' 1813. — „mit Malice treten" 1831.

malitiös gerieben, durchtrieben 1831; Tuschwort 1846; Eulerkapper S. 187.

Malitiöfer eine Steigerung des Rappierjungen 1825; s. auch Stulp.

Manichäer Gläubiger 1749. 1781. 1795. 1822; schon bei Stoppe 1728; mahnen ist stud. manichäern 1831 = manichiren 1795.

Mannschaft: „junge M." die neu= angekommenen Studenten 1795. (unter Zuwachs).

Manschetten Furcht (z. B. „bar= barische M.") 1813. 1846; Lauk- hard, Schilda I, 302 — Euler- kapper S. 147. „Die M. zittern ihm" er ist erschrocken Fischer 1781 Burschiade S. 16; in manschettis in Angst 1846. — Manschetär Feigling modern; Manschettier Tuschwort 1846. Manschetten= junker Onanist 1781. 1795.

Mappe Kollegmappe 1795. 1813.

Markus Marför, Kellner in Wein= oder Kaffeehäusern 1781. 1795; auch Harring 1831 Faust S. 76. 96; Koch u. Köhler 1843 Jubilar- Album d. Univ. Erlangen S. 5.

Markusbrüder Bäckergesellen 1846.

sich markiren sich auszeichnen 1813. 1822. 1825. 1831.

Marschall bei Fackelzügen und Leichen= begängnissen 1831.

massiv plump, derb Salinde 1744 S. 157. Niebergall 1837 III, 11.

Maulesel Student vor der Immatrikulation 1822. 1831 = Maultier Kobbe 1840 Erinnerungen 1, 2.

maulschelliren öfters bei Laukhard z. B. Schilda I, 142. 147 — Autobiogr. I, 105.

Meisen (Meesen, Stadtmeisen, Mösen) Stadtsoldaten in Leipzig 1831; oben S. 51.

Mensch N. (Plur. Menscher und Menschenkinder 1781) niedriges Frauenzimmer 1781. 1795. 1831.

Mensur Distanz zwischen den Fechtenden („M. nehmen") 1813; auf der M. stehn 1822. 1825. 1831.

merken: „laß Dir nichts merken" sei ruhig oder Du hast Unrecht 1795.

merklich sehr (z. B. „m. betrügen, m. größer") 1813.

merkwürdig Tuschwort 1813 Göttgr. Stud. S. 107.

Mesen, Stadtmesen in Leipzig die Stadtsoldaten 1831; s. Meisen.

Messe = Saufmesse 1831.

Meuble, meuble meretrix Irenius 1766 Begebenheiten eines Leipziger Studenten S. 241; 1779 Der deutsche Student ein Trauerspiel S. 5, 12, 19. — Lager - Meuble meretrix 1749 Das Luft-Schloss S. 51. — Dazu „Hof-, Hausmöbel" 1846 und „er hat ein sehr gefälliges Ameublement" 1846; Möbel obstinates naseweises Mädchen 1831.

Miez meretrix 1781. 1795.

militiren: „die Präsumption m." den Schein erwecken sollen 1793 Phil. Dulder S. 117.

Minilam (Monogramm?): „Das M. der Pfeife ist schön" Harring 1831 Faust S. 77.

Minken allgem. Benennung der Bürgermädchen 1822; Marianus 1832 Kom. Scenen S. 152.

mischen spielen (bes. Hasard) 1831.

miseriam schmelzen elend leben Menantos; oben S. 30.

Mist Verlegenheit, traurige Situation 1781. 1795. — auf dem M. sein in Geldverlegenheit sein 1781 (auch Laukhard 1798 Schilda I, 5 — Eulerk. 147). — er ist auf dem M. es ist aus mit ihm — er kommt auf den M. es wird ihm übel bekommen; auf dem M. krepiren elendiglich sterben 1795. — „M. ausführen" Dummheiten schwatzen 1846.

Mistfinken Bauern Jobsiade II, 2679.

Mistiker Agronom OLB. Wolff Naturgesch. d. d. Stud. ³ S. 64.

mißfidel unlustig; dazu Mißfibelité 1813.

mitgehen heißen stehlen 1825.

Mitkneipant 1846; Schnabels Univ.-Jahre S. 37.

mitleidige Schwester = barmherzige Schw. 1769 Gesch. d. Götting. Studenten II, 202. S. Schwester.

Möbel = meuble.

Modejournal, Modeknacke als beleidigende Anreden v. Maltitz 1828 Der alte Student II, 2.

mogeln beim Spiel betrügen 1795. 1813. („er mogelt sich) etwas zusammen" 1795) 2c.; auch Fischers Burschiade 1781 S. 34. — Mogelei Betrügerei; „M. zieht" feiner

Betrug gilt 1813. — **Mogeler** Betrüger im Spiel 1795.

1. **Mohren** in Jena arme Knaben, die als Laufburschen für die Studenten Ausgänge besorgten Goethe, Tag- und Jahreshefte 1804. Auch in Jenischen Stammbüchern (Keil, Jen. Studententum S. 236).

2. **Mohren** haben sich fürchten (auch „bedeutende M. h.") 1813; Schnabels Univ.-Jahre S. 110. 176. 304. 320. Nach Sanders = hebr. mora Furcht.

mollig 1831.

molum: „er ist m." besoffen 1825. 1831. 1846. — Laukhard, Fr. Wolfstein S. 50.

Mompiß Blech, Unsinn („mach doch nicht solchen M.") modern.

Monarchen Gelder 1846.

Moneten Geld, Baarschaft 1781. 1795. 1813. 1831. 2c. („er hat flotte M." 1795; „er hat ochsige M." 1813). Belege für Moneten Laukhard 1798 Schilda I, 5 — Eulerk. S. 16.

Moos Geld 1846. OLB. Wolff Naturgesch. S. 53.

Möpse Geld 1749 (Schächerwort). 1846.

Moralischer erg. Katzenjammer 1831.

Mordkandeel Kandidat der in's Examen geht 1831.

Mordkerl Hauptkerl 1831.

Morgen Studentengruß während des ganzen Tages 1846.

mortalisch mörderlich (z. B. schimpfen) Eulerkapper 109. 231.

Mosemattum Handel Laukhard 1802 Anekdotenb. I, 46. 50.

Mosen haben Geld haben 1795.

Moses Neutr. (Geld: „das M. wird fehlen" Laukhard 1799 Fr. Wolfstein I, 135.

Moses und die Propheten Geld 1795; Laukhard 1800 Erzälungen u. Novellen I, 273 — Eulerkapper S. 138. Schilda I, 380).

mucken prügeln, mores lehren 1813.

Mucker nach Gombert schon bei Günther († 1723) und Neukirch 1727 bezeugt, sollen nach G. Frank, Gesch. d. protest. Theologie II, 148 zuerst in Jena die Zuhörer des pietistischen Professor Buddeus (1705—1729) genannt worden sein. — Kloß; Pietist 1749. — Stubenschwitzer, philiströser Student 1781. 1795; „ein Hallisches Leibwort" Leber. Blaustrumpf 1746 Vier possirl. Ged. S. 4. Belege für 'Pietist' 1745 Erzählungen zweyer Musensöhne S. 60; 1776 Briefwechsel dreyer akad. Freunde I, 69 (auch Keils Stammb. 1739. 1745 S. 206. — Mucker gewichtiger Bursch, der durch sein Auftreten und Zureden andere beschwichtigt 1831.— Dazu muckern fleißig studiren 1781.

Die **Munteren** Würfel; die M. rühren würfeln 1813.

Münzen Geld 1795.

Murlepuff oben S. 28.

Muse ¹) Student 1822; Laukhard 1798 Schilda I, 192; zuerst höchstl. in Halle 1727 Hallischer Universität angeschlagene Pasquinische Begebenheiten; Hospitium 1747 S. 16. 41. ²) in Halle Miethpferd 1781. 1795; Laukhard, Schilda I, 192.

Musensohn allgemein im 18. und 19. Jahrh.; zufrühst für Wittenberg bei Megalofidus 1678 Herzensprungenes Freudenecho, so denen edlen vier Musensöhnen Fürst Apollinis 2c. (auch S. 10): Musander 1709 Notwendige Studentenregeln S. 132. Gebucht 1691 bei Stieler.

Musik s. Janitscharenmusik und Katzenmusik.

Mutterfäßchen Bier s. das DWb. und „eine Herzstärkung aus dem M." Bretzner 1790 Das Leben eines Lüderlichen S. 363.

Mutterpfennige ¹) „alle außerordentlichen Wechsels" 1749. — ²) Geld von der Mutter ohne des Vaters Wissen 1749. 1831. Salinde 1744 S. 51.

nachbauen den Hieb des Gegners erwidern 1813; dazu Nachhieb 1795. 1813.

nachkeilen beim Grobhaus (Hasard) Geld nachbieten und die andern dadurch zwingen, entweder zuzusetzen oder den Pot im Stich zu lassen 1795.

nachochsen fleißig nachreiten 1831.

nachpfeifen: „Die Manichäer können jetzt nachpfeifen" zusehen, wie sie ihr Geld bekommen 1831.

nachreiten (Hefte, Kolleghefte) nachholen 1813. 1822. 1831; auch Heines Werke II, 59; s. auch Schwanz.

nachrücken nachkommen („ich rücke Dir bald zur Kneipe nach") 1831.

nachsaufen im Trinken nachkommen 1831.

nachsteigen im Trinken nachkommen 1831.

nachstürzen nach einem Sturz und Duell abermals stürzen 1825. 1831.

Nachtlicht Gedanke: „mir ist ein N. aufgegangen" Niebergall 1837 D. Burschen Heimkehr III, 10. Vgl. auch Seifensieder.

Nachtmusik Ehrenständchen, überh. Ständchen Schluck Burschenkomment S. 50.

nachtrinken 1813.

Nachtstuhl Nichtverbindungsstudent (in Tübingen) 1846; Schnabels Univ.-Jahre S. 366.

Nachtvögel meretrices 1781.

nachziehen im Trinken nachkommen 1831.

nageln, annageln coire 1781. 1846.

Nagelprobe 1831.

nähen: „der ist genäht" hat im Duell einen Anschiß erhalten 1831.

Näpchenstutzer wer sich aus Armut oder Hoffahrt usw. auf seiner Stube speisen läßt Reinwald 1720 Academienspiegel S. 296.

närrisch Tuschwort 1813 Göttgr. Student S. 107.

Nasenstüber Mart. Schluck, v. d. Burschen-Comment § 13.

naß schlecht, unangenehm, unanständig („ein nasser Kerl") 1795; s. auch Komment. nasser Prinz Laukhard 1799 Fr. Wolfstein S. 73 — Eulerk. 124.

Natur: als Antwort für „natürlich, ja" Laukhard Emigranten II, 178 (Er ist weggereist? „Natur ist er weggereist") — Schilda I, 4. — „N. kneipen" — „N. simpeln" modern.

Naturalist wer duellirt ohne die Fechtkunst erlernt zu haben 1795; auch Beytr. z. Statistik v. Göttgn. 171; dazu naturalisiren 1795.

Nebel: „im N." berauscht 1846.

Negoce Wechselgeschäft; „ein N. reißen" Geld auf Wechsel borgen 1795. 1813; auch Burschiade 1797.

nehmen: „einen n." ein Gläschen trinken 1831.

Nickel meretrix Buhrdt, Rindvigius I, 168; Laukhard, Schilda III, 100.

niederträchtig von allem unangenehmen gesagt (n. kalt, n.-s Wetter, n. hungerig) 1781. 1795. — „n. schön" Laukhard 1798 Schilda I, 192.

niederzüchtig: „das ist n. Pech" — „das ist n." viel Malheur 1831.

Nigrizier Student der sich schwarz malt um unerkannt auf den Straßen zu sein 1785 Beytr. z. Statistik v. Göttgn. 134.

Nülle ¹) vgl. Vorreiter. ²) meretrix Stoppe 1728 Gedichte I, 135; Leb. Blaustrumpf 1746 Vier possirliche Ged. S. 7 (Landnillen ibid. 20; Salinde a 5ᵇ).

nobel schön („der Rock steht höchst nobel, du hast eine noble Mappe") 1813.

Nunquam - retrorsum Goldstück Beytr. z. Stat. v. Göttgn. 1785 S. 65.

Nurbe unburschikoser Student 1831.

Nusche schwächlicher, klingenscheuer Student 1831.

Nymphe 18. Jahrh.; Landnymphe Salinde 1744 S. 110. 326.

Oberhaus (beim Kommers) die obere Tischhälfte 1846.

Obermeister vorzüglicher Spieler 1795.

obskur unstudentisch 1825. 1831. — Schon Weise 1673 Erznarren Neudr. S. 122 „ein obscurer Verenheuter". „in obscuro leben, obskuriren" 1831.

Obskurant Nicht-Verbindungsstudent Schnabels Univ.-Jahre S. 312.

ob wohl? gewöhnlicher Einwurf bei schwer zu glaubenden Behauptungen 1813.

ochsen („höllisch ochsen") arbeiten, studiren 1813. 1831; auch Niebergall 1837 Des Burschen Heimkehr III, 10; Schnabels Univ.-Jahre S. 93. 106.

ochsig viel, groß 1781. 1795. 1813. 1831. „ochsiges Geld" viel Geld 1781; „ochsig bemogeln, ochsig voll" 1813; oft bei Laukhard z. B. „ochsig kalt", „sich ochsig freuen" Schilda I, 192, 302.

ohne: „die Sache, das ist nicht ohne" ist gut 1831. — Schon im 16. Jahrh.

Ohr: „übers O. hauen" betrügen, hintergehen 1781. 1795.

opfern bezahlen, Geld bringen 1781.

opponiren bei der Promotion 1831.

Orden gewisse Studentenverbindungen 1781. 1795; dazu Ordensbrüder, Ordenszeichen, Ordensregeln.

orgeln, auch „auf der Orgel spielen" futuere 1781. Oft in Stammbüchern.

Pabst ¹) „einen P. wählen" Goethes Faust I, V. 2098 = „einen P. machen" bei Laukhard z. B. Schilda I, 183 Emigranten II, 227. — Eulerk. 203. 206. 209. Dann „das große Pabstspiel" 1749 Abendstunden II, 75. — ²) im Bierskandal 3 Gläser 1813 — 4 Gläser 1831.

paffen rauchen 1781; schnell rauchen 1795.

packen: „sich p." abziehen Laukhard, Emigr. II, 43.

packeseln stark arbeiten modern.

Pandektenwurm Jurist 1831 (S. 120.

122) = Pandektenritter 1795 (unter **reiten**).

Panier Wappen der Landsmann=schaften 1831.

Parabel Perücke 1795 (unter **Perücke**).

Parade Auslage beim Fechten 1813.

Pardutzloch lupanar Leber. Blaustrumpf 1746 Possierl. Gedichte S. 6 und Laukhard 1798 Schilda III, 63.

Parlewu Französin oder Mademoiselle für die Kinder 1749; auch 1757 Niemand S. 109.

parteiischer Zeuge beim Duell 1831.

paschen s. **abpaschen**.

patent galant und zwar in seidenen Strümpfen („Sie sind höchst p.") 1813. alles was dem Burschen gefällt 1831. Schnabels Univ.-Jahre S. 49; Gaudy, Werke I, 178; auch Niebergall 1837 d. Burschen Heimkehr II, 7. Dazu **Patentfinger** v. Maltitz, der alte Student II, 2.

Patenthengst 1846, auch Schnabels Univ.-Jahre S. 257 = **Patent=scheißer** 1846.

patres: „ad p. gehn" heim reisen 1825.

patria: „pro p. losgehn" im Namen einer ganzen Verbindung oder gegen eine ganze Verbindung losgehn 1831.

Paukage Duell Kobbe 1831 Humor. Skizzen S. 42.

Paukant OLB. Wolff, Naturgesch. d. d. Stud. ³ S. 66.

Paukarzt beim Duell 1831.

Paukbinde 1831.

Pauke Predigt bei Holtei nach dem DWb. -- dazu

1. **pauken** predigen 1781; auch Laukhard 1798 Schilda I, 14 — Autobiogr. I, 236.

2. **pauken** prügeln 1781. 1795; fechten 1813. — „sich p." sich duellieren 1795. 1813. 1831. Dazu **Paukerei** Duell 1813. 1822. 1825. 1831; **Paukhut**, =hose 1813. 1831; „**Paukkomment, Paukhabit, Pauk=saal, Paukstube, Pauchwichs**" 1831. — **Paukwix** auch Hauff, Mem. d. Sat. Kap. 8. — **Paukhahn** Schnabels Univ.-Jahre S. 219. 243.

Pauken (ein paar P.) eine venerische Krankheit 1781. 1795; Schmeller belegt **Pauke** 'Beule' aus dem 17. Jahrh.

Paukier guter Schläger 1846.

Pech Unglück 1795. 1813. 1831 („heftiges P." 1813). — „im P. stecken" Niebergall 1837 d. Burschen Heimkehr III, 10 — „P. kaufen" ebenda I, 10. — „P. geben" ausreißen 1846 (auch DWb. aus Holtei).

pechós („es geht mir p.") 1813 — **pechiös** modern — **pecheuse** 1831 — **pecheus** Schnabels Univ.-Jahre S. 86; 1846.

Pechhengst Schuster Schnabels Univ.-Jahre S. 140.

Pechhütte Schuldturm, Schuldenar=rest 1846.

Pechvogel als student. bei Schmeller II ² 522.

Pedant fleißiger Student, der nicht burschikos, sondern nach den Gesetzen lebt 1749.

Pennal Gymnasiast 1813. 1822 („ein üppiges P." 1813).

1. **per**: „p. Dampfschiff, p. Droschke" Gaudy, Werke I, 219. 222; „p. Dampf, p. Tschako" Bacheliade

S. 110. 135. 153. „p. Schwanz" f. unter Schwanz. — „p. Spaß" belegt Sanders aus Grimmelshausen.

2. per durch, fort, weg; per-gehn — sich per machen durchbrennen; Perganger Pollution 1846.

pereat N. N. tief 1795 (unter gereiren); „pereant die Philister tief" 1781 (unter Philister). — pereat, aber wenn der Burich ergrimmt ist, pereat tief 1831.*

pereiren ein pereat bringen 1781. 1795 = periren 1749.

Perücke eine Figur beim Hasardspiel 1795.

Petimäter ¹) allgemein Modenhengst; ²) burich. Pedant 1749.

petisiren stutzern 1795.

Petitdegen (= Stutzerdegen) 1781 unter Degen.

petum Tabac 1846.

petzen klagen, klagbar werden 1795; betzen verraten, anzeigen (ein Student den Andern) 1825. OLB. Wolff Naturgesch. d. d. Stud.³) 67. S. anpetzen. — Petzerei Eulerk. 111.

Peurs haben Furcht haben 1813. 1846; Schnabels Univ.-Jahre S. 110. 176.

pfeifen: „einen pf." ein Gläschen trinken 1831.

Pfennigfuchser Geizhals; sparsamer Student 1795.

pferdemäßig sehr („pf lachen") Laukhard 1799 Schilda I, 301.

Pferdephilister Pferdeverleiher 1749. 1781 (unter Philister). 1825. Oft in der 2. Hälfte des 18. Jahrhs. z. B. 1764 Jahrb. d. Brockens v. 1753—1790 I S. 81; Laukhard, Schilda I, 66. 221.

Pfiff ¹) Schlauheit 1831; dazu pfiffig. Pfiffikus. — ²) Tabakspfeife 1822, 1831. — ³) halbes Quantum Bier oder Wein 1846.

Pfiffikus 1846; oft bei Laukhard, zb. Schilda I, 432. III, 12. Dafür Pfiffkopf ibid. I, 141.

Pflasterkasten Chirurg der niedrigsten Klasse 1831.

Pflastertreter ¹) studierendes Stadtkind 1795. 1813 2c. ²) armer fleißiger Student Laukhard, Schilda I, 204. ³) Petitmaitre ebenda. ⁴) Bummler 1831.

Pfonig Pfennig 1813; eigtl. judendeutsch v. Hundt-Radowsky 1820 Truthähnchen S. 116.

---

* Über den Ursprung des Pereat-Rufens überliefert Schmeizel in den Wöchentl. Hall. Nachrichten 1746 S. 171: „In Jena lebte als Professor der seel. Burc. Gotth. Struve, ein Mann von vieler Redlichkeit und Bescheidenheit. 1712 war er zuerst Prorektor gewesen. Er mochte es einigen von denen Studenten nicht recht gemacht haben; dahero als er am 4. August das Regiment niederlegte, so entstund zu Nacht ein gräulicher Auflauf, bei welchem u. a. auch das pereat, Struve, he! pereat! die Luft als ein schädlicher und schändlicher Dunst angefüllt mit solcher Wirkung, der sich sodann auch auf andere Universitäten bekanntermaaßen ausgebreitet hat."

Pfote Hand; vgl. Philisterpfote
v. Maltitz, der alte Student II, 2.

pfropfen: „auf den F. rz gepfropft
werden" sich in Verlegenheit befinden
1795.

Pfundspornen Sporen an den Ka=
nonen 1831.

1. Philister*) Bürger der Universi=
tätsstädte 1749. — Nichtstudent. Haus=
wirt des Studenten; Student nach
dem Verlassen der Universität 1781. —
Alles Männliche, was nicht Student
ist; Student, der sein Abgangszeugnis
hat; Pferdevermieter 1795. — Jeder
der nicht Student und schon sein
eigner Herr ist; spez. Hauswirt 1813.
— Vereinzelt wird im 18. Jahrh. das
stud. Philister speziell auf die
Stadtsoldaten bezogen z. B. Kleins
Prov.=Wb. 1792. Vereinzelt (z. B.
Zachariae, Renommist I, V. 104;
VI, V. 40; 1779 Der deutsche
Student S. 10; 1798 Vertraute
Briefe über Halle S. 26) =
Pferdephilister.

2. Philister Mietpferd 1795; auch
1756 Jahrbücher d. Brockens 1753
—1790 I S. 26; Schnabels Univ.-

* Den ersten eingehenden Bericht über den Ursprung des Wortes Philister
bietet Prof. Schmeitzel in den Wöchentlichen Hallischen Nachrichten 1746 S. 177:
„Vor dem Lobdauer Thore zu Jena befindet sich ein Gasthof zum gelben Engel.
Hier hatten 1693 einige Bürgersleute bei Nachtzeit Händel und Schlägerei unter
sich; einer entwischt aus ihren Händen; da sie nun denselben verfolgen, begegnet
ihnen ein unschuldiger Student vor besagtem Thor. Diesen halten sie vor ihren
Kamerad, fallen denselben an und schlagen auf ihn dermaaßen zu, daß er sein
Leben verlieren müssen. Den Sonntag drauf strafet der Superintendent diese
mörderische That mit diesen Worten: da sei es hergegangen wie dort geschrieben
stehet: Philister über Dir Simson. Was geschiehet? Kaum war der Abend er=
schienen, so hörte man auf allen Gassen die Studenten schreien und rufen:
Philister, Philister über Dir Simson. Mithin war diese Begebenheit zugleich
auch eine zufällige Gelegenheit, daß die Bürger zu Jena von denen Studenten,
sodann ordentlicherweise nur Philister genennet worden, welche Gewohnheit noch
bis diese Stunde dauret, als die tägliche Erfahrung solches zu erkennen giebet.
— Ich gestehe es gerne, daß mir in öffentlichen Schriften von dieser Begeben=
heit nichts vorgekommen als was der ehemalige berühmte Rektor zu Osnabrück
Zacharias Goeze, der auch zu Jena ehemals studiret, in seinem Musaeo Goeziano
S. 207 mit wenigen Worten deswegen angemerket; in der Hauptsache kömmt
er mit mir überein, ob ihm gleich die eigentliche Umstände nicht scheinen be=
wußt gewesen zu sein. Daher ist sich an das Vorgeben sogar auch einiger zu
Jena nicht zu kehren, die hierbei ganz anders reden. Wer auf einigen andern
Universitäten (denn auf allen ist es nicht im Gebrauch) mit dem Wort Philister
heut zu Tage beleget werde, kann ich überhoben sein zu melden, weil es gar
was bekanntes ist." Nachtrag zu oben S. 57

Jahrb. S. 191. 192. Vgl. Phi=
listerpferd.

3. Philister Hefenreste im Bierglase
1747 Hospitium S. 72 — Rest
Tabak in der Pfeife 1795. 1825;
Überbleibsel in der Pfeife, wie es
schlechte, ungeübte Raucher zu machen
pflegen 1781.

Philistergaul Mietpferd 1831.

Philisterpferd gemietetes Pferd 1776
Briefwechsel dreyer akad. Freunde
I, 68.

Philisterium Philisterleben („wenn
der Bursch ausstudirt hat, zieht er
ins. Philisterium; er wird vor dem
Ort seiner Bestimmung Philister")
1813. Philisterium das bürger=
liche Treiben und Thun, das elter=
liche Haus, in das der Bursch nach
der Studienzeit einzieht 1822. 1831.

Philisterkarren Wagen 1831; Hauff,
Memoiren d. Satans Kap. 6.

Philistrand Student im letzten (6.)
Semester 1813.

Philistresse ¹) Bürgerin, Bürgersfrau
1846. ²) Hausfrau, Haus= und Kost=
wirthin („Hausph., Kostph.") 1831.
1846.

philistriren ¹) ein Philisterleben führen
1813. ²) sich zurückziehen um fürs
Examen zu ochsen 1831.

philiströs nicht burschikos. — phi=
listrense 1831.

Phrsischer = Katzenjammer 1831.
1846.

Pich = Pech 1831.

pichen stark zechen (bes. vom Bier=
trinken) 1781. 1795. 1831; bichen
1825 (s. Bich).

pickfein modern.

Pietist stammt nach Spener 1692 aus

der Leipziger Studentensprache (vgl.
das DWb.).

Pikesche Studentenrock nach polnischer
Art 1781 (unter Kleider).

Pillen geben einen Verweis geben;
beim Duell von Kugeln gesagt 1781.

Pimp, pimpen 1813 = Bump,
pumpen. Pimpregister Rech=
nung auf Credit 1813.

Pimpier = Pumpier 1825.

Pinsel ¹) Kloß. ²) Geizhals 1749;
dummer ungeschickter Mensch 1781.
1795; Stoppe 1728 Gedichte I,
156; II, 126. 197. Einfalts=
pinsel schon Lessings Jung. Ge=
lehrter III, 15; auch Schilda III,
113. Vgl. das DWb.

Pinselei Laukhard, Eulerkapper 125.

pinseln ¹) klagen, anklagen 1781. —
²) sich wie ein Pinsel betragen, ängst=
lich und zaghaft sein 1795.

Pistolen steife Stiefel bis aus Knie
1825. Reitstiefel bis kurz übers
Knie 1831.

Pistolenskandal Pistolenduell 1831.

Platte: „die Pl. putzen" sich fort=
machen Niebergall 1837 d. Burschen
Heimkehr IV, 1.

Platter Bürger, Philister Reinwald
1720 Academienspiegel S. 1 3.

Plempe Waffe Schelmufski S. 120;
Blempe J. S. Semler 1781 Autobiographie I, 91.

plumpen durchs Examen fallen 1831.

Plunder = Möpse 1749.

pochen im Hasardspiel 1795.

poena: „pro p. trinken" beim Kom=
mers 1831.

Polack Rest in der Tabakspfeife 1781
— im Glase 1770 Der verführte u.
wieder verbesserte Student S. 40.

Polise, Police Polizist 1825. 1846; (auch 'Pedell' 1846).

Pollur Pollution 1846.

Pomade [1]) Kleinigkeit 1795; z. B. „das ist mir P." 1781. 1795. 1825. [2]) Gemächlichkeit („mit der größten P. geht man in einer Stunde dorthin", „ich liebe sehr die P.") 1813. 1825. 1831. Dazu pomadig bequem, phlegmatisch („wir wollen es uns p. machen") 1813. 1822. 1831. — pomadisieren sichs bequem machen, gemüthlich leben 1822.

Pomadenhengst wer Gemächlichkeit und Bequemlichkeit liebt 1813.

Pomadenmühle (lupanar? 1753 Jahrbücher des Brockens I, 5 (dafür 1846 Pelzmühle).

Pomadenschmauß Leipziger Stud.-Geographie bei Brasch, Gesch. d. Univ. Leipz. S. 15.

Pommer Glück („rasendes Pommer haben") 1813; noch in der Leipziger Ma.

Pönalkarzer Studentengefängniß 1781 unter pro poena.

poniren traktiren 1831. 1846.

Pontius „vor einigen Jahren = Markus gebraucht" 1781 unter Markus.

Postillenreiter Hönn 1721 Betrugs-lexicon S. 165. Kleins Provinzial-wb. s. v.; dazu „in Postillen beritten" Jobsiade I, 1638.

Poussade 1822. 1831. = Poussement Liebschaft 1813. — Pousseur wer den Hof macht 1813. 1831. — poussiren die Cour machen 1822. 1831.

prae: „das p. haben" 1831.

Präses Vorsänger beim Kommers 1813;

präsidiren den Vorsitz beim Kommers haben 1813. 1831.

Prellant wer prellt 1839 Studentenwitze [2] S. 11. 32; vgl. oben S. 36.

1. prellen [1]) die Füchse bei ihrer Ankunft ungebeten besuchen und sich von ihnen traktiren lassen; jem. um etw. bringen 1749. [2]) betrügen, hintergehen 1781, 1795 2c.; (die Füchse) prellen 1781. Litterarische Belege sind älter z. B. „jem. um sein Geld prellen" 1749 Der reisende Avanturier II, 63. — Partiz. geprollen, nicht geprellt 1825.

2. prellen (Mädchen) verführen 1765 Der Freymüthige oder der engl. Greis von Young S. 64.

Prellerei Betrug 1795; Eulerk. 140 der Hauswirt prellt den Studenten; Eulerk. 140; auch Michaelis 1768 Raisonnement 4, 568; Beytr. z. Statistik von Göttgn. S. 226.

Preller crepitus ventris 1747 Hospitium S. 75.

prellibilis wer sich prellen läßt Incognito (1740?) Der verliebte und galante Student S. 227; vgl. oben S. 37 und trinkabel.

Prello Prellerei 1788 Das Leben eines Lüderlichen S. 106; um 1830 Leipziger Stud.-Geographie bei Brasch, Gesch. d. Univ. Leipzig S. 15.

Prime beim Fechten 1795 unter Terz.

Prinz: „ein nasser P." ein unausstehlicher Mensch 1795; theefer Pr. Schilda I, 129.

Prise: „eine wunderliche P." 1781 — „eine närrische P." 1795 ein wunderlicher Kerl.

8*

Privatkollegium, Privativsimum 1813.

Privatdozentin meretrix 1831; auch Suiten 1825 S. 23 und nach Sanders bei Holtei, eigtl. Berlinisch.

privatisiren [1] zurückgezogen leben um zu arbeiten; [2] meretrix sein 1831.

Privatstunde nehmen: „Du mußt noch ochsige P. nehmen" Du verstehst das nicht; „ich will dir Privatstunden geben" ich verstehe es besser als du 1795.

Privatvergnügen 1813.

Profaner wer in keiner Verbindung ist 1825. 1831. 1846.

Profax Professor 1846; in Göttingen Prorektor Heine III, 16 (auch OLB. Wolff Naturg. d. d. Stud. ³ 66).

promontorium Busen 1825. 1831. 1846.

promoviren [1] seine akademische Würde erlangen 1781. 1795. — [2] stehlen (von erlaubtem Diebstahl z. B. „er hat mir meine Jacke promovirt) 1781. 1795; 1633 Zech- und Saufrecht § 43; Musander 1709 Studenten-Regeln S. 30; Speranders Handlexikon 1727. Neuerdings noch für den Leipziger Konvikt bezeugt; s. Schinken.

pro-patria-Skandal Duell von Verbindung gegen Verbindung 1822. 1831.

pro poena trinken, saufen ein Strafquantum trinken 1781. 1795. 1831; 1747 Hospitium S. 25.

proquellis: „in p. leben" = in floribus leben 16.—17 Jahrh.; z. B. Waldis 1527 Der verlorene Sohn V. 523; Gumpelzhaimer 1652 Exerc.

Academ. S. 115; 1654 Pennal- etc. Possen F IIᵇ.

Prosit, Prost! Grußformel 1781. 1795; Kindleben 1781 gibt Prost als „seit einigen Jahren auf einer gewissen Universität Mode geworden". — Nach Kindleben 1781 auch beim Trinken; daher prosten trinken 1781.

prostituiren blamiren Jobsiade I, V. 2137.

Provinz („in die Pr. reisen") Heimat 1825.

Prügel 1846 in Pauk-, Schiff-, Schieß-, Sekundirprügel.

Publicum öffentliche Vorlesung 1813.

Pudel Pedell 1822. 1825. 1831. 1841 etc.; auch Heine, Werke III, 16; 1839 Studentenwitze S. 27; Schnabel, Univ.-Jahre S. 58. 363.

1. Puff [1] hallisches Stadtbier 1781. 1795. (dazu Puffkeller ein Bierkeller unter dem Rathause) 1781. [2] in Halle jeder kleine Bierschank 1795. [3] lupanar 1795. 1831, auch Laukhard 1798 Schilda III, 63.

2. Puff Kredit („auf Puff geben, nehmen"); puffen zur Borge geben und nehmen 1813; als nbb. Studentenworte Kleins Provinz. Wb. — auf Puff à conto 1781 Beytr. z. Statistik von Göttgn. S. 238, wo auch „jem. puffen" jem. schuldig bleiben.

Pump Kredit („auf P.") 1781. 1795. 1813. 1831. — „auf P." auf Vorschuß Lenz 1774 Hofmeister I, 3 und Fischer 1781 Burschiade S. 9; Laukhards Leben I, 94. 95; bei. Hauspump Kredit des Studenten bei seinem Hauswirt 1781.

1795; „einem P. riskiren" Geld aufnehmen 1825. — pumpen borgen 1781. 1813. 1831. etc.; Mart. Schluck 1798 Burschenkomment S. 18; 1798 Vertraute Briefe über Halle S. 26; Fischer 1781 Burschiade S. 65. 70; Heun 1792 Vertraute Briefe I, 64. (Heine Werke II, 67 mit der ursprgl. Fußnote „burschikoser Ausdruck für borgen").

Pumpier Geldleiher 1822. 1825. 1831.

Pumperei Pump 1831 („in der Kneipe ist eine wütende P. los").

Pumpregister 1829 Buckeliade S. 14; Creditbuch, Kreidenbrett 1846.

Purzelwasser Brantwein 1781.

Qualm Rauch 1846 — qualmen (Tabak) rauchen Laukhard, Fr. Wolfstein I, 355 — Anekdotenbuch I, 88; Gaudy, Werke I, 202.

Quarks Plur. Studenten aus den Nachbardörfern der Universitätsstadt gebürtig 1795. 1822. Sing. Quark Mart. Schluck, v. Burschenkomment § 12.

quasi als ob, gleichsam 1846; Jobsiade II, 816.

Quasimodogeniti Füchse 17. Jahrh.; 1744 Salinde S. 120.

Quaste Troddeln an der Pfeife mit den Farben der Verbindung 1831.

quatsch öde, dumm Laukhard, Fr. Wolfstein I, 81 — Eulerk. 125.

Quelve Manichäer? Häscher? 1764 Der Tugend- und Lasterhafte Studente XII.

quetschen: „sich qu." durchgehn 1831;

Quidipse Frauenzimmerchen 1781. — „eine alte Q." Sache von geringstem Wert („das gilt mir soviel wie eine alte Quidipse") 1795; wol mit dem verbreiteten dial. Quintipse 'cunnus' identisch.

Rand Mund („halt den R.") 1831, auch Niebergall 1837 IV, 11.

Randal, randalieren 1831. 1846. etc.; Hauff, Mem. d. Sat. Kap. 6. — Randaleur 1831.

rappelköpfig verrückt 1781. 1846.

Rappier Fechtklinge 1795. 1831. — rappieren sich im Fechten üben 1795. 1831; nach Sanders auch bei Goethe. — Rappierjunge (oder -Knabe) Tuschwort; dazu „einen Rappierjungen stürzen, ausmachen" Mensur auf Rappiere 1813. 1825. 1831 etc.

rasieren zum Besten haben Laukhard, Fr. Wolfstein I, 85; prellen 1846; Rasade Prellerei Burschiade 1797; Raseur Wucherer 1846.

raufen losgehn, Händel suchen 1831.

raus: „Burschen raus!" 1831.

re ¹) gleichfalls 1846. — ²) Antwort oder Gegengruß auf Profit 1825. 1831. 1846. — regesoffen versoffen 1846; auch Schnabels Univ.-Jahre S. 218. — regekommen verbummelt Schnabels Univ.-Jahre S. 253. — restürzen eine Beleidigung mit einer andern erwidern; der Resturz 1846. — Reprofit = re ² 1846. — recouche Retourkutsche Mart. Schluck 1798 v. Burschenkomment S. 38.

Realavantage 1822.

rebus: „nicht in Worten, sondern in rebus" Reinwald 1720 Acad.-Spiegel S. 477; aber „sein r. gut machen" sc. in coitu Incognito (um 1740) Der verliebte und galante

Student S. 85; auch Bahrdt 1790
Rindvigius.

recipieren in eine Verbindung auf=
nehmen 1822. 1825. 1831. Dazu
Reception 1831.

regalieren traktieren 1831.

reiben: „sich an jem. r." jem. an=
haltend zum Gegenstand seiner Rache
machen 1781. — reiben eine Trink=
zeremonie, „die fast einzig und allein
nur bei dem Schnapstrinken Sitte
ist" 1831; s. oben S. 53.

reißen im Spiel gewinnen; etw. unter=
nehmen (Finten, Suiten, Zoten, eine
Negoce) 1795. — „einen Witz r."
— „x hat gute Gelder gerissen"
erhalten 1831.

reiten trans. [1]) (z. B. die Pandekten,
die Hefte, ein Buch, die Logik) stu=
diren 1795. 1813. — [2]) futuere
1795. — [3]) „er reitet auf dem
Holzwege" er führt auf diese Weise
die Sache nicht durch) 1831.

Reitkoller Pekesche 1831.

rekommandiren auf Anfrage beim
Kommers=Präses moniren, zu er=
innern haben 1813. 1831.

Rektor der Universität 1781.

Relegat Relegierter 1831.

Relegation Verweisung von der Uni=
versität 1813; dazu relegiren
1825. 1831.

rempeln 1825. 1831.

Renommage renommistische Beleidi=
gung, Arroganz 1822; „eine krasse
oder eine blasse R." fades Bramar=
basieren 1831. — Renommé [1]) Auf=
sehen erregendes Betragen Ruf („in
schlechtem R. stehn") 1825; „viel R.
haben" auf der Universität sehr be=
kannt sein 1831. — Renommiereisen

Art Pfundsporen bes. bei Füchsen
1831. — renommieren sich als
Mensch aufführen, der weder gött=
liche noch menschliche Rechte aner=
kennt und aller Welt zum Trotz lebt
1813; groß thun, prahlen 1822;
bramarbasieren 1831; „an jem. r."
jem. mit Renommage zu beleidigen
versuchen 1825. — Renommist wer
vor andern das prae suchet und einen
großen état von Balgen u. Schlägerei
machet Speranders Handlexikon
1727. — wer für Geld oder einen
Schmaus die Sache eines andern
ausficht; dann auch wer ingrimmig
und gefährlich aussieht 1749. —
Raufbold, der auch dem Saufen er=
geben ist und nicht studiert 1781.
1795. „Jetzt benennt man so einen
Poltron, der viel schreit und wenig
leistet, thut als ob er alles ver=
schlingen wolle und dabei erz=
furchtsam ist" 1795. Dazu Renom=
misterei, nasses Renommie=
ren 1795.

Renonce [1]) eine Art Konkneipant, wer
sich zu einer Verbindung hält ohne
Mitglied zu sein 1822. 1831. [2]) wen
man nicht ausstehen kann 1825. —
renoncieren als Renonce [1] leben
1831.

respum Respekt 1846.

Retourkutsche („R. zieht nicht" ist
unzulässig) 1813. 1825. 1831. Dafür
Retourchaise 1846; auch „er fährt
retour" 1831.

revocieren widerrufen, eine Beleidigung
zurücknehmen 1822. 1825. 1831.

riechen: „ich kann den Kerl nicht r."
ausstehn, leiden 1831. 1846.

Rippel Humpen (in München) Mors,

Erinnerungen S. 74; Kobbe, Erinnerungen I, S. 149 als Heidel-
bergisch.

riskiren bes. beim Spiel 1795; „einen
Pump r." 1831.

Riß: „einen R. haben" OLB. Wolff
Naturgesch. d. d. Stud. ³ S. 68.

Ritt: „einen R. machen, wagen" 1813.

Rosenhaner Häscher? Stadtsoldat?
(in Halle? oder Frankfurt a. d. O.?)
1749 Der reisende Avanturier II, 57.

Rosinante ¹) Pferd Fischer 1781 Burschiade S. 19; ²) meretrix 1846;
bei Henn 1794 vertraute Briefe
S. 20 'Schatz'.

rücken: „jem. auf die Kneipe r." zu
jem. auf die Stube gehn um ihn zu
koramieren 1831.

rudern stark trinken 1831.

rüffeln Verweise geben; dazu Rüffelei
1813.

rühren: „das rührt den flotten Burschen nicht" 1813; auch 1781 unter
schwitzen.

Rundgefecht eine bes. Art Mensur
1822. 1846. — Rundgesang 1831.
1846.

Rüpel Schlingel, Lümmel 1813.

Säbelskandal Säbelduell 1831.

Sachen machen rem habere cum
puella 1795. 1841.

sacken den Spielgewinn einstecken
1795. 1841. — stibitzen 1846.

Salamander (oben S. 52)* „der akademische Ehrentoast" (auch „Bier-

---

* Vollmann 1846 ist der erste, der den Ehrensalamander in Bier beschreibt. „Beim S., der zu Ehren eines Studio gerieben wird, werden die
Burschen an den Tafeln in Kränze getheilt und diesen Aufseher oder Exercier-
meister vorgesetzt, hierauf die Gläser gefüllt und sodann auf dem Tische unter
Aussprechung der Worte 'Salamander Salamander' gerieben, bis vom Senior
das Kommando 1 ertönt. Nach diesem ist eine kleine Pause und sodann wieder
fortgesetztes Reiben bis zum Kommando 2, nun nochmals Pause und Fortsetzung
bis 3. Nach diesem Kommando wird das Quantum bis auf die Nagelprobe
geleert, die Gläser aber erst mit dem Kommando 4 auf den Tisch gesetzt.
Während des Reibens müssen die Deckel der Gläser offen und in den Pausen
bei Strafe geschlossen sein; wer sich dagegen verfehlt oder zu spät trinkt, muß
von den Aufsehern verzeigt und nachexerzieren, d. h. den Akt wiederholen, bis
er vom Senior für legal erklärt ist." Unter Biersalamander giebt Vollmann 1846 folgende Erklärung: „Biersalamander, ein Bierspiel in 3 Tempos,
bei welchem die ganze Gesellschaft die Gläser reibt, auf das Kommando 1 und 2
des Seniors einhält und endlich auf das verhängnißvolle 3 trinkt bis auf die
Nagelprobe, sodann wieder reibt und mit dem Kommando 3 (soll 4 heißen)
aufhört. Jeder, der nicht nach dem Kommando oder zu frühe reibt, muß nachexerzieren und zur Strafe das Duplum reiten. Der Salamander wird nur zu
Ehren und bei Ehrenanlässen gerieben". Dies zur Ergänzung unserer Erörterung oben S. 53.

salamander", „einen S. reiben" oder salamandern) 1846.

sans oben S. 65; vgl. sine.

Sapienzknaster (in Heidelberg) die armen theolog. Studenten, die auf der sog. Sapienz wohnen müssen Laukhard, Mein Leben I, 294.

Satisfaktion Genugthuung 1825. 1831; 1744 Salinde S. 68. — Dazu satisfaktionsfähig 1831.

Satz Gasterei, Schmauserei 1813. 1831; „einen S. geben (Thee-, Kaffee-, Abendsatz)" traktiren 1813.

Sau ¹) alles was schlecht und unangenehm ist; „eine S. im Leibe haben" unvernünftig handeln 1794. 1841. — ²) Glück („eine unbändige S. am Leibe haben" sehr glücklich sein) 1813. 1831; Hauff, Memoiren d. Satans kap. 6.

sauen (= fuchsen) im Spiel viel gewinnen 1795. 1841.

saufen stark trinken 1831. — Dazu Saufkomment 1831. — Saufmesse 1831; schon 1747 Hospitium S. 53.

Sauhieb unregelmäßiger Hieb 1795. 1825. 1831. 1841.

Saumalheur, Saupech großes Unglück 1795. 1841. — Saupech auch Eulerkapper S. 120.

Schaarwächter in Halle die Häscher 1781.

Schächer ¹) ein einfältiger dummer Teufel (von Burschen und von Klößen gebraucht) 1749; ²) („ein armer Sch.") ein elender Stümper, der keine Elementarkenntnisse hat 1781. 1795. 1841; Laukhard, Schilda II, 88. — Vgl. das DWb.

Schafkäse in Leipzig baccalaureus ministerii nach Spener 1692 (vgl. das DWb.) und bei Paullini, geist- u. weltliche Merkwürdigkeiten: Schmeitzel 1746 Wöchentl. Hall. Nachrichten S. 180.

schäfern „scherzen wie junge Kälber" Leber. Blaustrumpf 1746 Vier possierl. Ged. S. 21.

schandbar schänblich, unangenehm (z. B. vom Wetter) 1813.

Schande treiben Lärm machen 1813.

Schanze Studentenstube; dazu schanzen arbeiten; Schanzier fleißiger Student 1846.

Schanzer in Straßburg Informator Laukhard 1792 Mein Leben II, 37: dazu Schanz in Straßburg Lehrstunde der Hausinformatoren Kleins Provinz.-Wb.

Scharfrichterhieb ein Fechterhieb 1795 unter Terz. 1841.

scharren mit den Füßen als Zeichen der Unzufriedenheit im Kolleg 1813. (s. ausscharren).

schassen ¹) fortjagen, den Abschied geben 1781; Fischer 1781 Burschiade S. 65; Laukhard, Fr. Wolfstein I, 139 — Schilda I, 174 — Eulerkapper S. 117. ²) im Duell zurücktreiben 1795. 1813. 1822. 1825. 1831. 1841. ³) schwänzen 1825.

schanderös Gaudy, Werke I, 179; oben S. 64.

Schaumstudent Barbier 1831.

Scheff, scheffen s. jenen.

scheinen gefallen („es soll dir wohl scheinen"; „wie scheint dir der Spaß?" „mir scheint er ochsig") 1813; 1825 Suiten S. 114.

ſcheißen angſt und bange ſein 1795. — ſcheißfibel ſehr luſtig und aufge=räumt 1781. 1822. 1831. — Scheiß=malhör Laukhard, Schilda I, 131.

ſchenken jem. der Mühe überheben etwas zu thun (z. B. dem Profeſſor das Kollegium = ſchwänzen) 1795. 1841. — „Den Reſt der Erzählung ſch." = erlaſſen 1745 Auf der Extrapost eingelaufene etc. Nachrichten S. 28.

ſcheren (die Füchſe) vexiren 17. Jahrh. — „ſich ſch." abziehen Laukhard, Emigranten II, 43.

ſchicken ¹) von der Univerſität weiſen, relegiren 1813. 1831. 1841 (auch Niebergall 1837 Heimkehr III, 10). — ²) Geld im Spiel verlieren 1795. 1841.

1. ſchieben ſtibitzen, ausführen Mart. Schluck, v. Burschenkomment § 4.

2. ſchieben fortgehen 1795; auch 1790 Die verkümmelte Hochzeit S. 29 und Laukhard, Schilda I, 302, — gehen 1831. 1841. 1846; ſich ſchieben (auch ſich fortſchieben) fortgehn 1813; gehn 1831. 1841.

ſchiebes gehn — ſch. ſein todt ſein Schilda I, 302 — verloren, flöten gehn Laukhard 1804 Corilla Donatini S. 104.

ſchiefer Kerl Laukhard, Eulerk. 103; — Prinz Mosellaner S. 77. — Comment Eulerk. 125.

Schiefität Pinſel Schluck 1798 v. Burschenkomment IV; Laukhard, Mosellaner S. 10 — Eulerkapper 103.

1. ſchießen ſtibitzen (v. erlaubtem Stehlen) 1795. 1813. 1831. Schnabel 198; ſtehlen, daß man nicht

dabei ertappt wird 1781; ſtehlen 1825; auch Salinde 1744 S. 115, 122; Laukhard z. B. Schilda I, 174. 2. ſchießen ſehen, Achtung geben 1795. 1841.

ſchießbar ſtehlbar in Göttingen „was unter einem Thaler wert iſt" 1835 Schnabels Univ.-Jahre S. 198.

Schießprügel Flinte 1846; O. L. B.; Wolff Naturgesch. ³ 69. S. Prügel.

Schiff ¹) (beſ. Geldſchiff) Brief 1825; ²) Nachtgeſchirr 1795.

ſchiffen vesicam evacuare 1781. 1795. 1822 ꝛc.; von Schiff Nachtsgeſchirr 1795; dafür Schiffprügel 1831.

ſchinden beim Spiel mit gewiſſen Kar=ten ſo lange warten, bis man da=durch größere Vorteile erlangen kann 1795; benachteiligen, betrügen 1846.

Schindluder „vergnügt wie ein Schind=luder" außerordentlich luſtig 1781. — „Sch. treiben" jem. zum beſten haben 1846 = „Sch. ſpielen" Laukhard, Eulerk. S. 208.

Schinken ¹) „alte Sch." alte Bücher Chr. Günther. ²) kleine Roggen=brobe im Leipziger Konvikt („Sch. promoviren" das Bröbchen bei Tiſch wegnehmen) modern.

ſchippen ¹) ſtoßen; ²) (auch „die Schippe friegen") relegiren 1825.

Schiß ¹) Schulden („Sch. haben" 1781. 1795. 1841; auch Fischer 1781 Burschiade S. 9. — ²) Angſt 1825. 1831. 1841; Sch. haben beſ. vor dem Losgehen 1831. — ³) „auf den Sch. gehen" die Commobité beſuchen 1831.

Schiſſer ¹) Spottname für fleißige, ordentliche Studenten (Gegenſ. zu

Renommist) 1781. ²) Feigling, der alle Beleidigungen auf sich sitzen läßt 1795. 1825. 1831. 1841; Eulerkapper 111 (Erzschiffer); (Nebenform Schiffier 1846). ³) wer in Verruf erklärt ist 1822. 1831.

Schlabutz Schlaftrunk Maaler 1561.

sich schlagen ¹) fechten 1831. ²) sich duellieren; dazu Schlägerei Duell 1813. schlagen ¹) den Fechtboden besuchen; ²) „sich schl." sich duellieren 1825. 1831.

Schläger ¹) Paukwaffe. ²) wer gut schlägt 1822. 1825. 1831. 1841.

schlau (gern slau gesprochen) und Schlauheit oft ironisch z. B. eine schlaue Idee 1813.

schlecht: „nicht schlecht" sehr gut, vortrefflich; sich schlecht machen sich blamiren 1795.

Schlemm ein Spielterm. techn. 1813 (unter flecken); alle Stiche 1846.

schleppen ¹) aufs Karzer bringen 1831. 1825. 1841. Bahrdt 1790 Prinz Yhakanpol S. 304; Laukhard, Eulerk. 111; dafür collè schl. 1781. — Kollee schl. 1795. 1831. — ²) die Füchse müssen die Waffen auf den Paukplatz schl. 1831.

Schleppgeld Geld dafür an die Häscher 1781.

Schleppfuchs Fuchs, der die Hieber in die Schleifmühle, auf den Paukplatz tragen muß 1831.

schleo schlecht 1846; oben S. 62.

Schlägerklinge 1765 Der Freimüthlige S. 62.

Schlittage (älter Schlittade) Schlittenfahrt s. oben S. 47. 64.

Schlunks Kerl Eulerkapper S. 45.

schmachten nach jem. „ein Stutzer-

ausbruck — sich nach jem. sehnen" 1781.

Schmaltier unverheiratetes Frauenzimmer modern.

schmausen einem Kommers beiwohnen 1795. 1841.

schmelzen s. miseria.

schmierig: „den Schmierigen spielen" artig sein Niebergall 1837 Des Burschen Heimkehr II, 3.

Schmiß Wundmal; schmißös voll Wundmalen 1846.

Schmöker („der alte Schm.") ein altes schlechtes Buch modern; dafür früher Schmöcher 1781; auch Laukhard z. B. Fr. Wolfstein I, 60 — Schilda I, 289 — Eulerk. S. 215.

schmollen grollen 1781.

Schmollis Ruf beim Zutrinken auf Brüderschaft 1781. 1795 2c.; frühester Beleg 1749 Reisender Avanturier II, S. 57: „Wenn Schmolles oder Brandtwein getrunken wird, soll sich keiner weigern 30 Gläser auszustoßen" hier scheint Schmolles ein Getränk sein? das Zeugnis bezieht sich auf Halle? oder Frankfurt? In Stammbüchern bei Keil S. 260. 270 aus den Jahren 1754. 1764; in einem Giessener Stammbuch 1752 „Schmolles, ihr Brüder". — schmolliren Brüderschaft trinken; Schmollisbruder Dutzbruder 1795; schmolliren auch 1822. 1841.

Schmutz machen ¹) einen unerlaubten Profit haben 1781; 1749 Reis. Avanturier II, 374. 385. — ²) „ist ein Wittenberger terminus und heißt so viel als 'charmiren'" 1745 Auf der Extrapost etc. eingelaufene S. 63.

Schmurgel schmutzige Tabakspfeife 1795. 1841.

Schmutz Bürger, Philister Schöttgen 1747 Historie des Pennalismus S. 19; um 1600 auch lat. schmutzo.

Schnabem Accusativ von Schnaps 1813. — Schnabri Schnaps. — Schnabrianer Schnapsbruder. 1846.

schnakisch possirlich 1781; Laukhard, Eulerk. 178 — Schilda II, 159, III, 117.

schnapsen Schnaps trinken 1781.

Schnarcher Raufbold 1781 unter anschnarchen.

Schnecter Schneider 1831.

Schneid: „Schn. zu etw. haben" Niebergall 1837 Des Burschen Heimkehr IV, 7.

1. **schneiden:** „sich schn." sich täuschen 1825. 1831.

2. **schneiden** prellen Salinde 1744 S. 153.

schnellen betrügen 1781; Laukhard, Mosellaner S. 56; 1749 Der reisende Avanturier S. 375.

schneußen [1]) (puellam) futuere Incognito (um 1740) Der verliebte und galante Student S. 108 — [2]) um Geld prellen Emmerich 5, 135.

Schniepel [1]) eleganter Ladenschwengel 1825. 1831 (Schnippel 1846). Elegant Gaudy, Werke I, 193; Schnabel 257. [2]) Leibrock 1831. — schniepeln fein angekleidet sein 1831.

Schnödität belegt Sanders aus Heines Werken 19, 302.

Schnupftuch anitergium Eulerk. 123.

schnüren (uns Geld) prellen 1764 Der Tugend- u. Lasterh. Studente

A 4; Schöttgen 1747 Pennalwesen S. 118; Oleander 1721 Gedanken v. d. academ. Leben S. 84.

Schnurrbardei Schaarwache, Wachlokal der Schnurrbärte 1749; Zachariaes Renommist 1744; 1757 Niemand 79.

Schnurrbärte Schnurren = in Halle oder Leipzig Häscher 1749; Schnurrbärte Incognito (1740?) Der verliebte u. galante Student 194. 225 und Salinde 1744 S. 76.

Schnurrbart in Hallischer Universität etc. Begebenheiten (höchstl.) 1727; auch bei Incognito (um 1740) Der verliebte und galante Student 47. 52 b „mit 300 Stimmen wurde ein Tutti gerufen: Schnurrbart, Schelmbart, Rackerbart."

Schnurrbärte hauen auf dem Fechtboden einem Fuchs ins Gesicht hauen Leo 1836 (Akad. Monatsschr. 4, 287).

Schnurren [1]) Häscher oder Scharwächter 1781. 1795. 1841 (sonderlich in Jena 1781); Nachwächter modern — Stabtsoldaten der Univ.-stadt 1822; Göttinger Universitätsscharwächter („es gibt über 100, sie vertreten fast die Stelle des Militärs") 1831. Heine III, 16. 486. [2]) Possen, komische Einfälle 1781.

schnurren betteln 1781.

schnurrig Laukhard 1802 Emigranten II, 42. 171. 257; Bürgers Ballade vom Kaiser u. Abt.

Schnurrpfeifereien närrische Dinge 1781.

schnurz: „das bleibt sich schn." ist einerlei 1831.

schofel verächtlich), schlecht 1781. 1795.

1831. 1841; Jobsiade II, V. 1676; Laukhard, Schilda II, 118 — Eulerk. 204.

Schorist alter Student (zu scheren) 17. Jahrh.

schorus Schmaus; Schorbruder Zechbruder 1616 Jus Potandi § 7.

schrauben aufziehen, necken 1795. 1841; auch Goethes Faust I, V. 2180.

Schreckenberger Popanz, Schreckgestalt 1795; Finte beim Spiel 1841.

schreiben: „ich kann nicht unterlassen an Dich zu schreiben": „wird bei allen möglichen Gelegenheiten gebrauchet" 1749.

schröpfen futuere 1745 Auf der Extrapost eingelaufene etc. Nachrichten S. 53.

Schrumpelbeutel stud. Schimpfwort 1769 Gesch. d. Gött. Stud. II, 166.

Schuh: „in den Schuhen krepiren" ohne die Schulden zu bezahlen ausreißen Mart. Schluck § 4.

Schule: „Sch. schlagen" beim Fechten 1831.

Schulfuchs = Maultier 1822. 1841; Gymnasiast 1841; hbjchftl. um 1820 Schüler auf der Schule, vom Maultier unterschieden; Pennal 1831.

schuppen (vom breiten Stein in Halle) 1781. 1795; auch 1800 Der Weltbürger S. 219. — einen von der Seite rennen, rempeln 1822. 1841.

Schürze Frau 1826 Bruchstücke aus K. Bertholds Tagebuch S. 13; dazu Schürzenkandidat Kandidat der Frauen ibid. S. 18. 19.

Schürzenstipendium Geldgeschenke von Frauenzimmern 1781. 1825. 1831. 1841. 1846; im 18. Jahrh. auch Weiber- oder Frauenzimmer-

stipendium bei Incognito um 1740 und Avanturiers 1744 S. 80. 85.

Schuß: „einen Sch. haben, im Sch. sein" zu viel getrunken haben 1831. Schuß (zu schießen) Wegnahme geringfügiger Sachen („einen Sch. wagen"; „ein herrlicher Sch.") 1813. einen Schuß haben nicht recht klug sein 1781.

Schwachmatikus 1846. S. oben S. 36.

Schwadronenhieb eine Art irregulärer Hiebe 1831.

schwadroniren viel Worte machen 1781; dazu Schwadroneur 1831.

Schwager ¹) Postillon 1781. 1795. — ²) Hallore 1795. — ³) Dorfmusikanten Salinde 1744 S. 173. 174 (die Stadtmusikanten heißen Salinde S. 20 Hausleute); vgl. auch Vetter und Gevatter und oben S. 15.

Schwank Kaufmannsdiener 1825. (siehe Schwung und Ladenschwengel).

Schwanz Ball 1846; Kuhschwanz nach 1831 in Halle für neueres Schwoof.

Schwanz Versäumnis einer Vorlesung 1813; Lücke im Kollegheft 1795; Fischers Burschiade 1781 S. 38 und 1795. 1822. 1831. 1841. „einen Schw. riskiren" eine Vorlesung versäumen; „einen Schw. nachreiten" eine Vorlesung nach dem Heft eines andern nachholen 1813 (auch H. Heine II, 59). — „per Schw. hören" (eine Vorlesung) schinden 1813; auch bei H. Heine (Sanders)?

Schwanzdukaten Schürzenstipendia Incognito (um 1740) Der verliebte und galante Student S. 195.

1. schwänzen (eine Vorlesung) versäumen 1749. 1781. 1795. 1825. 1831. 1841; auch vom Professor gesagt = eine Vorlesung aussetzen 1781. — Dazu Schwänzer 1831.

2. schwänzen [1]) = ausziehen 1749. [2]) „um etw. schw." prellen 1749; Stoppe 1729 Gedichte II, 181; bes. den Wirt, Traiteur nicht bezahlen L. Blaustrumpf 1746 Gedichte S. 4; 'mit Schulden durchgehn' 1764 Der tugend- u. lasterhafte Studente B5; prellen (den Professor um das Kolleggeld); schon Steinbach 1734 'betrügen, hintergehn'. [4]) futuere in Stammbüchern um 1750.

schwarzes Brett 1813; schon um 1700 bezeugt.

Schwarzmantel Theologe 17. Jahrh.

Schwein („gränzenloses Schw.") Glück 1813. 1844; Niebergall 1837 D. Burschen Heimkehr I, 700. — „ein Schw. im Leibe haben" unvernünftig handeln 1795.

Schweinhund: „den Schw. machen" ausschelten 1846.

schweinigeln unflätig reden 1781.

schwefeln [1]) suitisiren; [2]) viel trinken 1831.

Schwengel 1841 = Schwung.

1. Schwerenöther 1795 — Schwerenöthrigen 1781 kleiner runder Haarbeutel; Plur. Schwerenöterchens 1749.

2. Schwerenöther durchtriebener Kerl 1798 Fritz Reinfeld II, 52.

Schwester: „barmherzige Schw." meretrix Stoppe 1728 Gedichte I, 58; oft bei Laukhard; auch Hospitium 1747 S. 59. Dafür Landschwester

1747 Salinde a 5ᵇ; s. auch mitleibig.

Schwimel [1]) wer nichts thut und keine Vorlesungen besucht. [2]) wer von einer Kneipe in die andre zieht. [3]) wer Ordnung und Ordentlichkeit nicht beachtet; dazu schwimeln 1831.

schwindeln närrische Streiche machen; dazu Schwindelgeist 1781.

Schwiten 1795 = Suiten.

schwitzen [1]) emsig arbeiten 1781. 1795. 1831. 1841. [2]) in Verlegenheit sein 1781.

Schwof Kaffernball, niedriges Tanzvergnügen 1846 (Kuhschwof 1831). — Schwofbesen Tänzerin 1825.

schwofen tanzen 1825; wütend tanzen 1831.

Schwofer leidenschaftlicher Tänzer 1831.

schwulibus 1841. 1846; „in schw. sein" 1831. 1846.

Schwulitäten 1781. 1795. 1831. 1841; 1831 — Schwuliten 1795. 1841 Verlegenheiten. Vgl. Schnöbität und oben S. 38.

Schwung Ladendiener 1831. 1841. 1846.

scribax Sekretär 1831; Jobsiade II, V. 324.

Scelenkleister im Leipziger Konvikt Grützbrei 1825. 1831.

Sekundant [1]) beim Duell 1795. 1831. [2]) bei Biersuiten 1825.

Sekunde ein Fechterhieb 1795 (unter Terz hauen).

Seidenspinner ?) Leipziger Stud.-Geographie bei Brasch, Gesch. d. Univ. Leipzig S. 15.

Seifensieder: „da ging ihm ein

fürchterlicher S. auf" als hallischer Studentenausdruck (für "ein Nacht-licht ging ihm auf") Laukhard 1810 Steins Abentheuer I, 54.

sekundiren beim Duell 1795. 1831. 1841; Sekundierprügel feinere Art Rappiere, mit denen sekundirt wird 1813.

Semester (Sommers., Winters.) 1825. 1831.

Senior [1]) bei Orden und Verbin-dungen 1781. 1795 2c. [2]) bei Frei-tischen 1795.

sequens: vivat s. ruft der Präses beim Hospiz 1831.

setzen traktiren (dazu Satz) 1813. 1825. 1831 (bes. ohne Einladung). einen Hieb setzen, Quarten, Terzen setzen 1813. — setzen lassen ins Karzer 1825.

Setzt an Ruf beim Bierskandal 1831.

Seufzerbret Guitarre modern.

silentium Ruf beim Kommers 1831.

sine Schmuck sine Tuck sine Bart-wisch Incognito (um 1740) Der verliebte und galante Student S. 66. S. oben S. 28.

sitzen [1]) von Hieben = treffen ("der Hieb sitzt" hat getroffen) 1795. 1813. 1831. 1841. — [2]) im Karzer stecken 1815. — [3]) es sitzt ich habe das Quantum, das ich vor- oder nach-kommen mußte, geleert 1831.

skalliren (über etw.) sich über etw. moquiren Laukhard 1802 Anekdo-tenbuch I, 95 (nach Sanders auch bei Goethe "auf jem. sk." auf jem. schimpfen).

Skandal (Plur. Standäler 1822 Leben auf Univ. S. 30) [1]) Streitig-keit 1795. 1841; Verdruß, Lärm,

Ungelegenheit 1781. — "Sk. machen" lärmen — "Sk. haben resp. suchen" Streit 1795. — Streitigkeit, die ein Duell zur Folge hat 1813; "Sk. mit jem. haben" ein Duell mit jem. vorhaben 1813, ein bevorstehendes Duell 1822; "einen Sk. fassen" kon-trahiren 1846. — skandalös an-stößig, ehrenrührig 1781. 1795; auch häßlich, abscheulich 1795. — "sich worüber skandalisiren" Anstoß woran nehmen 1781. [2]) Pfennig (in Gießen) Eulerkapper S. 106. 238.

skandiren mingere 1781.

Skat das bekannte Kartenspiel 1846.

Ski, Sky eine Karte im Tarok 1781. 1795. (vgl. H. Schraders Bilder-schmuck d. d. Spr. [2] 408). — skisiren [1]) diese Karte vor sich hinlegen 1781. [2]) "sich sk." ohne Einvernehmen mit den Gläubigern die Universität verlassen 1781. 1795 = sich skißiren 1781 (unter ab-gehen) 1831 (auch Mart. Schluck § 4 sich squisiren).

Skis: "einen Squis machen" - sich skisiren Mart. Schluck § 4.

Skizen stehlen, entwenden 1795. 1841.

Smollis 1813 -- Schmollis.

sonderbar Tuschwort 1813 Göttgr. Stud. S. 107.

Socken: "sich auf die S. machen" leise und schnell davon gehen 1795. — Ztw. socken gehn, weggehn 1846.

Soff [1]) unmäßiger Trunk 1781. [2]) Ge-tränk 1813. 1831 (z. B. "das ist ein schlechter, delikater Soff").

Sohn: "einen jungen S. bekommen" mit einem Wechsel erfreut werden 1749.

Spahn Geld Körner 1812 Nacht-wächter IV.

spannen nach dem Zechen noch eine Flasche mit einem andern zusammen trinken 1781.

Spartam et Martham Pfarre und Quarre Stammbücher; 1846; Salinde 1744 a5.

Spargelstecher Frack 1846; Wolff, Naturgesch. d. d. Stud. S. 60.

Spaßcharmante oben S. 19.

spaßig: „sp. gehn" 1749 Abend-stunden S. 362?

spe-Fuchs Abiturient in Breslau 1831.

speciell besonder („sp. Pech, sp. Malice"); „auf einem Speziellen kneipen" in Verlegenheit sein 1813.

Speck („Sp. in der Tasche haben") Geld Schelmufski S. 110.

speien 1795 = „nach Speier appelliren" 1731 = „nach Speier und Worms appelliren" 1795 sich erbrechen.

Spei-multum: „ein Sp.-m. begehn" vomere 1616 Jus Potandi § 45. Nach Zinkgräfs Apophthegmata 1626 auch bei Mathesius („die Studenten machen ihre Schlußreden bei Wein und Bier in Ferison und Spei multum").

Sper Speziesthaler 1795. 1822. 1841; ob Plural zu Speck?

spicken: „den Geldbeutel sp." 1744 Avanturiers S. 42; s. Speck.

Spieß (auch Species, Sper) 1)ein Sechspfennigstück 1795. 1822. 1825. 2) Geringwertiges („ich gebe nicht einen Spieß darum") 1795. — Spieße Gelder 1795. 1813. 1822; Laukhard. Schilda I. 201 — Euler-

kapper 105; auch Spießigkeiten 1825.

Sponsade edler als Poussade 1831; auch Gaudy. Werke I, 194; dazu Sponseur 1831 und sponsiren die Cour machen 1831.

Spitz Rausch 1846; Studentenwitze 1839 S. 68; Schnabels Univ.-Jahre S. 158. 185; modern auch Stips.

Spritzbüchse Mädchen 1781. 1846.

spritzen reiten oder fahren; Spritz-tour oder Sprutz Ausflug 1846; Spritztour Ausflug nach einer benachbarten Stadt O. L B. Wolff, Naturgesch. d. d. Stud. ³S. 64.

Sprünge: „jem. auf die Spr. helfen" jem. den Leitfaden an die Hand geben, ihn (beim Erzählen 2c.) auf den rechten Weg bringen 1795.

Spuz Speziestaler 1813.

Stadtarrest 1795; — Stadtmeesen s. Meesen.

Stallbesen Dienstmädchen 1841.

stallen mingere 1781. 1795. 1841.

Stammbuch des Studenten 1781.

Ständchen Nachtmusik der Charmante gebracht 1749.

Stänker wer jede Kleinigkeit als Streitursache benutzt; dazu stänkern, Stänkereien 1795. 1841.

statuiren: „eine Schleifkanne st." poniren 1749.

Staubsäule: „sich beknüllen wie eine St." 1831.

stechen: 1) „einem etw. st." heimlich zur Warnung benachrichtigen 1781. — 2) „mit Rappiren st." 1831. 3) gut trinken 1831.

Stecher transportable Tintenfässer aus Horn 1813; 1845 Burschen-fahrten S. 71.

ſteife Gedanken wollüſtige Gedanken 1781. 1795.

ſteigen ¹) gehn; „zu Dorfe ſt." 1781. 1795. 1831. 1841: 1749 Der reiſende Avanturier II, 50. 66: „zu Biere ſt." 1795. — ²) vortrinken 1846; „ich ſteige dir eins vor" 1831.

ſtellatim gehen (oben S. 43); „Gebanken bey dem st.-g." ein anakreont. Gedicht Abendstunden 1750, 335; Stoppe 1728 Gedichte I, 43. 114. 151. II, 45; Servius. Mägdetröster S. 147; Schnabel 1750 der aus dem Mond gefallene Prinz.

ſtellen ausführen, durchſetzen („er kann nicht viel ſt.") 1813.

ſich ſtellen ſich einfinden (zum Duell) 1795. 1825. 1841; „ſich nicht ſtellen", eine Forderung nicht annehmen 1795.

ſtibitzen liſtig ſtehlen 1781. 1795. 1841.

Stichkomment 1813.

stifelis: „in st." zu Fuß 1846.

Stiftler „„die der evang. Theologie befliſſenen (veraltet)"" 1841.

Stiefelwichſer 1781.1795; Stiefelwuchs 1831. 1845; auch Burschenfahrten S. 93; Stiefelfuchs modern (auch Bacheliade S. 102).

Stoff jede Quantität von Getränken 1831.

ſtolz ſchön; „ein ſt. Hut"; „das macht ſich ſtolz" 1813.

Stoppelhopſer Oekonom modern.

Stöpſel Kerl 1793 Phil. Dulder I, 88.

Storchbein als Beleidigung v. Maltitz 1828 Der alte Student II, 2; ob zu Storcher?

Storcher Goethe im Urfaust nach AfdA 20, 304 zu Storchbein?

eher (wie Marktſchreier V. 2179) = Storger 'Landfahrer' (Störcher Calenbach 1714 Quasi vero S. 53).

Stoßen (nicht in Halle) — Grobhans 1795.

ſtoßen mit Stoßrappieren fechten 1813. 1831; ſtoßt an Ruf im Bierſkandal 1831.

ſträflich groß, ſehr; „ſtr. Langeweile", „ſich ſträflich ennuyiren" 1813.

ſtreichen = dämmern 1813.

Streif („einen Str. machen") Fußtour, Bummel 1757 Niemand S. 84.

Strich: „auf den Str. gehen", „ein munterer Str." zu ſtreichen 1813; auch Laukhard, Autobiogr. I, 345 „auf den Str. gehn und Mädchen wie Lerchen fangen".

Strichvogel ſ. Zugvögel.

Strick Kerl Eulerk. 187.

Strohrenommiſt Bramarbas 1831.

Strolm Strolch Eulerk. 187.

Stromer = Schwimel (beſ. in Leipzig) 1831. Stromer Bummler Schnabels Univ. Jahre S. 254.

Strumpf: „auf dem Str. ſein" Harring 1831 Fauſt S. 97 — „auf den Strümpfen ſein" Eulerk. 187. — Strümpſe: „ſich auf die Str. machen" ſchnell wohin gehn um eine Sache zu beſorgen 1795.

ſtrumpfen auf dem Strumpfe ſein 1846.

Stubenarreſt 1781. 1795.

Stubenburſch 1795. 1813. 1831 — Stubenburſche 1781. Salinde 1744 S. 64. 65 und 1747 Hospitium S. 23. 24. 68 Stubengenoſſe. Dafür Stubenfaball 1781; auch Salinde 1744 S. 83; Stuben=

burſche noch Körner 1812 Nachtwächter III.

Stubenkameel modern = Stuben=
kamiſol 1831; vgl. Hauskami=
ſol Hausgenoſſe O. L. B. Wolff,
Naturgesch. d. d. Stud. 66.

Stubenſchwitzer == Mucker 1781;
dafür 1795. 1841 Stubenſitzer.

Student: dafür immer Studio
1831.

ſtudentikos ſtudentenmäßig 1781;
1737 Taubmanniana S. 150 ſtu=
dentikῶς — Reinwald 1720 Academienspiegel S. 9 studenticòs.

Studirens halber um ſtudiren zu
ſollen 1846.

Stuhl: „zu St. kommen" zur Ruhe
kommen 1813.

1. Stulp, Stulpe großer Fechthand=
ſchuh 1831.

2. Stulp Sturz auf 12 reſp. 24 Gänge;
malitiöſer St. Sturz auf 24
reſp. 48 Gänge 1831.

ſtunden: „(die Kollegiengelder in
meliorem fortunam) ſt. laſſen 1846;
auch Schnabels Univ.-Jahre S. 17.

Stummel Pfeife Heun 1792 Vertraute Briefe I, S. 16.

Sturm: „im St. ſein" berauſcht ſein
1831.

Stürmer Art Mütze 1816 Über den
Geist des Studentenlebens in Jena
S. 29; hoher Hut mit Schwung=
federn 1831. Eigtl. Sturmhut?

Sturz jede kommentmäßige touchirende
Beleidigung 1831.

ſtürzen: „Beleidigungen ſt." 1813.
1831. — bei Getränken ſtürzt man
einen Gelehrten, einen Doktor, einen
Papſt, indem beide Teile je 1 Glas
reſp. 2 oder 3 Gläſer trinken 1813.

1825.; „einen dummen Jungen ſt."
ſo ſchimpfen 1822.

Stutz Mütze, Hut 1846.

Stutzer „„bisweilen ſoviel wie ein
Renommiſt, bisweilen wie ein Peti=
mäter; dann wer den einen Schooß
von der Weſte auf dem Arme trägt
und ſich ärger in die Bruſt wirft
als ein Betteljude"" 1749; Ggſ. zu
Renommiſt 1781 (auch Mart.
Schluck § 16). — Schon im 17. u.
18. Jahrh. z. B. 1611 Stutzerus
= Fuchs De Jure et Natura Pennalium A 3 b; Reinwald 1720 Academienspiegel S. 453; 1654 Pennal-
etc. Possen B II ᵃ III ᵇ V ᵇ.

Subſenior 1831.

Suite ¹) Duell. ²) Kommers. ³) Liebes=
abenteuer. ⁴) jede außerordentl. Fahrt
1825. Suiten (Schwiten) Schwänke,
Streiche 1795. 1813. 1831. 1841;
„S. reißen" luſtig und übermüthig ſein
1795. 1813 (Goethe, Dichtg. u.
Wahrh., 7. Buch); „eine kreuzfidele
Suite"; Suitier wer alle Streiche
mitmacht; ſuitiſiren Burſchen=
ſtreiche verrichten 1813. 1822. 1831.
1841. — Suitenbach luſtiger Kerl
1822. 1841.

Sulphuriſt ¹) Angeber, Denunziant
1825. — ²) wer ſich gegen die Lands=
mannſchaften mit andern verbunden
hat um ſich nicht zu ſchlagen 1822.
1841.

Summum bonum dicke und ſteiſe
Zöpfe 1781.

ſumpfen modern (verſumpfen
Wilh. Grimm, Kl. Schriften I, 518).

Suof 1846 = Schwof.

ſuperbe („ſ. Wetter", „ſ. Percat", „es

friert süperbe") im Munde der Schächer und Petimäter 1749.

Suppenautor Gastwirt 1781.

sür: „sich einen sür nehmen" Kobbe 1840 Erinnerungen I, 12.

süß küssen podicem lambere 1813.

System Tabakspfeife O. L. B. Wolff, Naturgesch. S. 126.

Tabulat eine Art von „„Karzer für die braven Burschen, die ihre Collegia nicht bezalen wollen"" 1749. — Oft in Stammbüchern um 1750 „Vor Karzer und vor Tabulat behüt uns Herre früh und spat." Tabulat= chen Karzer in Jena bei Lober. Blaustrumpf, possierl. Gedichte 1749; Salinde 1744 S. 127. 156.

Tag: „nun ist es T."? Schächeraus= bruck 1749.

Tanzkneipe Schwoof; dazu Tanz= kneipier Wirt eines Tanzlokals 1831.

Tanzkniff anständiger Schwoof 1831.

tarieren mitnehmen, stehlen 1781. 1795. 1841.

teeck = theef.

Terz hauen beim Fechten 1795.

Thee: „auf den Thee kommen" übel anlaufen, unglücklich werden 1795. 1841.

theef (oben S. 70): zuerst „ein teefer Schnurr" 1766 in einem Jenischen Stammbuch zu Weimar. — Dann elend, schlecht, gering, fade („ein th. Kerl") 1781. 1795. 1822. 1841; „ein thefes Buch" 1795; „ich bin theef fast sehr" ich bin bettelarm 1781. — teef ‚weich, mürbe' „ein echter Burschenausdruck" E. M. Arndt, über den Studentenstaat, 1815.

Theekessel ein einfältiger Mensch, der

nicht gern mitmacht 1781. 1795. 1831; auch Laukhard 1798 Schilda I, 167 — Eulerk. S. 103; Lenz 1774 Hofmeister IV, 6. Thee= kesselklike vornehme Damenwelt 1846.

Thierchen: „mein Th." zärtliche An= rede wie altes Haus 1795. 1841.

Thorn: „Fürst von Th." 1831; O L. B. Wolff, Naturgesch. d. d. Stud. ³ S. 67; „jem. zum Prinz von Th. machen" eine eigene Art sich singend zu betrinken Laukhard, Eulerkapper S. 229.

Thonprügel weiße Thonpfeife 1813; s. Prügel.

thun: „das kann er wol th." Schächer= ausdruck 1749.

tief: „pereat tief" 1781; daher „tief pereiren" großes Elend an= wünschen 1795. — „t. in Schul= den stecken" 1795; „t. in der Blamage stecken" wenig Ehre haben 1795.

Tiegel: „im T." im Unglück 1846.

Tischbursch Tischgenosse 1703 Taub- manniana S. 97; 1744 Salinde S. 24; dafür Tischkavall in Keils Stammb. S. 171 aus Er= langen 1749.

Tobich Tabak 1822. 1841 (Tobig 1831); hbschtl. schon 1692.

toll besoffen Laukhard, Schilda II, 125.

Tölpel; „jem. über den T. werfen" besiegen 1747 Hospitium S. 56.

Torkel Glück modern

Touche Beleidigung 1822. 1825. 1841; Campe 1813; Heines Werke II, 74; als Tousch 1831. — tou= chieren beleidigen 1821. 1831. 1841; auch 1747 Hospitium S. 36 (tou=

ſchiren 1822. 1831); ſchon 1744 Salinde S. 71. 76 (Touchement S. 72).

Tousch Muſik zum Vivatrufen 1831.

Trampelcharmante ſ. oben S. 19; dazu Trampler wer Fenſterpromenaden macht 1747 Hospitium S. 46.

Trauermantel, -vogel unausſtehlicher Menſch 1795. 1841.

traurig unangenehm, elend 1795. 1841.

Treffer unerwartetes Glück (eigtl. im Würfelſpiel, wo treffen 'gewinnen' bedeutet); „er hat viel Tr." es glückt ihm alles 1795. 1841; Bahrdt, Rindvigius I, 107; „er hat einen guten Tr. am Leibe" er wirft im Würfelſpiel ſehr glücklich 1813; „einen Treffer oder Pech haben" Laukhard 1799 Fr. Wolfstein I, 135.

treten tranſ. [1]) heftig zuſetzen, wozu vermögen 1781. 1795. 1841 (z. B. „jem. um Geld treten" 1795); auch ſpez. [2]) jem. bereden, eine Geſellſchaft mit Kaffee ꝛc. zu regaliren 1795. — [3]) mahnen 1813. 1825. 1831. 1841; ſpez. aus Duell 1822. 1831; dazu Tritt der Akt des Mahnens („einen gegelinden Tritt erhalten, geben", „Trittbrief") 1813. 1831. — [4]) „im Tr. ſein" einen kleinen Rauſch haben 1831. — „treten laſſen" einen Herausgeforderten an das Losmachen eines Duells erinnern laſſen 1822. 1841. — Trittvogel 1846 = Treter 1831.

Tretbrief Mahnbrief Niebergall 1837 Bursch.-Heimkehr III, 10.

trinkabel Gaudy, Werke I, 182 und vgl. oben S. 67.

triſt traurig; Unbehagen erzeugend 1795. 1825. 1831 („ein triſtes Haus").

Tritt ſ. treten.

Trödel Scherz („es macht viel Tr."); trödelhaft ſcherzhaft 1813; „einen Tr. anſtellen" Studentenwitze 1839 S. 89.

trollen: „ſich tr." weggehn 1781. 1841.

Tröſter Hülfsbuch), Eſelsbrücke Hönn 1721 Betrugslexicon S. 165; 1747 Hospitium S. 18.

trottiren Trott reiten 1781.

trumpfen einen Verweis geben, Vorwürfe machen 1781. 1795; „einen Trumpf worauf ſetzen" etw. ſtark bekräftigen, man werde etw. ſicher ſo ausführen als man zu thun Willens iſt, wenn das Gegentheil geſchehen oder nicht geſchehen ſollte 1795.

Trutſchelchen Mädchen das ſich gern liebkoſen läßt, beſ. Tirolerinnen, die mit Galanteriewaaren handeln 1781.

Tumult 1749.

Ulk, Spaß, Tumult 1831; Ulf treiben = ulken 1846.

Umlauf amtliches Zirkular des Prorektors oder des Dekans 1781.

umſatteln Motschmann 1729 Erfordia Litterata I im Regiſter; Joh. Jak. Lehmann, De Mutatione Studiorum (Vom Umſatteln) 1715; auch Niebergall 1837 D. Burschen Heimkehr IV, 8. Dazu Umſattelung (1720) Faustbuch des Christl. Meynenden S. 2/3.

umſtoßen allein oder in Geſellſchaft jem. auf die Stube kommen und erklären, daß man noch nicht gefrühſtückt hat 1785 Beytr. zur Statistik von Göttgn. S. 130.

Undamm (Ggf. zu Damm) „auf dem U. sein" modern.

unflätig außerordentlich; z. B. „unfl. durstig" 1795. 1841.

ungeschliffene Leute Bacchanten vor der Deposition Reinwald 1720 Academienspiegel S. 82.

Unglück: „Unglück mit Pech vermischt" 1795.

Universitäts-Pudel = Pudel 1831.

Uniform der Landsmannschaften 1831.

unparteiischer Zeuge 1831.

Unsinn als Bezeichnung für alles was dem Burschen nicht gefällt; dazu unsinnig: „ein uns. Haus" ein origineller, toller Kerl 1831.

Unterhaus (beim Kommers) die untere Tischhälfte 1846.

unterlaufen eine Unregelmäßigkeit beim Duell 1825.

unvernünftig außerordentlich z. B. „unvern. fleißig" 1781. 1795. 1841. „unvern. heiß", „unvern. schlafen"; „der Kerl hat eine unvern. Sau" viel Glück 1831.

Unzucht (Ggf. zu Zucht: „hier wird Unz. getrieben" hier geht es wild durch und über einander 1813.

üppig: „sich — machen" OLBWolff Naturgesch. d. d. Stud. 3 S. 128.

Ueppikus (oben S. 36) Uebermütiger 1846.

Vademecum Diener bei Schmeitzel 1737 (eines rechtschaffenen Studenten Klugheit zu leben).

Verbindung 1831.

verbürsten (Geld) durchbringen um 1600 bei Ant. Baumaister, Ein schon neues Fastnachtsspiel A 6b.

verdominiren (Geld) verthun, verjubeln Reinwald 1720 Academien-

Spiegel S. 453; Hönn 1721 Betrugslexikon S. 408; schon Zinckgrefs Apophthegmata 1626.

verdonnern (zu einem Strafquantum beim Kommers) 1831.

Vergnügen: „ein unschuldiges Vergnügen" Onanie 1795. 1841.

sich verhauen einen falschen Hieb thun 1795. 1813. 1841.

verjubeln im Jubel durchbringen 1813.

verkeilen [1]) versetzen 1781. 1795. 1813. [2]) verkaufen 1795. 1813. 1822. 1825. 1831. 1841; [3]) Niebergall 1837 Des Burschen Heimkehr III, 10. — [4]) „sich verk." sich verlieben Niebergall 1837 Des Burschen Heimkehr III, 12.

verkitzeln sein Geld im Spiel verlieren 1831.

verkleistern denunciren Bahrdt, Rindvigius I, 101.

verkloppen verkaufen 1831.

verkneipen in Wirthshäusern durchbringen 1813. 1831.

verkröschen verkaufen 1831.

verkümmeln verkaufen 1822. 1831. 1841; auch v. Maltitz 1828 Der alte Student II, 2.

Verlag Verlegenheit 1846.

verludern Geld und Zeit schlecht verthun 1831.

sich verlustiren sich lustig machen 1781.

vermöbeln verkaufen 1831.

verpaßkalen (das Geld) verjubeln Zschr. d. Thür. Gesch.-Vereins XI, 68.

verplempern sich platonisch verlieben 1825. 1831.

verpönen (z. B. eine Kneipe) in Verschiß thun 1831.

verpumpen verborgen 1831.

verquälen verkaufen 1813.

verquetschen verkaufen 1831.

verrückt: „wie verr." wie toll 1831.

verschießen: „sich versch." sich verlieben 1825. 1831; verschossen
verliebt 1841.

Verschiß [1]) Verstoß, Versehen Fehler;
„im V. sein" gegen die Regeln des
Burschenkomments fehlen 1781. 1795;
„einen Versch. machen" einen Kom-
mentfehler begehn 1895 — „in den
Versch. thun" für ehrlos erklären
1841. Laukhard, Eulerk. 116 —
Schilda I, 9 Mosellaner S. 97; „auf
den V. setzen" für vogelfrei, in die Acht
erklären 1795. — [2]) Ehrloserklärung
1822 („temporärer Versch., perpetu-
eller Versch."); „sich aus dem Verschiß
schlagen" 1825; Verruf, Ehrlosigkeit
1822. 1831; dazu ein Ver-
schissener 1822. 1841.

verschlemmieren verprassen Jobsiade
I, V. 886.

verschnallen verkaufen 1781. 1831.

verschnappen: „sich verschn." v.
Maltitz 1828. Der alte Student II, 2.

verschwimeln (Zeit und Geld) verthun 1831.

verschwitisiren sein Geld burschikos
durchbringen 1831; s. Suite.

verschwitzen verlernen 1831.

verschwofen (Geld) vertanzen 1831.

versetzen Geld auf ein Pfand borgen
1795.

sich versteigen sich vergallopiren 1781
(unter steigen).

verwichsen durchbringen 1822.

verwichsen [1]) sich das Versprechen
geben etwas nicht zu thun 1831.
[2]) durchbringen 1841.

Vetter, Frau Vetterin Anrede an
den Wirt und die Wirtin auf dem
Jenaer Burgkeller 1831 Der Student
u. die Stecknadel I, 104; Kobbe
1840 Erinnerungen I, 158.

viehisch — ochsig, unflätig, unvernünftig 1795. 1841.

Vigilance [1]) das Aussehen nach hüb-
schen Mädchen und das Bewerben
um ihre Gunst 1781. [2]) das schöne
Geschlecht bes. der höheren Stände
1795. 1841.

vigiliren [1]) schönen Mädchen nach-
schauen 1795. 1841. — Vigilanz
„Augenweide am Frauenzimmer"
Fischer 1781 Burschiade S. 46. —
[2]) beim Hasardspiel die Karten lang-
sam durchziehen 1781. 1795.

virgatim oben S. 42.

Vokativus ein durchtriebener Kerl
Eulerkapper S. 10.

voltiren Fechterterminus 1813.

vor: „eins vor" = ich trinke Dir ein
Glas vor 1831.

vorfahren herbeibringen, herholen,
vorführen („laß mir einen tüchtigen
Fraß —", „der läßt viel —") 1813,
1831.

Vorfechter Gehülfe des Fechtmeisters
1831.

Vorgebirge = promontoria 1825.

vorkotzen (nach vortrinken gebildet) 1831.

vorreiten [1]) präsentiren („die Neulinge werden von ihren Landsleuten
den andern Studenten vorgeritten")
1813. [2]) vortrinken 1744 Salinde
S. 65.

Vorreiter bei Schlittenfahrten 1831.

Vorreiter eine Charge bei Aufzügen
Schlittenfahrten 1795. 1831; „eine

"gute Vorreitermille haben" das Vorreiten gut verstehn 1795.

vorrenommiren vortrinken („ich
Dir eins vor") 1831.

vorsaufen vortrinken 1831.

Vorsteher Senior bei den Burschen-
schaften 1831.

vorschwören vortrinken 1739 Keils
Stammb. S. 206; Hospitium S. 54.

vorsteigen vortrinken 1831.

Vortrag promontorium 1825. 1831.

vortrinken 1813. 1831.

vorwichsen gut auftischen 1831.

vorziehen vortrinken 1831.

Waffe ¹) Schläger. ²) bei Kommersen
das Glas 1825. 1831.

Wallach: „non possum ist ein W."
ich kann nicht 1831.

Wallensteiner der kleine Bart am
Kinn 1831. OLBWolff Naturgesch. S. 134.

Wallfisch ein Biertisch mit 16 Gläsern
1831.

Wechsel des Studenten in der heutigen
Bedeutung 1795. 1813. 1831. 1841
etc. (schon Behmeno 1715 Poet.
Cabinet S. 121; 1745 Auf der
Extrapost eingelaufene Nachrichten S. 70); überhaupt Geld, Vermögen 1825.

wegkriegen lernen (z. B. das Wein-
trinken) Laukhard 1799 Fr. Wolfstein S. 82.

wegrutschen abgehn (von der Schule)
Schilda III, 269.

wegstibitzen = stibitzen 1781.

wehlich ¹) von Pferden 2c. mutig.
²) stud. übermütig 1781.

weidlich recht sehr („einen w. aus-
hunzen" heruntermachen) 1781.

weilen sich aufhalten 1781.

Weinkneipe -kneipier, -kniff 1831.

Welt: „alles in der W., nur dies
nicht" abschlägliche Antwort 1749.

werden: „es kann nichts damit w."
ist nicht gut und wird nicht gut 1749.

Werk: „das heilige W." das Hallische
Waisenhaus 1795. 1841.

wetzen in die Steine hauen 1749;
mit dem Degen auf den Stein oder
dem Steinpflaster, so daß Funken
herausspringen, ¹) um zu provoziren
1781. ²) als Zeichen des Aufruhrs
1795. 1841.

Wichs Staat („W. machen", „im W.
sein") 1795. 1831. 1844. — „en Wix"
in Galla, sehr geputzt 1781. — sich in
W. werfen Laukhard 1798 Schilda
I, 191. — Wichskleid 1778 Zs. d.
Harzvereins 22, 423 — Wixkleid
Staatskleid Fischer 1781 Burschi-
ade S. 18.

wichsen prügeln 1781 (auch) Mart.
Schluck § 13); schlagen 1795. 1831.
1841.

Wichsier Stiefelwichser 1841. 1846;
auch L. Köhler 1843 Akad. Welt
I, 40; II, 33.

Wilder wer sich nicht zu seinen Landsleuten hält, wer keiner Landsmannschaft angehört 1813. 1831. 1841;
(auch nicht als Renonce) 1822.
1831; Schnabels Univ.-Jahre 312.

Wild l'hombre Hasardspiel, bes.
Pharao 1813.

Winkelquart beim Fechten 1795 unter
Terzhauen.

Wischer: „ein derber W., einen W.
einstecken" Laukhard, Emigranten
II, 188.

Witz auch von Handlungen („guter,
schlechter W.") 1825; jedes Amüse-

ment; s. Bierwitz, Burschen=
witz 1831.

Witzstaat Abart des Bierstaats OLB.
Wolff Naturgesch. d. d. Stud. ³
S. 176.

Wolle: „in der W. sitzen" in guten
Verhältnissen, bei Geld sein 1781.
1831 = „in der W. sein" 1795.
1841.

Works Buch modern.

Wortklauber wer sich bei Kleinig=
keiten aufhält und in der Wahl oder
Erforschung der Worte pedantisch
und ängstlich ist 1781.

Wuchs, Stiefelwuchs Stiefelwichser
1822. 1841.

Wurst („das ist mir W.") etwas In=
differentes 1822. 1825. 1831. 1841
etc.; etwas Gleichgültiges (auch wurs-
tum est 1846). Schnabels Univ.-
Jahre S. 165.

wurstig: „das ist eine w. Sache", „das
ist mir wurstig" eine Kleinigkeit
1831. 1841.

Wurzel Mucker 1841; Mart. Schluck,
v. Burschenkomment § 12.

Wütrich 1831.

x-mal modern.

zart: „sich z. machen" hübsch, statt=
lich aussehen („ei! das macht sich
zart") 1813.

Zelle Stube, Bude 1846.

Zeug alle Kleidungsstücke; „auf dem
Zeuge sein" sich munter und wohl
befinden — „jem. etw. an dem Zeuge
flicken" jem. Schaden thun oder ihm
etw. anhaben 1795. 1841; „was das
Z. hält" bis zum Äußersten, sehr
Laukhard, Emigranten II, 169.
171.

Zeuge (parteiischer, unparteiischer)
1831.

Zeugwart eine Charge (wer die Waffen,
Fahnen, Binden usw. der Burschen=
schaft unter sich hat) 1825.

Ziegenhainer ¹) Dornknüppel aus
Ziegenhain bei Jena 1795. 1831.
1841 (auch Keils Stammbücher
S. 283). ²) gewöhnlicher Studenten=
stock (merkwürdig dabei die Sitte,
das dicke Ende unten zu tragen wie
bei einer Keule) 1813. 1831. 1841.
— „Z. geben" mit einem Z. durch=
prügeln 1813 == ziegenhainern
oben S. 67.

Ziegenholz Ziegenhainer 1831. 1845
Burschenfahrten S. 71.

ziehen ¹) stark pro poena trinken
(„zieh, Schimmel, zieh") 1781. 1795.
²) genießen, verzehren („einen Fraß
mit Wein z.", „einen Schnabem z."
1813. ³) gelten, erlaubt sein („Re=
tourkutsche zieht nicht") 1813. 1831.
1841. ⁴) Eine Entschuldigung, Be=
leidigung, ein Witz zieht nicht 1822.
1825. ⁵) in Aufnahme sein („eine
Universität zieht", „Rinteln zog
nicht") 1813. ⁶) „um Geld jem.
z." prellen Salinde 1744 A 4 ᵇ.

Zinken im Gesicht Nase Niebergall
1837 Des Burschen Heimkehr
III, 11.

Zirkumflex Cirkumflex 1749.

Zobel Frauenzimmer im Allgemeinen
1822. 1841. 1846; auch Heine 1824
Harzreise (Werke III, 57 Elster);
Mädchen der niederen Stände, bes.
Dienstmädchen 1831. Sanders be=
legt Zobelchen meretrix aus Grimmelshausen. Vgl. oben S. 55.

Zobbel unordentliches häßliches Frauenzimmer aus den niederen Ständen 1831.

zollen, Zoll geben Abgaben entrichten 1781.

Zores Lärm Niebergall 1837 Des Burschen Heimkehr II, 10.

Zotologie Laukhard, Emigr. II, 43 — Marki v. Gebrinn II, 121.

zudecken beim Fechten den Gegner tüchtig zusammenhauen 1813; jem. mit Schlägen überladen 1781 (unter decken).

zufuchsen (im Kartenspiel) glücklich zukaufen 1795 (unter fuchsen). 1841.

Zugvogel meretrix 1831. „Zug= oder Strichvögel heißen im Burschenlexiko Mädchen, die zum Zapfenstreich die Promenade regelmäßig besuchen" 1785 Beytr. z. Stat. v. Göttgn. 243.

zureiten anlernen, belehren (das Geschäft der Burschen bei den Neuangekommenen) 1813.

zurücknehmen eine (übereilte, unbeabsichtigte) Beleidigung: sie so gut als nicht geschehen erklären 1795. 1825. 1841.

zurück sein Unrecht haben, die Sache nicht verstehn („du bist noch weit zurück" du irrst darin sehr) 1795. 1841.

zusammenschlagen viel im Spiele gewinnen 1795. 1841.

zuschanzen verschaffen Laukhard 1798 Schilda I, 3-1.

Zuwachs, junger Zuwachs die neuangekommenen Studirenden 1795. 1841.

zwingen in gutem Zustande, bei Geld sein 1795. 1841; „er zwingt es dicke" hat viel Geld 1781. 1795; „er kanns nicht zwingen" hat kein Geld dazu 1781; Laukhard, Erzälungen u. Novellen I, 413. — „sich zw." sich Gewalt anthun, etw. überwinden (ich müßte mich zwingen) 1795. 1813. 1841. — Eulerkapper S. 107.

Verlag von Karl J. Trübner in Strassburg.

Etymologisches Wörterbuch

der deutschen Sprache

von

Friedrich Kluge,

ord. Professor der deutschen Sprache an der Universität Freiburg i. Br.

Fünfte verbesserte und stark vermehrte Auflage.

Lex.-8. XVI, 491 S. 1894. M. 10. -, in Halbfrz. geb. M. 12. —.

Der Verfasser des vorliegenden Werkes hat es unternommen, auf Grund der zerstreuten Einzelforschungen und seiner eigenen mehrjährigen Studien ein etymologisches Wörterbuch des deutschen Sprachschatzes auszuarbeiten, das dem gegenwärtigen Stande der Wissenschaft entspricht. Er hat es sich zur Aufgabe gemacht, Form und Bedeutung jedes Wortes bis zu seiner Quelle zu verfolgen, die Beziehungen zu den klassischen Sprachen in gleichem Masse betonend, wie das Verwandtschaftsverhältnis zu den übrigen germanischen und den romanischen Sprachen. Selbst die Vergleichung mit den entfernteren orientalischen (Sanskrit und Zend), den keltischen und slavischen Sprachen ist in allen Fällen herangezogen, wo die Forschung eine Verwandtschaft festzustellen vermag und wo diese Verwandtschaft zugleich Licht auf die Urzeit des germanischen Lebens wirft.

Eine allgemeine Einleitung behandelt die Geschichte der deutschen Sprache in ihren Umrissen.

Die **Verbesserungen** der neuen Auflage bestehen in der Verwertung der neuesten Forschungsergebnisse auf dem Gebiete der germanischen Etymologie; die **Vermehrungen** in der Aufnahme einer grossen Anzahl solcher Fremdwörter, welche seit dem 16. Jahrh. aufgekommen sind, und seitdem einen unzweifelhaften Bestandteil der deutschen Sprache ausmachen. In den meisten Fällen ist es dem Verfasser gelungen, genau festzustellen, wann und auf welchem Wege das einzelne Fremdwort in unsere Sprache eingedrungen und damit Nachweisungen zu bieten, welche ausser dem sprachlichen, ein hohes culturgeschichtliches Interesse beanspruchen. (Ankündigung des Verlegers.)

Gesamtindex zu Kluges etymologischem Wörterbuch der deutschen Sprache von Vincent Franz Janssen. Lex.-8°. 284 S. 1890. M. 7.—.

„Dieser Gesamtindex ist eine sehr wertvolle Ergänzung zu dem ausgezeichneten Werke von Kluge, das so schnell zu einem unentbehrlichen Ratgeber für alle Sprachgelehrten geworden ist. Erst mit Hülfe dieses Index, der offenbar mit voller Liebe und Hingebung und nicht auf blosse Bestellung gearbeitet ist, kann der grosse Schatz wohlüberlegter Aufstellungen und Kombinationen, die in Kluges Werke enthalten sind, voll gehoben werden. Man sieht, welch ein Reichtum uns in diesem Gesamtindex geboten wird, und es darf sich denselben Niemand entgehen lassen, der der Kluge'schen Arbeit eine wirklich wissenschaftliche Benutzung zuzuwenden im Stande ist. Der Preis ist für das hier Gebotene sehr billig.“

(Lit. Centralblatt 1890. 23.)

Von Luther bis Lessing.

Sprachgeschichtliche Aufsätze

von

Friedrich Kluge

Professor an der Universität Freiburg i. Br.

Zweite, durchgesehene Auflage.

Inhalt: Kirchensprache und Volkssprache. — Maximilian und seine Kanzlei. — Luther und die deutsche Sprache. — Schriftsteller und Buchdrucker. — Schriftsprache und Mundart in der Schweiz. — Oberdeutscher und mitteldeutscher Wortschatz. — Niederdeutsch und Hochdeutsch. — Latein und Humanismus. — Oberdeutschland und die Katholiken.

8°. XII u. 150 S. mit einem Kärtchen. 1888. Preis Mk. 2.50, gebunden Mk. 3.50.

„Schon der Gegenstand an sich, den hier ein auch weiteren Kreisen bereits durch sein treffliches „Etymologisches Wörterbuch der deutschen Sprache" bekannte Gelehrter nicht blos mit der Zuverlässigkeit des Fachmannes, sondern auch mit dem Geschick und Geschmack eines gewandten Schriftstellers behandelt hat, sollte wohl darnach angethan sein, dem Büchlein unter den nicht gelehrten Freunden der deutschen Sprache Liebhaber und — Käufer zu erwerben. Denn dass die Fragen, deren Beantwortung den Inhalt dieser Schrift ausmacht, in den Bereich des Interesses der höher Gebildeten fallen, braucht dem nicht erst bewiesen zu werden, der weiss, wie treu gerade die Geschichte unserer Sprache, mehr wohl als irgend etwas anderes, den Kampf und den Sieg unseres Volkstums widerspiegelt. . . In welchem Geiste der Verfasser seine Aufgabe erfasst hat, bezeichnet er selber, wenn er im Vorworte sagt, dass auch sein Büchlein Zeugnis davon ablegen solle, „was den Entwicklungsgang unsrer Nation gehemmt, was ihn beschleunigt und gefördert" habe; es will zeigen, warum Jakob Grimm unsre Schriftsprache einen protestantischen Dialekt genannt hat, warum erst seit 1580 Luthers Sprache eine autoritative Stellung erlangen konnte, warum der Gegensatz von Schriftsprachen und Mundart erst nach der siegreichen Bekämpfung des Lateinischen ausgeglichen worden ist.

Nicht mit dem Anspruche, eine vollständige Geschichte der deutschen Sprache zu bieten, tritt Kluge auf, er will in einer „Reihe unverbundener Aufsätze" nur „zusammenfassen, was Fachleute vor und seit Jakob Grimm über ein paar sprachwissenschaftliche Probleme ermittelt haben". Diese Aufsätze aber fügen sich von selber zu einem innerlich zusammenhängenden Ganzen, sodass wir hier in der That eine höchst anziehende Darstellung der Lebensgeschichte unseres Neuhochdeutsch von seinen Anfängen um die Wende des fünfzehnten und sechzehnten Jahrhunderts bis zur Begründung seiner Alleinherrschaft um die Mitte des achtzehnten Jahrhunderts vor uns haben . . . . ."

(Die Grenzboten 1888. Nr. 19.)

Soeben erschien:

MINERVA

Jahrbuch der gelehrten Welt

herausgegeben von

Dr. R. KUKULA und K. TRÜBNER.

IV. Jahrgang 1894/95.

Mit dem Bildnis Lord *Kelvin's*, radiert von Hubert Herkomer.

16⁰. XVI, 930 S.   Preis brosch. M. 7.—, geb. M. 8.—.

Früher erschien:

Minerva, Jahrbuch der Universitäten der Welt. Herausgegeben von Dr. R. Kukula und K. Trübner. 1. Jahrgang. 1892/93. 16⁰. VI, 359 S. 1892. In Pergament gebunden M. 4.—.

— Jahrbuch der gelehrten Welt. II. Jahrg. 1892/93, mit dem Bildnis Theodor Mommsens, radiert von W. Krauskopf. 16⁰. VI, 827 S. 1893. In Halbpergament gebunden M. 7.—.

— — III. Jahrgang. 1893/94, mit dem Bildnis L. Pasteurs, radiert von H. Manesse. 16⁰. XVI, 861 S. 1894. In Halbpergament gebunden M. 7.—.

„Das ausserordentlich nützliche und trefflich geleitete Unternehmen bedarf kaum einer Empfehlung mehr. In gleicher Weise, wie im vorigen Bande sind auch diesmal die Herausgeber bemüht gewesen, es auf seiner Höhe zu halten, und nicht unwesentlich zu verbessern. . . . Besonders praktisch ist die im Eingange gegebene, nach Ländern geordnete „Geographische Uebersicht der behandelten gelehrten Institute", durch die man in den Stand gesetzt ist, von den in jedem einzelnen Staate vorhandenen wissenschaftlichen Anstalten mit leichter Mühe ein Bild zu gewinnen, ein Vorgang, der für Schwenke's Adressbuch der deutschen Bibliotheken sehr zu empfehlen wäre. Kaum ist es nötig, auf die elegante Ausstattung in dem bekannten bequemen Formate noch besonders hinzuweisen, die die Benutzung zu einem gewissen Vergnügen macht."

Literarisches Centralblatt 1894.   Nr. 22.

Aus dem II. Jahrgange einzeln:

Professor Mommsen's Porträt. (Radierung auf grossem Papier). M. 3.—.

4   VERLAG VON KARL J. TRÜBNER IN STRASSBURG.

Grundriss der romanischen Philologie

unter Mitwirkung von

G. Baist, Th. Braga, H Bresslau, T. Casini, J. Cornu, C. Decurtins,
W. Deecke, Th. Gartner, M. Gaster, G. Gerland, G. Jacobsthal,
F. Kluge, Gust. Meyer, W. Meyer, C. Michaëlis de Vasconcellos,
A. Morel-Fatio, Fr. d'Ovidio, M. Philippson, A. Schultz, W. Schum,
Ch. Seybold, E. Stengel, A. Stimming, H. Suchier, H. Tiktin, A.
Tobler, W. Windelband, E. Windisch

herausgegeben von

GUSTAV GRÖBER,

o. ö. Professor der romanischen Philologie an der Universität Strassburg.

Plan des Werkes:

Propädeutischer Teil:

I. EINLEITUNG IN DIE ROMANISCHE PHILOLOGIE
GESCHICHTE DER ROMANISCHEN PHILOLOGIE.
IHRE AUFGABE UND GLIEDERUNG.

Methodischer Teil:

II. ANLEITUNG ZUR PHILOLOGISCHEN FORSCHUNG
DIE QUELLEN DER ROMANISCHEN PHILOLOGIE.
DIE BEHANDLUNG DER QUELLEN.

Realer Teil:

III. DARSTELLUNG DER ROMAN. PHILOLOGIE.
ROMANISCHE SPRACHFORSCHUNG.
   a. Die vorromanischen Volkssprachen der romanischen Länder.
   — b. Die romanischen Sprachen.
METRIK DER ROMANISCHEN SPRACHEN.

I. Bd.

II. Bd. 1.Abt.
LITTERATURGESCHICHTE DER ROMANISCHEN VÖLKER.
Die latein. Litteratur. — Die französ. Litteratur.

II. Bd. 2.Abt.
Die provençalische Litteratur. — Die catalanische Litteratur. —
Die portugiesische Litteratur — Die spanische Litteratur.

Die italienische Litteratur. — Die rumänische Litteratur. — Die
rätoromanische Litteratur.

IV. GRENZWISSENSCHAFTEN.

II. Bd. 3.Abt.
GESCHICHTE DER ROMANISCHEN VÖLKER.
CULTURGESCHICHTE DER ROMANISCHEN VÖLKER.
KUNSTGESCHICHTE DER ROMANISCHEN VÖLKER.
DIE WISSENSCHAFTEN IN DEN ROMAN. LÄNDERN.

Bis jetzt sind erschienen:

I. Band, Lex.-8°. XII u. 853 S. mit 4 Tafeln u. 13 Karten. 1888. Preis
M. 14.—, in Halbfranzband: M. 16.—
Auch noch in einzelnen Lieferungen zu M. 4.—, M. 4.— und M. 6.—
zu haben.

II. Band, 1. Abteilung, 1. Lieferung. 16 Bogen. 1893. M. 4.—.
  „   1.   „   2.   „   11 „ 1893. M 2.80.
  „   2.   ,   1.   „   8 „ 1893. M. 2.—.
  „   2.   „   2.   „   8 „ 1893. M. 2.—.
  „   2.   „   3.   „   8 „ 1894. M. 2.—.

Grundriss der germanischen Philologie

unter Mitwirkung von

K. von Amira, W. Arndt, O. Behaghel, A. Brandl, Bernh. ten Brink,
H. Jellinghaus, K. Th. von Inama-Sternegg, Kr. Kalund, Fr. Kauff-
mann, F. Kluge, R. Kögel, R. v. Liliencron, K. Luick, J. A. Lundell,
J. Meier, E. Mogk, A. Noreen, J. Schipper, H. Schück, A. Schultz,
Th. Siebs, E. Sievers, B. Symons, F. Vogt, Ph. Wegener, J. te
Winkel, J. Wright

herausgegeben

von

HERMANN PAUL

ord. Professor der deutschen Sprache und Literatur an der
Universität München.

I. Band. XVIII u. 1138 S. 1891. Mit einer Runentafel und 2 Karten.
Brosch. M. 18.—; in Halbsaffian geb. M 21.—.
II. Band 1. Abteilung. X und 1072 S. 1893. Brosch. M. 16.—; in
Halbsaffian geb. M. 18.50.
II. Band 2 Abteilung. VI und 484 S. 1893. Brosch. M. 8.—; in
Halbsaffian geb. M. 10.50.
*Die einzelnen Lieferungen der ursprünglichen Lieferungsausgabe
werden, soweit der Vorrat reicht, auch jetzt noch einzeln abgegeben.*

INHALT:

I. Bd.	I. Abschn.: BEGRIFF UND AUFGABE DER GER-MANISCHEN PHILOLOGIE.
	II. Abschn.: GESCHICHTE DER GERMANISCHEN PHILOLOGIE.
	III Abschn.: METHODENLEHRE.
	IV. Abschn.: SCHRIFTKUNDE.
	V. Abschn.: SPRACHGESCHICHTE. (Mit Anhang: Die Behandlung der lebenden Mundarten.)
	VI. Abschn.: MYTHOLOGIE.
II. Bd. 1. Abt.	VII Abschn.: HELDENSAGE.
	VIII. Abschn.: LITERATURGESCHICHTE. (Mit Anhang: Übersicht über die aus mündlicher Überlieferung geschöpften Sammlungen der Volkspoesie.)
	IX. Abschn.: METRIK.
II. Bd. 2. Abt.	X. Abschn.: WIRTSCHAFT.
	XI. Abschn.: RECHT.
	XII. Abschn.: KRIEGSWESEN.
	XIII. Abschn.: SITTE. (Mit Anhang: Die Behandlung der volkstümlichen Sitte der Gegenwart.)
	XIV. Abschn.: KUNST.

NAMEN-, SACH- UND WORTVERZEICHNIS.

6 VERLAG VON KARL J. TRÜBNER IN STRASSBURG.

Deutsche Grammatik

Gotisch, Alt-, Mittel- und Neuhochdeutsch

von

W. Wilmanns

o Professor der deutschen Sprache u. Litteratur a. d. Universität Bonn.

Erste Abteilung: Lautlehre. gr. 8⁰. XIX, 332 S.
1893. M. 6.50. In Halbfranz gebunden M. 8.50.

Das Werk wird in vier Abteilungen erscheinen, deren jede durchschnittlich 20—25 Druckbogen umfassen wird: Lautlehre, Wortbildung, Flexion, Syntax. Eine fünfte, die Geschichte der deutschen Sprache, wird sich vielleicht anschliessen.

Die zweite Abteilung (Wortbildung) ist in Vorbereitung.

„ . . . . Es ist sehr erfreulich, dass wir nun ein Buch haben werden, welches wir mit gutem Gewissen demjenigen empfehlen können, der sich in das Studium der deutschen Sprachgeschichte einarbeiten will, ohne die Möglichkeit zu haben, eine gute Vorlesung über deutsche Grammatik zu hören: an Wilmanns wird er hierzu einen zuverlässigen, auf der Höhe der jetzigen Forschung stehenden Führer finden. Aber auch dem Studierenden, der schon deutsche Grammatik gehört hat, wird das Buch gute Dienste leisten zur Wiederholung und zur Ergänzung der etwa in der Vorlesung zu kurz gekommenen Partien. Jedoch auch der Fachmann darf die Grammatik von W. nicht unberücksichtigt lassen. Denn alle in Betracht kommenden Fragen sind hier mit selbständigem Urteil und unter voller Beherrschung der Literatur erörtert. Und nicht selten werden Schlüsse gezogen, die von der gewöhnlichen Auffassung abweichen und zum Mindesten zur eingehenden Erwägung auffordern, so dass niemand ohne vielfache Anregung diese Lautlehre aus der Hand legen wird. Besonders reich an neuen Auffassungen ist uns die Lehre von den Konsonanten erschienen. Aber auch die übrigen Teile, unter denen die bisher weniger oft in Grammatiken dargestellte Lehre vom Wortaccent hervorzuheben wäre, verdienen Beachtung . . . .“

W. B., Literarisches Centralblatt 1893 Nr. 40.

Geschichte

der

Deutschen Litteratur

bis zum Ausgange des Mittelalters

von

Rudolf Koegel,

ord. Prof. für deutsche Sprache und Litteratur a. d. Universität Basel.

Erster Band: Bis zur Mitte des elften Jahrhunderts.

Erster Teil: Die stabreimende Dichtung und die gotische Prosa.

8°. XXIII u. 343 S. 1894. Preis M. 10.—.

„ . . . . Kögel hat eine Arbeit unternommen, die schon wegen ihres grossen Zieles dankbar begrüsst werden muss. Denn es kann die Forschung auf dem Gebiete der altdeutschen Litteraturgeschichte nur wirksamst unterstützen, wenn jemand den ganzen vorhandenen Bestand von Thatsachen und Ansichten genau durchprüft und verzeichnet, dann aber auch an allen schwierigen Punkten mit eigener Untersuchung einsetzt. Beides hat K. in dem vorliegenden ersten Bande für die älteste Zeit deutschen Geisteslebens gethan. Er beherrscht das bekannte Material vollständig, er hat nichts aufgenommen oder fortgelassen, ohne sich darüber sorgfältig Rechenschaft zu geben. Kein Stein auf dem Wege ist von ihm unumgewendet verblieben. K. hat aber auch den Stoff vermehrt, einmal indem er selbständig alle Hilfsquellen (z. B. die Sammlungen der Capitularien, Concilbeschlüsse u. s. w.) durchgearbeitet, neue Zeugnisse den alten beigefügt, die alten berichtigt hat, ferner dadurch, dass er aus dem Bereiche der übrigen germanischen Litteraturen herangezogen hat, was irgend Ausbeute für die Aufhellung der ältesten deutschen Poesie versprach. In allen diesen Dingen schreitet er auf den Pfaden Karl Müllenhoff's, dessen Grösse kein anderes Buch als eben das seine besser würdigen lehrt . . . ."

Anton E. Schönbach im Oesterreich. Literaturblatt 1894 Nr. 18.

„Koegel bietet Meistern wie Jüngern der Germanistik eine reiche, willkommene Gabe mit seinem Werke; vor allem aber sei es der Aufmerksamkeit der Lehrer des Deutschen an höheren Schulen empfohlen. für die es ein unentbehrliches Hülfsmittel werden wird durch seinen eigenen Inhalt, durch die wohlausgewählten bibliographischen Fingerzeige und nicht zum wenigsten durch die Art und Weise, wie es den kleinsten Fragmenten ein vielseitiges Interesse abzugewinnen und sie in grossen geschichtlichen Zusammenhang zu stellen versteht. Wie es mit warmer Theilnahme für den Gegenstand gearbeitet ist, wird es gewiss auch, wie der Verfasser wünscht, Freude an der nationalen Wissenschaft wecken und mittelbar auch zur Belebung des deutschen Literaturunterrichts in wissenschaftlich-nationalem Sinne beitragen,"

Beilage zur Allgem. Zeitung 1894 Nr. 282.

Das Werk wird aus 2 Bänden bestehen. die in je 2 Teilen ausgegeben werden.

Soeben erschien: **Ergänzungsheft zu Band I**

Die altsächsische Genesis.

Ein Beitrag zur Geschichte der altdeutschen Dichtung u. Verskunst

von

Rudolf Koegel

ord. Professor an der Universität Basel.

8°. X, 71 S. 1895. M. 1.80.

8 VERLAG VON KARL J. TRÜBNER IN STRASSBURG.

Geſchichte

der

Engliſchen Litteratur

von

Bernhard ten Brink.

Erſter Band: Bis zu Wiclifs Auftreten.

8°. VIII, 470 S. 1877. M. 8.—, geb. M. 10.—.

Inhalt: I. Buch. Vor der Eroberung II. Buch. Die Uebergangszeit. III. Buch. Von Lewes bis Crecy. IV. Buch. Vorſpiel der Reformation und der Renaiſſance.

Zweiter Band: Bis zur Reformation.

Herausgegeben von Alois Brandl.

8°. XV u. 658 S. 1893. M. 13.— geb. M. 15.—.

Inhalt:] [IV. Buch. Vorſpiel der Reformation. und der Renaiſſance (Fortſetzung). V. Buch.] Lancaſter und York. VI Buch. Die Renaiſſance bis zu Surrey's Tod.'

Daraus einzeln: Die im Februar 1893 erſchienene 2. Hälfte.

8°. XV u. S. 353—658. 1893. M. 6.50.

„Die Fortsetzung zeigt alle die glänzenden Eigenschaften des ersten Bandes nach meiner Ansicht noch in erhöhtem Masse; gründliche Gelehrsamkeit, weiten Blick, eindringenden Scharfsinn, feines ästhetisches Gefühl und geschmackvolle Darstellung."
    Berlin. *Julius Zupitza*, Deutsche Litteraturzeitung 1889. Nr. 19.

Bernhard ten Brink's Litteraturgeschichte ist ohne Zweifel das grossartigste Werk, das je einem englischen Philologen gelungen ist. Mehr noch: es ist eine so meisterhafte Leistung, dass es jedem Litteraturhistoriker zum Muster dienen kann. Und dies Urtheil hat seine volle Kraft trotz der unvollendeten Gestalt des Werkes. Wäre es dem Verfasser vergönnt gewesen, es in derselben Weise zu Ende zu bringen, so würde es leicht die hervorragendste unter allen Gesammtlitteraturgeschichten geworden sein . . . . *Museum, 1893, Nr. 7.*

Die Bearbeitung der zwei weiteren Bände hat Herr Professor Dr. Alois Brandl übernommen.

Geschichte
der
Italienischen Literatur
von
Adolf Gaspary.

Erster Band: Die italienische Literatur im Mittelalter.
8°. 550 S. 1885. M. 9.—, geb. M. 11.—.

Inhalt: Einleitung. — Die Sicilianische Dichterschule. — Fortsetzung der lyrischen Dichtung in Mittelitalien. — Guido Guinicelli von Bologna. — Die französ. Ritterdichtung in Oberitalien. — Religiöse und moralische Poesie in Oberitalien. — Die religiöse Lyrik in Umbrien. — Die Prosa im 13. Jahrh. — Die allegorisch-didaktische Dichtung und die philosoph. Lyrik der neuen florentinischen Schule. — Dante. — Die Comödie. — Das 14. Jahrhundert. — Petrarca. — Petrarca's Canzoniere. — Anhang bibliographischer und kritischer Bemerkungen. — Register.

Zweiter Band: Die italienische Literatur der Renaissancezeit.
8°. 704 S. 1888. M. 12.—, geb. M. 14.-.

Inhalt: Boccaccio. — Die Epigonen der großen Florentiner. — Die Humanisten des 15. Jahrhunderts. — Die Vulgärsprache im 15. Jahrh. und ihre Literatur. — Poliziano und Lorenzo dé Medici. — Die Ritterdichtung. — Pulci und Bojardo. — Neapel. — Pontano und Sannazaro. — Macchiavelli und Guicciardini. — Bembo. — Ariosto. — Castiglione. — Pietro Aretino. — Die Lyrik im 16. Jahrh. — Das Heldengedicht im 16. Jahrh. — Die Tragödie. — Die Comödie. — Anhang bibliographischer und kritischer Bemerkungen.

„Jeder der sich fortan mit der hier behandelten Periode der italienischen Litteratur beschäftigen will, wird Gaspary's Arbeit zu seinem Ausgangspunkte zu machen haben. Das Werk ist aber nicht nur ein streng wissenschaftliches für Fachleute bestimmtes, sondern gewährt nebenbei durch seine anziehende Darstellungsweise auch einen ästhetischen Genuss: es wird daher auch in weiteren Kreisen Verbreitung finden."

Deutsche Literaturzeitung.

Die Fortsetzung dieses Werkes hat Dr. Wendriner (Breslau) übernommen; ihm sind Gattin des verstorbenen Verfassers die Vorarbeite sich solche im Nachlasse vorfanden, ausgehändig

10 VERLAG VON KARL J. TRÜBNER IN STRASSBURG.

Neuhochdeutsche Metrik.

Ein Handbuch

von

Dr. J. Minor,

o. ö. Professor an der Universität Wien.

Gr. 8°. XVI, 400 S. 1893. M. 10.-

„. . . . Eine systematische und umfassende Behandlung der neuhoch-deutschen Metrik zu liefern hat Minor im vorliegenden Werke unter-nommen. Und wir dürfen sagen, dass er seiner Aufgabe in vorzüglicher Weise gerecht geworden ist. Nicht zwar, dass wir mit seinen Resultaten überall einverstanden wären und in ihnen Abschliessendes erblicken könnten. Das beansprucht er aber auch selbst nicht, sondern wünscht, dass sein Buch zu weiteren Untersuchungen anregen möge. Und gerade in dieser Hinsicht erwarten wir davon die fruchtbarsten Wirkungen. Denn M. hat für die nhd. Metrik einen festen Boden geliefert, von dem aus sie weiter gebaut werden kann. Ganz besonders die Grundfragen: Rhythmus, Quan-tität, Accent und Takt hat er in eingehender und vorurteilsfreier Weise unter Berücksichtigung früherer Ansichten allseitig untersucht und er-wogen. Eine Fülle neuer und treffender Beobachtungen treten da zu Tage. Die Quantität im nhd. Verse, d. h. die wirkliche, nicht mit dem Accent ver-wechselte, ist unseres Wissens noch nirgends so objectiv untersucht worden. Aus dieser gründlichen Würdigung der Elemente ergeben sich denn auch für die Beurteilung des Versbaus wichtige Resultate. . . . Mit dem Aus-druck des Dankes für reiche Belehrung wünschen wir, dass das Buch zum Aufblühen des wissenschaftlichen Betriebes der neuhochdeutschen Metrik Veranlassung geben möge.“

H. B. im Literar. Centralblatt. 1894. Nr. 15.

„. . . Eine reiche Fülle des Stoffes bietet und bewältigt Minor, er schildert ebenso die geschichtliche Entwicklung auch der auswärtigen Formen in Deutschland, wie er das Originaldeutsche der alten und neuen Zeit geschmackvoll würdigt. Und meine ganz besondere Freude sei noch ausgesprochen über die ganz vortreffliche Darstellung des sogenannten Knittelverses, jener freien Behandlung der durch den Reim verbundenen Zeilen mit vier Hebungen, die von zwei unsrer grössten Dichter in zwei ihrer herrlichsten Werke so volkstümlich, wie kunstverständig verwertet sind, von Goethe im „Faust“, von Schiller in „Wallensteins Lager“. Gerade hier zeigt sich die Meisterschaft des Verfassers in der Darlegung, wie der innere Sinn das Massgebende ist und aus dem lebendigen Gefühl des Dichters der Rhythmus in seiner Mannichfaltigkeit sich entwickelt, wie Freiheit und Ordnung innigst zusammenwirken.“

M. Carriere in der Beilage zur Allgem. Zeitung. 1894. Nr. 101.

Abriss

der

urgermanischen Lautlehre

mit besonderer Rücksicht auf die

nordischen Sprachen

zum

Gebrauch bei akademischen Vorlesungen

von

Adolf Noreen.

Vom Verfasser selbst besorgte Bearbeitung nach dem schwedischen Original.

8°. XII, 278 S. 1894. M. 5.—.

„Schon die schwedische Ausgabe, die vor mehreren Jahren erschienen ist, hat in diesem Blatte warme Anerkennung gefunden. In noch höherem Masse verdient die deutsche Bearbeitung das jener gespendete Lob. Sie ist eine überraschend reichhaltige, übersichtlich angeordnete und fast durchweg zuverlässige Darstellung eines der wichtigsten Kapitel der germanischen Grammatik. Die umfangreichen und sorgfältigen Literaturangaben sind besonders dankenswert; man wird kaum eine Stelle von einiger Bedeutung vermissen. Ausführliche Wortregister erhöhen die Brauchbarkeit. Schon die altisländische Grammatik in Brauße's Sammlung und die Geschichte der altnordischen Sprache in Paul's Grundriss, beides Musterleistungen, haben das grosse Talent Noreen's für die Bewältigung spröder Stoffmassen gezeigt. Dieselbe Begabung bewährt sich auch in dem neuen Werke Es zerfällt in zwei grosse Abschnitte, die Sonanten und Konsonanten überschrieben sind. Jedem dieser Teile geht ein kurzer Überblick über den idg. Lautstand voraus, der mit Hülfe des Indischen, des Griechischen und des Lateinischen erschlossen wird. Dann folgen die urgermanischen Lautgesetze. Den Beschluss macht jedesmal ein umfängliches Kapitel, das die Spuren idg. Lautgesetze im Germanischen verfolgt. — — — —

Ref. bemerkt noch, dass die urgerm. Lautlehre ein im hohen Grade empfehlenswertes Buch ist, dem ein voller Erfolg im Interesse der germanischen Grammatik lebhaft gewünscht werden muss. — — — — — — —"

Literarisches Centralblatt 1894. No. 35.

12   VERLAG VON KARL J. TRÜBNER IN STRASSBURG.

Die
deutschen Runendenkmäler

herausgegeben von
Rudolf Henning.
Mit 1 Tafeln und 20 Holzschnitten.
Mit Unterstützung der kgl. preuss Akademie der Wissenschaften.
Fol. VIII u. 156 S. 1889 Preis kart. M. 25.—.

Inhalt: I. Die Speerspitze von Kowel. — II. Die Speer-
spitze von Müncheberg. — IIa. Die Speerspitze von Tor-
cello. — III. Der Goldring von Pietroassa. — IV. Die
Spange von Charnay. — V. Die Spange von Osthofen.
— VI. Die Spange von Freilaubersheim. — VII. Die
grössere Spange von Nordendorf. — VIII. Die kleinere
Spange von Nordendorf. — IX. Die Emser Spange. —
X. Die Friedberger Spange. — XI. Der Goldring des
Berliner Museums. — XII. Der Bracteat von Wapno. —
XIII. Der zweite Bracteat des Berliner Museum. — XIV.
Die Dannenberger Bracteaten. — XV. Der Bracteat aus
Heide. — XVI. Das Thonköpfchen des Berliner Museums.
— Ergebnisse. — Anhang und Register.

„. . . . Der Verfasser, der in den Fragen prähistorischer Kultur, zugleich aber auch in der deutschen Sprachgeschichte wohl zu Hause ist,
bringt von jedem Denkmal einen genauen Fundbericht und giebt eine
genaue Beschreibung, an die sich dann seine Deutungsversuche anschliessen.
Man muss die Sorgfalt rühmen, mit der alles in Betracht Kommende er-
wogen ist, und in einer Reihe von Fällen ist ihm auch gewiss geglückt,
das Richtige zu finden. . . . Es muss uns hier genügen, unsere Genugthuung über das Erscheinen des Buches und das Resultat unserer Nach-
prüfung dahin auszusprechen, dass der Verf. gewiss den auf ihn gesetzten
Erwartungen im Wesentlichen entsprochen hat. Die weitere Forschung
über unsere deutschen Runen wird auf der Grundlage dieses Werkes zu
arbeiten haben. Wenn wir sehen, in wie verhältnismässig kurzer Zeit sich
das Material zusammengefunden hat, das uns hier vorgelegt wird, so ist
die Hoffnung gewiss berechtigt, dass die Funde sich auch ferner vermehren
und dass dann auch neue Momente für die Erklärung sich ergeben werden.
(Literar. Centralblatt 1890. Nr. 20.)

Von demselben Verfasser erschienen früher:
Henning, Rud. (Prof. an der Universität Strassburg). Das
deutsche Haus in seiner historischen Ent-
wicklung. Mit 64 Holzschnitten. 8⁰. 183 S. 1882.
(Quellen und Forschungen, Heft XLVII.)   M. 5.—
— — Die deutschen Haustypen. Nachträgliche Be-
merkungen. 8⁰. 34 S. 1883 (Quell. u. Forsch., LV, 2.) M. 1.—
— — Ueber die Sanct-Gallischen Sprachdenk-
mäler bis zum Tode Karls des Grossen. 8⁰. XIII u. 159 S.
1875. (Quellen und Forschungen, III.)   M. 4.—
— — Nibelungenstudien. 8⁰. XII und 329 S. 1883.
(Quellen und Forschungen, XXXI.)   M. 6.—

Grundlagen
des
neuhochdeutschen Lautsystems.
Beiträge zur Geschichte d. deutschen Schriftsprache im 15. u. 16. Jahrh.
von
Karl von Bahder.
8°. VII, 284 S. 1890. M. 6.—.

Inhalt: Einleitung: Die Kanzleisprachen. — Die kaiser=
liche Kanzleisprache. — Das gemeine Deutsch. — Die Druck=
sprachen. — Die bairischen Drucke. — Die Augsburger Druck=
sprache. — Andere schwäbische Drucksprachen. — Die Basler
Drucksprache. — Andere schweizerische Drucksprachen. — Die
Straßburger Drucksprache. — Fischart. — Die Nürnberger
Drucksprache. — Hans Sachs. — Die Mainzer Drucksprache.
·— Die Reichsabschiede. — Andere mittelrheinische Druck=
sprachen. — Die Frankfurter Drucksprache. — Die Frank=
furter Bibeldrucke. — Die kursächsische Kanzlei. — Die Leip=
ziger Drucksprache. — Die Entwickelung von Luthers Sprache.
— Die Sprache der Bibel von 1545. — Die von Luther
abhängige mitteldeutsche Literatur. — Abweichungen der
md. Litteratursprache von Luthers Sprache. — Älteste Ortho=
graphiebücher und Grammatiken. — Älteste Wörterbücher.
— Grammatische Abhandlungen. Vergleichende
Tabellen.

Geschichte
der
Schwäbischen Mundart
im Mittelalter und in der Neuzeit.
Mit Textproben und einer Geschichte der Schriftsprache in Schwaben
dargestellt von
Dr. Friedrich Kauffmann
Professor an der Universität Halle a. S.
8. XXVIII, 355 S. 1890. M. 8.—.

„Auf dem Gebiete der deutschen Dialectforschung dürfte seit langer
Zeit kein Werk von ähnlicher Bedeutsamkeit erschienen sein, wie das
gegenwärtige. Wenn man weiss, was es heisst, die Geschichte einer be-
stimmten Mundart zu schreiben, wie vielerlei da zu beobachten ist, wie
heikel die Benutzung älterer Sprachquellen ist, so wird man von vorn-
herein keine geringe Vorstellung von der Arbeitsleistung eines Werkes
haben, das sich einen solchen Titel gibt. Diese Erwartung wird aber nicht
getäuscht; es ist hier eine grosse Arbeit gethan worden, wie sie in dieser
Art noch für keine deutsche Mundart besteht, und sie ist mit Fleiss, Um-
sicht und Sachkenntniss gethan worden."
Schwäbischer Merkur. 1. Febr. 1890.

Geschichte

der

GROTESKEN SATIRE

von

Dr. Heinrich Schneegans,

Privatdocent der romanischen Philologie an der Universität Strassburg.

Mit 28 Abbildungen.

gr. 8°. XV. 523 S. 1894. Brosch. M 18.—

Inhalt: Einleitung. — Erster Theil: Die Zeit vor Rabelais. Kap. I: Die Keime der grotesken Satire im Mittelalter. Kap. II: Die italienische Ritterdichtung. Kap. III: Die macaronische Poesie der Italiener. Kap. IV: Die vom Humanismus und der Reformation ausgehenden Satiren Deutschlands. — Zweiter Theil: Rabelais. Kap. I: Die Satiren der Ritterromane. Kap. II: Die Satiren der einzelnen Gesellschaftsklassen. Kap. III: Der Stil Rabelais'. — Dritter Theil: Die Zeit nach Rabelais. Kap. I: Die äusseren Nachahmer Rabelais' und die von ihm beeinflusste Kunst. Kap. II: Die französische Satire im Geiste Rabelais'. Kap. III: Das Groteske bei Fischart. Kap. IV: Die Ausläufer der grotesken Satire und des grotesken Stils. — Schluss.

Die Bósa-Saga

in zwei Fassungen

nebst Proben aus den Bósa-Rímur

herausgegeben

von

Otto Luitpold Jiriczek.

kl. 8°. LXXX. 164 S. 1893. M. 7.—

Die Bósa-Saga ist seit dem Jahre 1830, wo sie mit willkürlichen Auslassungen in den Fornaldarsögur erschien, nicht mehr gedruckt worden: sie erscheint hier in vollständiger kritischer Ausgabe, zusammen mit einer bisher ganz unbekannten jüngeren Fassung aus dem 17. Jahrh.; neu sind ebenfalls die im Anhange mitgeteilte apokryphe Buslubœn und Proben der Bósarímur. Die ausführliche Einleitung behandelt nebst der Textkritik die Beziehungen beider Fassungen und der Rímur untereinander und zu anderen lygisögur und bietet in ihren Untersuchungen über die innere Geschichte und Überlieferungsweise der Saga einen Einblick in das stark vernachlässigte Gebiet der älteren isländischen märchenhaften lygisaga.

Essays und Studien

zur

Sprachgeschichte und Volkskunde

von

Gustav Meyer,

Professor an der Universität Graz.

I. Band. 8°. VIII u. 412 S. 1885. M. 7.—, geb. M. 8.—.

Inhalt: **Zur Sprachgeschichte.** I. Das indogermanische Urvolk. II. Die etruskische Sprachfrage. III. Ueber Sprache und Literatur der Albanesen. IV. Das heutige Griechisch. V. Constantin Sathas und die Slavenfrage in Griechenland. **Zur vergleichenden Märchenkunde.** I. Folklore. II. Märchenforschung und Alterthumswissenschaft. III. Aegyptische Märchen. IV. Arabische Märchen. V. Amor und Psyche. VI. Die Quellen des Decamerone. VII. Südslavische Märchen. VIII. Der Rattenfänger von Hameln. IX. Der Pathe des Todes. X. Rip van Winkle. **Zur Kenntniß des Volksliedes.** I. Indische Vierzeilen. II. Neugriechische Volkspoesie. III. Studien über das Schnaberhüpfel. 1. Zur Literatur der Schnaberhüpfel. 2. Vierzeile und mehrstrophisches Lied. 3. Ueber den Natureingang des Schnaberhüpfels. — Anmerkungen.

II. Band. 8°. VI u. 380 S. 1893. M. 6.—, geb. M. 7.—.

Inhalt: I. Franz Bopp. — II. Georg Curtius. — III. Weltsprache und Weltsprachen. — IV. Etruskisches aus Aegypten. — V. Die Aussprache des Griechischen. — VI. Von der schlesischen Mundart. — VII. Zur Charakteristik der indischen Literatur. 1. Allgemeine Grundlagen. 2. Der Veda. 3. Kâlidâsa. — VIII. Zigeunerphilologie. — IX. Volkslieder aus Piemont. — X. Neugriechische Hochzeitsbräuche. — XI. Zur Volkskunde der Alpenländer. — XII. Finnische Volksliteratur. — XIII. Das Räuberwesen auf der Balkanhalbinsel. — XIV. Eine Geschichte der byzantinischen Literatur. — XV. Athen im Mittelalter. — XVI. Das heutige Griechenland. — XVII. Griechische Reisemomente. 1. Von Korfu nach Athen. 2. Athen. 3. Im Lande der Pelopiden. — XVIII. Zante. — XIX. Apulische Reisetage. 1. Von Brindisi nach Lecce. 2. Lecce. 3. Kalimera. 4. Tarent. — XX. Bei den Albanesen Italiens. — XXI. Das Jubiläum der Universität in Bologna. — Anmerkungen.

Der wissenschaftliche Werth eines Werkes von Gustav Meyer ist stets über allem Zweifel erhaben; das vorliegende ist aber vermöge seiner glänzenden Darstellung von Anton Schönbach für würdig befunden worden, in seinem Buche „Über Lesen und Bildung, 4. Auflage" unter den Werken aufgeführt zu werden, die einen Ehrenplatz in dem geistigen Haushalt jedes Gebildeten verdienen.

16 VERLAG VON KARL J. TRÜBNER IN STRASSBURG.

Romanisches und Keltisches.

Gesammelte Aufsätze

von

Hugo Schuchardt,

Professor an der Universität Graz.

8°. VIII u. 438 S. 1886. M. 7.50, geb. M. 8.50.

Inhaltsverzeichniss: I. Pompeï und seine Wand-
inschriften. — II. Virgil im Mittelalter. — III. Boccaccio.
— IV. Die Geschichte von den drei Ringen. — V. Ariost.
— VI. Camoens. — VII. Zu Calderons Jubelfeier. — VIII.
Goethe und Calderon. — IX. G. G. Belli und die römische
Satire. — X. Eine portugiesische Dorfgeschichte. — XI.
Lorenzo Stecchetti. — XII. Reim und Rhythmus im
Deutschen und Romanischen. — XIII. Liebesmetaphern.
— XIV. Das Französische im neuen Deutschen Reich. —
XV. Eine Diezstiftung. — XVI. Französisch und Englisch.
— XVII. Keltische Briefe. — Anmerkungen.

„Gewährt dem Leser zu gleicher Zeit Genuss, Anregung und Belehrung in einem Maasse, wie wenig andere Bücher: Anregung und Belehrung durch die grosse Fülle gedankenreichen Inhalts, Genuss durch die
überaus anmuthig schöne Form, in der dieser Inhalt geboten wird."
Litteraturblatt für germanische und romanische Philologie.

„Es möge das auch durch die von jeder Gelehrsamkeit und Pedanterie freie Darstellung sich empfehlende Buch viele Leser, die es durch-
ziehenden Grundideen viele Nachfolger haben."
Deutsche Litteraturzeitung.

„Das Buch bildet eine werthvolle Bereicherung der Essay-Litteratur
in wahrhaft classischer Form der Sprache und beredter, sprachgewaltiger
Darstellung. *Wochenschrift für klassische Philologie.*

— · —

Von demselben Verfasser sind ferner erschienen:

Auf Anlass des Volapüks.

8°. 48 S. 1888. M. 1.—.

„Weltsprache u. Weltsprachen".

An Gustav Meyer.

8°. 54 S 1894. M. 1.40.

Verlag von KARL J. TRÜBNER in Strassburg. 17

Grundriss

der

vergleichenden Grammatik

der

indogermanischen Sprachen.

Kurzgefasste Darstellung der Geschichte des Altindischen, Alt-
iranischen (Avestischen und Altpersischen), Altarmenischen, Alt-
griechischen, Lateinischen, Umbrisch-Samnitischen, Altirischen,
Gotischen, Althochdeutschen, Litauischen u. Altkirchenslavischen

von

Karl Brugmann   und   **Berthold Delbrück**
ord. Professor der indogerm.   ord. Professor des Sanskrit und
Sprachwissenschaft in Leipzig   der vergl. Sprachkunde in Jena.

I. Bd.: EINLEITUNG UND LAUTLEHRE von **Karl Brugmann**. gr. 8°. XVIII u, 568 S. 1886. (Vergriffen.)
II. Bd.: WORTBILDUNGSLEHRE (Stammbildungs- und
Flexionslehre) von **Karl Brugmann**. 1. Hälfte. Vor-
bemerkungen. Nominalcomposita. Redu-
plicierte Nominalbildungen. Nomina mit
stammbildenden Suffixen. Wurzelnomina.
gr. 8°. XIV und 462 S. 1888.   M. 12.—.
— — 2. Hälfte, 1. Lief.: Zahlwortbildung, Casus-
bildung der Nomina (Nominaldeklination), Pro-
nomina. gr. 8°. 384 S. 1891.   M. 10.—.
— — 2. Hälfte (Schluss-)Lief. gr. 8. XII und 592 S. 1892.
.   M. 14.—.
INDICES (Wort-, Sach- und Autorenindex) von **Karl Brugmann**. gr. 8. V. 236 S. 1893.   M. 6.—.
III. Bd.: SYNTAX von **B. Delbrück**. 1. Teil. gr. 8°. VIII,
774 S. 1893.   M. 20.—.

Ein **vierter Band**, den 2. (Schluss-) Teil von Delbrücks
vergl. Syntax enthaltend, wird das Werk abschliessen.

— —

„. . . Brugmann's Werk gehört fortan zu dem unentbehrlichsten Rüstzeug eines jeden Indogermanisten; möge der zweite Band nicht allzu lange
auf sich warten lassen." *G. M . . . r (Literar. Centralbl. 1887. Nr. 8.)*

„. . . Nach meinem Erachten genügt es, die Leser dieser Zeitschrift
auf die Bedeutung des vorliegenden Werkes aufmerksam gemacht zu haben,
und dass diese eine ausserordentliche ist, muss jeder unparteiisch und
billig Denkende mit lebhafter Freude eingestehen. Dass noch gar manche
Partie der Aufhellung bedarf, weiss ohnehin jeder Einsichtige; aber was
nach dem gegenwärtigen Standpunkte des Wissens geboten werden kann,
bietet das Brugmannsche Buch in voll m Maasse. Darum bedeutet es auch
einen Markstein in der Geschichte der indogermanischen Sprachwissenschaft. *Fr. Stolz (Neue philologische Rundschau 1887. Nr. 3.)*

Griechische Geschichte

von
Julius Beloch.

Erster Band: Bis auf die sophistische Bewegung und den peloponnesischen Krieg.

gr. 8⁰. XII. 637 S. 1893. Broschirt M. 7.50, in Halbfranz gebunden M. 10.—.

Der zweite Band: **Vom peloponnesischen Krieg bis auf Aristoteles und die Eroberung Asiens** ist in Vorbereitung.

„. . . Das Ganze ist fliessend geschrieben, von durchsichtiger Klarheit, gleich abgerundet in Form und Fassung. So tritt das Buch mit dem Anspruch auf, dem deutschen Publikum zu bieten, was es bis jetzt noch nicht besitzt: eine von wirklich historischem Geist getragene und zugleich lesbare Geschichte Griechenlands. Ref. steht nicht an zu erklären, dass es diesen Anspruch in weitem Umfang erfüllt. Durch einen freien und weiten Blick, durch umfassende historische Kenntnisse, durch gründliche Durcharbeitung des Materials war der Verf. für seine Aufgabe vorbereitet. Von der Selbständigkeit und der vor keiner Consequenz zurückschreckenden Energie seines historischen Urteils hat er schon früher vielfach Proben abgelegt . . .»

(Eduard Meyer im Literarischen Centralblatt 1894, Nr. 4.)

Der eigentliche Vorzug des Werkes liegt auf dem Gebiete der Darstellung der wirtschaftlichen und socialen Grundlagen des Lebens, in denen B. die materiellen Grundlagen erkennt, auf denen sich die grossartigen Umwälzungen, auch der geistigen und politischen Entwickelung vollzogen. Da B. gerade in dieser Beziehung das Material beherrscht, wie nicht leicht ein anderer Forscher, so durfte man hierin von seiner Darstellung Ausführliches und Vorzügliches erwarten . . . . Glanzpunkte sind der VII. Abschnitt: Die Umwälzung im Wirtschaftsleben (vom 7. zum 6. Jahrh.) und der XII.: Der wirtschaftliche Aufschwung nach den Perserkriegen . . . . Ueber die Bevölkerungsverhältnisse, über die Getreideeinfuhr, über das Aufhören der Natural- und den Beginn der Geldwirtschaft, die Erträgnisse der Industrie und des Handels, über Zinsen, Arbeitslöhne etc. erhalten wir die eingehendsten Aufschlüsse und wundern uns, wie diese wichtigen Dinge bei der Darstellung der griechischen Geschichte bisher unberücksichtigt bleiben konnten.

. . Die Form der Darstellung ist eine ausserordentlich gewandte und fliessende.

Bl. f. d. Gymnasialschulwesen, XXX. Jahrg. S. 671 u. ff.

Geschichte
der
Griechischen Plastik
von
Maxime Collignon
Professor an der Faculté des Lettres in Paris.

Ins Deutsche übertragen und mit Anmerkungen begleitet
von
Eduard Thraemer
Privatdocent an der Universität Strassburg.

Erster Band. Mit 12 Tafeln in Chromolithographie oder Heliogravure und 278 Abbildungen im Text.

Erste Lieferung. Lexikon-Octav. 120 S. 1894. Preis Mark 4.—.

Der erste Band wird in 5 Lieferungen zu je M. 4.— in möglichst kurzen Zwischenräumen erscheinen.

„Collignon's Histoire de la sculpture grecque, deren erster und bisher einziger Band 1892 erschien, hat mit Recht überall eine sehr günstige Aufnahme gefunden. Der Verf steht von vorn herein auf dem Boden, der durch die umwälzenden Entdeckungen der letzten Jahrzehnte geschaffen ist, und betrachtet von diesem neu gewonnenen Standpunkte aus auch die älteren Thatsachen und Forschungsergebnisse. Er beherrscht die einschlägige Literatur, in der die deutsche Forschung einen bedeutenden Platz einnimmt, und weiss die Streitfragen oder die Thatsachen in geschmackvoller Form und ohne ermüdende Breite darzustellen. Eine grosse Anzahl gut ausgeführter Textillustrationen, nach zum grössten Teil neu angefertigten Zeichnungen, dient dem Texte zu anschaulicher Belebung und bietet eine vornehme Zierde des Buches, sehr verschieden von jenen oft nichtssagenden Umrissen, welchen wir in ähnlichen Büchern so oft begegnen. So war es ein glücklicher Gedanke, Collignon's Werk dem deutschen Publikum, nicht blos dem gelehrten, durch eine deutsche Uebersetzung näher zu bringen. Von dieser liegt die erste Lieferung vor; vier weitere von ungefähr gleichem Umfange sollen den ersten Band zu Ende bringen. Der Uebersetzer. Dr. Ed. Thraemer, hat seine nicht ganz einfache Aufgabe vortrefflich gelöst: die Darstellung liest sich sehr gut und man wird nicht leicht daran erinnert, dass man eine Uebersetzung vor sich hat. Hier und da ist ein leichtes thatsächliches Versehen stillschweigend berichtigt, anderswo durch einen (als solcher bezeichneten) Zusatz ein Hinweis auf entgegenstehende Auffassungen, auf neuerdings bekannt gewordene Thatsachen, auf neu erschienene Literatur gegeben; besonders zahlreich treten solche Bemerkungen bei der Kypseloslade auf (S. 97 fg.). Im Ganzen jedoch handelt es sich um eine Uebersetzung, nicht um eine durchgehende Bearbeitung des Originalwerkes, so dass der Leser überall Collignon's Auffassungen ohne fremde Aenderungen kennen lernt. Die Vorzüge des Buches werden immer deutlicher hervortreten, je festeren Grund die Darstellung gewinnt, je reicher und bedeutender die Monumente zufliessen (die erste Lieferung, die nahezu das erste Buch umfasst, hat es nur noch mit den „Anfäugen" zu thun). Die äussere Ausstattung ist in Papier und Druck der Originalausgabe mindestens ebenbürtig, die Abbildungen sind z. T. noch schärfer als dort herausgekommen, und dabei ist der Preis geringer (20 Mark statt 30 Francs für den Band). Die schönen Volltafeln, in Farbendruck oder Heliogravure, werden je den betreffenden Lieferungen beigegeben werden. Wir können dem Werke nur den raschen Fortgang wünschen, den der Prospekt des Verlegers in Aussicht stellt."

fs. (Liter. Centralblatt 1894. Nr. 53.)

Historische und politische
Aufsätze und Reden

von

Hermann Baumgarten.

Mit einer biographischen Einleitung

von

Erich Marcks

und einem Bildnis des Verfassers.

gr. 8°. CXLI, 528 S. 1894. Brosch. M. 10, in Hlbfrz. geb. M. 12.

Inhalt: Biograph. Einleitung von Erich Marcks. — I Rede
zur Feier des 18. Oktober 1863.   II. Don Gaspar Melchor
de Jovellanos (1863). — III. Der deutsche Liberalismus.
Eine Selbstkritik (1866). — IV. War Lessing ein eifriger
Patriot? (1867).   V. Karl Brater (1869). — VI Wie
wir wieder ein Volk geworden sind (1870). — VII. Zur
Beurteilung der französischen Revolution (1870). — VIII.
Herder und Georg Müller (1872). — IX. Archive und Bibliotheken in Frankreich und Deutschland (1875). — X Rede
auf Jakob Sturm am 1. Mai 1876. — XI. Straßburg vor
der Reformation (879). — XII. Ignatius von Loyola.
Vortrag im November 1879. — XIII Römische Triumphe
(1887). — XIV Gedächtnisrede auf Kaiser Friedrich (1888).

„. . . Es bleibt uns wenig übrig, als die Leser zu dem Denkmal hinzuführen, das ihm, in Gemeinschaft und unter thätiger
Mitwirkung Konrad V a r r e n t r a p p s, von einem seiner jüngeren
Schüler in der ansprechendsten und würdigsten Weise errichtet
worden ist. Nachdem Erich M a r c k s schon im Herbst des vorigen
Jahres in der Allgem. Zeitung ein Lebensbild Baumgartens veröffentlicht hatte, ist dasselbe jetzt in erweiterter Umgestaltung
einer Sammlung historischer und politischer Aufsätze und Reden
vorangestellt worden, die nach dem Urteil der Herausgeber die
Sinnesweise, vielmehr die ganze Persönlichkeit des Mannes zu
zeichnen am geeignetsten erschienen. Es war die Absicht, „Einen
von dem Geschlechte festzuhalten, dessen gesamtem Ringen wir
das Reich verdanken". Indem in den mitgeteilten Stücken aus den
Jahren 1863 - 1888 der Mann sich selbst darstellt, wie er zu verschiedenen Zeiten immer derselbe war, indem die biographische
Einleitung uns das Werden des Publizisten und Historikers auf-
zeigt und sein gesamtes schriftstellerisches Wirken zu den inneren
und äusseren Beziehungen zurückverfolgt, aus denen dasselbe ent-
sprang, ist diese Absicht vorzüglich erreicht worden. . . ."

Preussische Jahrbücher, Bd. 76, Heft 2.

Shakspere.

Fünf Vorlesungen aus dem Nachlaß

von

Bernhard ten Brink.

Mit dem Bildniß des Verfassers, radiert von W. Krauskopf.

Erste und zweite Auflage.

Klein 8°. 166 S. 1893. M. 2.—, gebunden M. 3.—

Inhalt: Erste Vorlesung: Der Dichter und der Mensch. — Zweite Vorlesung: Die Zeitfolge von Shakspere Werken. — Dritte Vorlesung: Shakspere als Dramatiker. — Vierte Vorlesung: Shakspere als komischer Dichter. — Fünfte Vorlesung: Shakspere als Tragiker.

„. . . Es ist ein hoher und herrlicher Geist, der aus diesen Vorträgen spricht. Flammende Begeisterung, philosophische Bildung und strenge Wissenschaftlichkeit, feinstes Verständniss und Nachfühlen des Dichters, das sind die Vorzüge, die sich hier miteinander vereinen."

(Seemanns Litterar. Jahresbericht 93.)

„Bedarf es eines Beispiels für die Art von Wissenschaft, wie wir sie uns denken, so sei nur im Augenblick auf das köstliche Buch über „Shakespeare" verwiesen, das aus dem Nachlasse von ten Brink, eines der hervorragendsten Gelehrten unserer Zeit, durch die Sorgfalt Edward Schröders zugänglich geworden ist. Was psychologische Synthese und nachfühlende Aesthetik zu leisten vermag, darüber belehrt dieses kleine Werk besser, als es der weitläufigsten Theorie gelänge "

(Anton E. Schönbach in Vom Fels zum Meer 1893/94 Heft 1.)

Dieses Buch ten Brinks ist bei *Schönbach (Über Lesen und Bildung, 4. Aufl.)* unter den besten deutschen Prosawerken genannt.

Sittliches Sein

und

Sittliches Werden.

Grundlinien eines Systems der Ethik

von

Theobald Ziegler.

Zweite unveränderte Auflage.

fl. 8°. VIII u. 151 S. 1890, cartonniert Preis M. 2.50.

Inhalt: 1. Vortrag: Aufgabe und Methode der Ethik. Historischer Überblick. — 2. Vortrag: Die Entstehung des Sittlichen. — 3. Vortrag: Das Wesen des Sittlichen. — 4. Vortrag: Pflicht und Tugend. — 5. Vortrag: Güter und höchstes Gut. — Schluß.

Diese Vorträge sind ebenfalls, wie die ten Brink'schen über Shakspere, im freien deutschen Hochstift zu Frankfurt a. M. gehalten worden: infolge ihrer Bedeutung sind sie bereits ins Englische übersetzt.

„Der Verfasser, dem wir bereits eine ausgezeichnete „Geschichte der christlichen Ethik" verdanken, hat in diesem Büchlein sechs vor einem Kreise gebildeter Männer und Frauen gehaltene Vorträge vereinigt, die er mit Fug und Recht als „Grundlinien eines Systems der Ethik" bezeichnen durfte. Nachdem er in der Einleitung Aufgabe und Methode der Ethik präcisiert und einen historischen Überblick gegeben hat, erörtert er die Entstehung und alsdann das Wesen des Sittlichen, um im Weiteren auf die Pflichtenlehre selbst einzugehen. Die schwierigen Probleme sind mit einer solchen Feinheit und Frische behandelt, und man begegnet auf Schritt und Tritt so geistvollen Bemerkungen und neuen Gesichtspunkten, dass man dem Verfasser mit Freude und Genuss Gefolgschaft leistet und ihm für die schöne Gabe zu aufrichtigem Danke verpflichtet ist."

Magdeburgische Zeitung, 19. April 1890.

Soeben erschien:

Der
israelitische Prophetismus.

In fünf Vorträgen für gebildete Laien geschildert

von

Carl Heinrich Cornill,

der Theologie und Philosophie Doctor, ordentlichem Professor
der Theologie an der Universität Königsberg.

Kl. 8°. IV, 184 S. 1894. Brosch. M. 1.—, in Leinwand
geb. M. 2.—.

Inhalt: Erste Vorlesung: Der israelitische Prophetismus
nach Wesen und Bedeutung. — Zweite Vorlesung: Der
israelitische Prophetismus bis zum Tode Hiskia's. —
Dritte Vorlesung: Der israelitische Prophetismus von
Manasse bis zur Zerstörung Jerusalems. — Vierte Vorlesung: Der israelitische Prophetismus während des
babylonischen Exils. — Fünfte Vorlesung: Die Ausläufer
des israelitischen Prophetismus.

In der *Frankfurter Zeitung v. 3. Nov. 1894 Nr. 310* urteilt
D. Ehlers über das Schriftchen wie folgt:

»Der Wahrheitsmuth, die geschichtliche Unbefangenheit,
die lebendige Schilderung, die Schönheit der Form, bei allem
Freimuth der Kritik die fromme ehrfurchtsvolle Scheu vor den
Heiligthümern des alten Testaments, welche die Cornill'schen
Vorträge auszeichnen, lassen den Wunsch entstehen, sie möchten
von Tausenden und Tausenden gelesen werden; sie bieten ver-
ständigen Lesern für das Alte Testament einen Schlüssel, der
wirklich aufschliesst.«

Zeiten, Völker und Menschen

von

Karl Hillebrand.

7 Bde. kl. 8°. Preis pro Bd. (statt M. 6.—) M. 4.—, geb. M. 5.—.

Bd. I. Frankreich und die Franzosen.
3. stark vermehrte Auflage mit einem Nachrufe von Heinrich Homberger. 8°. XX, 396 S. 1886.

Inhalt: Vorrede zur 2. und . Auflage. — Einleitendes. — Die Gesellschaft und Litteratur. — Politisches Leben.

Bd. II. Wälsches und Deutsches. 2. verbesserte und vermehrte Auflage. 8°. XIV u. 458 S. 1892.

Inhalt: Vorwort. — I. Zur Renaissance. — II. Zeitgenössisches aus Italien. — III. Französisches. — IV Aus dem zünftigen Schrifttum Deutschlands. — V. Aus dem unzünftigen Schrifttum Deutschlands.

Bd. III. Aus und über England. 2. verbesserte und vermehrte Auflage. 8°. VIII u. 408 S. 1892.

Inhalt: Vorbemerkung. — I. Briefe aus England. — II. Französische Studien englischer Zeitgenossen. — III. Zur Litteratur und Sittengeschichte des achtzehnten Jahrhunderts.

Bd. IV. Profile. 2. Ausgabe. 8°. VIII u. 376 S. 1886.

Bd. V. Aus dem Jahrhundert der Revolution.
2. Ausgabe. 8°. VIII, 366 S. 1886.

Bd. VI. Zeitgenossen und Zeitgenössisches.
2. Ausgabe. 8°. VIII, 400 S. 1886.

Bd. VII. Culturgeschichtliches. 8°. XII, 335 S.
Mit dem Bildnis des Verfassers in Holzschnitt. 1885.

Zwölf Briefe eines ästhetischen Ketzers

von

(Karl Hillebrand.)

8°. IV u. 118 S. 1874. geh. M. 2.—, geb. M. 3.—.

Die Schriften Karl Hillebrands gehören mit zu dem Besten und Bestgeschriebenen, was die neuere deutsche Litteratur hervorgebracht hat. Um nur ein Urteil eines massgebenden Mannes hervorzuheben, seien die Worte angeführt, mit denen Anton E. Schönbach in seinem hochverdienten Buche „Ueber Lesen und Bildung" 3. Aufl. Graz 1889 unseren Schriftsteller auszeichnet: Er nennt Karl Hillebrand in der Vorrede zur 3. Auflage „einen hochstehenden Menschen, durch Belesenheit ausgezeichnet, einen feinfühligen Kritiker; deutsch von Geburt und Erziehung, international durch seine Bildung, konservativ dem Geschmacke seiner Jugendzeit nachhängend: er bekennt von ihm gelernt zu haben und fühlt sich ihm dankbar verpflichtet." Selbstverständlich führt er Hillebrands Zeiten, Völker und Menschen in seinen Bücherlisten unter den Werken auf, die das geistige Inventarium jedes gebildeten Deutschen ausmachen sollten.